本书由
陕西师范大学优秀学术著作出版基金
资助出版

新·闻·传·播·学·文·库

互联网使用与政治参与

Exploring the Relationship between Internet Use and Political Participation

曾凡斌 / 著

中国人民大学出版社
·北京·

总　序

自 1997 年国务院学位委员会将新闻传播学擢升为一级学科以来，中国的新闻传播学学科建设突飞猛进，这也对教学、科研以及学术著作出版提出了新的、更高的要求。

继 1999 年中国人民大学出版社推出“21 世纪新闻传播学系列教材”之后，北京广播学院出版社、华夏出版社、南京大学出版社、中国社会科学出版社、新华出版社等十余家出版社纷纷推出具有不同特色的教材和国外新闻传播学大师经典名著汉译本。但标志本学科学术水平、体现国内最新科研成果的专著尚不多见。

同一时期，中国的新闻传播学教育有了长足进展。新闻传播学专业点从 1994 年的 66 个猛增到 2001 年的 232 个。据不完全统计，全国新闻传播学专业本科、专科在读人数已达 5 万名之多。新闻传播学学位教育也有新的增长。目前全国设有博士授予点 8 个，硕士授予点 40 个。中国人民大学新闻学院、复旦大学新闻学院等一批研究型院系正在崛起。北京大学和清华大学的新闻传播学教育以高起点、多专业为特色，揭开了这两所百年名校蓬勃发展的新的一页。北京广播学院（后更名为中国传媒大学——编者注）以令人刮目相看的新水平，跻身中国新闻传播教育名校之列。武汉大学新闻与传播学院等以新获得博士授予点为契机所展开的一系列办学、科研大手笔，正在展示其特有的风采与魅力。学界和社会都企盼这些中国新闻传播教育的“第一梯队”奉献推动学科建设的新著作和新成果。

进入新世纪以来，随着以互联网为突破口的传播新媒体的迅速普及，新媒体与传统媒体的联手共进，以及亿万国人参与大众传播能动性的不断强化，中国的新闻传媒事业有了全方位的跳跃式的大发展。人民群众对大众传媒的使用，从来没有像今天这样广泛、及时、须臾不可或缺，人们难以逃脱无处不在、无时不有的大众传媒的深刻影响。以全体国民为对象的新闻传播学大众化社会教育，已经刻不容缓地提到全社会，尤其是新闻传播教育者面前。为民众提供高质量的新闻传播学著作，已经成为当前新闻传播学界的一项迫切任务。

这一切都表明，出版一套满足学科建设、新闻传播专业教育和社会教育需求的高水平新闻传播学学术著作，是当前一项既有学术价值又有现实意义的重要工作。“新闻传播学文库”的问世，便是学者们朝着这个方向共同努力的成果之一。

“新闻传播学文库”希望对于新闻传播学学科建设有一些新的突破：探讨学科新体系，论证学术新观点，寻找研究新方法，使用论述新话语，摸索论文新写法。一句话，同原有的新闻学或传播学成果相比，应该有一点创新，说一些新话，文库的作品应该焕发出一点创新意识。

创新首先体现在对旧体系、旧观念和旧事物的扬弃上。这种扬弃之所以必要，人文社会科学工作者之所以拥有理论创新的权利，就在于与时俱进是马克思主义的理论品质，弃旧扬新是学科发展的必由之路。恩格斯曾经指出，我们的理论是发展的理论，而不是必须背得烂熟并机械地加以重复的教条。一位俄国作家回忆他同恩格斯的一次谈话时说，恩格斯希望俄国人——不仅仅是俄国人——不要去生搬硬套马克思和他的话，而要根据自己的情况，像马克思那样去思考问题，只有在这个意义上，“马克思主义者”这个词才有存在的理由。中国与外国不同，新中国与旧中国不同，新中国前30年与后20年不同，在现在的历史条件下研究当前中国的新闻传播学，自然应该有不同于外国、不同于旧中国、不同于前30年的方法与结论。因此，“新闻传播学文库”对作者及其作品的要求是：把握时代特征，适应时代要求，紧跟时代步伐，站在时代前列，以马克思主义的理论勇气和理论魄力，深入计划经济到市场经济的社会转型期中去，深入党、政府、传媒与阅听人的复杂的传受关系中去，研究新问题，寻找新方法，获取新知识，发现新观点，论证新结论。这是本文库的宗旨，也是对作者的企盼。我们期待文库的每一部作品、每一位作者，都能有助于把读者引领到新闻传播学学术殿堂，向读者展开一片新的学术天地。

创新必然会有风险。创新意识与风险意识是共生一处的。创新就是做前人未做之事，说前人未说之语，或者是推翻前人已做之事，改正前人已说之语。这种对旧事物旧体系旧观念的否定，对传统习惯势力和陈腐学说的挑战，对曾经被多少人诵读过多少年的旧观点旧话语的批驳，必然会招致旧事物和旧势力的压制和打击。再者，当今的社会进步这么迅猛，新闻传媒事业发展这么飞速，新闻传播学学科建设显得相对迟缓和相对落后。这种情况下，“新闻传播学文库”作者和作品的一些新观点新见解的正确性和科学性有时难以得到鉴证，即便一些正确的新观点新见解，要成为社会和学人的共识，也有待实践和时间。因此，张扬创新意识的同时，作者必须具备同样强烈的风险意识。我们呼吁社会与学界对文库作者及其作品给予最多的宽容与厚爱。但是，这里并不排斥而是真诚欢迎对作品的批评，因为严厉而负责的批评，正是对作者及其作品的厚爱。

当然，“新闻传播学文库”有责任要求作者提供自己潜心钻研、深入探讨、精心撰写、有一定真知灼见的学术成果。这些作品或者是对新闻传播学学术新领域的拓展，或者是对某些旧体系旧观念的廓清，或者是向新闻传媒主管机构建言的论证，或者是运用中国语言和中国传统文化对海外新闻传播学著作的新的解读。总之，文库向人们提供的应该是而且必须是新闻传播学学术研究中的精品。这套文库的编辑出版贯彻少而精的原则，每年从中国人民大学校内外众多学者的研究成果中精选三至五种，三至四年之后，也可洋洋大观，可以昂然耸立于新闻传播学乃至人文社会科学学术研究成果之林。

新世纪刚刚翻开第一页，中国人民大学出版社经过精心策划和周全组织，推出了这套文库。对于出版社的这种战略眼光和作者们齐心协力的精神，我表示敬佩和感谢。我期望同大家一起努力，把这套文库的工作做得越来越好。

以上絮言，是为序。

童　兵

2001 年 6 月

序　言

从“版主”到学者的理论升华之路

彭　兰

在国内众多的网络传播研究者中，曾凡斌的经历显得有些特别。他的第一个专业是财政学，毕业后曾在广州某公司工作，1998 年开始接触互联网，1999 年他成为国内著名的时政论坛人民网“强国论坛”的版主。他是从“强国论坛”的网民转变成版主的，那个时候他给自己取的网名叫“钢铁”。2001 年他进入中国社会科学院研究生院新闻系攻读全日制硕士学位，但就读期间仍继续以兼职版主身份参与“强国论坛”的管理。

曾凡斌的硕士生导师是中国社会科学院研究生院新闻系的闵大洪老师。闵老师是中国新媒体新闻传播研究的拓荒者之一，也是这个领域的重要代表，他对中国互联网特别是网络媒体的发展始终保持着敏锐的洞察，同时也深度参与了网络媒体的实践。在闵大洪老师的指导下，曾凡斌不仅完成了从财政学向新闻传播学的专业转变，也迅速进入了新媒体传播研究者的新角色。

2004 年毕业之后，曾凡斌在暨南大学新闻与传播学院任教，从助教，讲师，一直到现在的副教授。他的努力与专注，使他成为多产的学者。

2012 年他进入中国人民大学新闻学院攻读博士学位，作为他的导师，我见证了他的好学与勤奋。尽管是在职攻读，但他三年就拿下博士学位，其间还不断有成果发表。他有很好的基础，但对博士论文还是精益求精，反复打磨，论文《互联网使用与中国中间阶层的政治参与研究》顺利通过答辩，并于2017年1月由中国社会科学院出版社出版。

在此之前，他还出版了专著《付费电视的购买意愿研究》，这是非营利民间传媒智库泛媒研究院（PMI）在全国公开招标的课题项目成果，曾凡斌能够中标，也证明了他的研究实力。

尽管他在互联网领域里最早的身份是实践者，但在2001年就读硕士之后，他的兴趣逐渐转向了学术研究，尤其是基于实证方法的研究。这也许与他在第一个专业上受到的训练相关。而他研究的课题，多是与互联网政治相关的话题，这或许是“强国论坛”的版主经历给他留下的印迹。他持之以恒地观察着互联网与中国政治演进进程的互动，为我们记录了互联网时代中国新的政治景观，并引发我们的思考。他的研究也为后来的研究者提供了不少宝贵的第一手资料。

我们同时也可以看到，在多年的研究中，他的视野不断拓宽，理论素养不断提升，研究成果也越来越厚重。

至今，曾凡斌已在《国际新闻界》《现代传播》等CSSCI期刊发表论文40余篇，也在香港中文大学主办的《传播与社会》杂志发表过论文。作为负责人，他主持了多项省部级项目。在国内、国际的学术会议上有多篇论文发表并屡屡获奖。

《互联网使用与政治参与》一书是对他博士阶段的研究的扩展。他在更广阔的视野下，以定量与定性结合的方式探究了互联网使用、现实政治参与及网络政治参与三者之间的关系，研究对象从中国的中间阶层扩展为更广泛的社会阶层，也加入了更多学科理论的支持。书中的一些章节曾在学术期刊上发表。这本书是他过去多年研究的累积，也是他作为学者在理论升华之路上的一个新标志。

2016 年，经过重重竞争，曾凡斌入选 2017—2018 学年度中美富布赖特研究学者，其研究的项目是“美国的社交媒体与政治参与研究”。他于 2017 年 9 月赴美国威斯康星大学传播艺术系访学一年，在著名华人传播学者潘忠党的指导下进一步深造。拥有了国际视野的他，相信未来将有一个新的跨越。

（作者系清华大学新闻与传播学院教授、博士生导师）

目　录

第1章　绪论

1.1　选题依据

1.1.1　研究背景

截至2017年3月4日，全球有3，696，238，430个网民。[①] 中国的互联网用户规模也在不断跨越式地发展。2000年2月，中国网民只有890万，而到2011年9月底，“中国互联网用户已突破5亿，互联网普及率接近40%”[②]。2017年8月4日，中国互联网络信息中心（CNNIC）在京发布第40次《中国互联网络发展状况统计报告》，该报告显示，截至2017年6月，中国网民规模达7.51亿，占全球网民总数的五分之一。互联网普及率为54.3%，超过全球平均水平4.6个百分点。截至2017年6月，我国手机网民规模达7.24亿，较2016年底增加2 830万人。网民中使用手机上网的比例由2016年底的95.1%提升至96.3%，手机上网比例持续提升。

互联网的发展引发了大量有关网络社会的研究，其中最具代表性的是美国的曼纽尔·卡斯特所撰写的《网络社会的崛起》《认同的力量》和《千年终结》。在《网络社会的崛起》一书中，卡斯特从全球视角分析了信息技术革命对于社会发展、经济发展和文化发展的影响。他认为，“网络在信息时代社会

---

① INTERNER USAGE STATISTICS. The Internet Big Picture [EB/OL]．(2017-03-07)．http://www.internetworldstats.com/stats.htm.

② 王晨．推动互联网发展维护互联网安全 [EB/OL]．(2001-09-29)．http://news.xinhuane-t.com/politics/2011-09/29/c_122108125.htm.

里扮演着核心的角色，它建构了我们社会的新社会形态，而网络化逻辑的扩展实质性地改变了生产、经验、权力与文化过程中的操作和结果”①，“在网络社会里，由于信息与沟通主要借助多样化的综合性媒体系统，政治逐渐在媒体空间中表现。领袖权被人格化了，而创造形象就是创造权力……政治必须架构在以电子为基础的媒体语言中，这个事实对政治过程、政治行为者与政治制度的特性、组织和目标都有深刻影响”②。卡斯特的分析显示了互联网作为一种技术，是如何与政治、经济、文化、制度等一道共同形塑当今这个社会的。

在互联网影响政治的各种形式中，政治参与是其中重要一环。在西方社会里，政治参与有多种形式，从投票选举代表，到参与政治团体，甚至参与合法或非法的示威，加入这些政治参与的人们总是希望他们的行动能对政府的政策产生影响。同时，政治参与对一个国家的政治稳定非常之重要，美国政治学家亨廷顿认为，“发展中国家公民政治参与的要求会随着利益的分化而增长，如果其政治体系无法给个人或团体的政治参与提供渠道，个人和社会群体的政治行为就有可能冲破社会秩序，给社会带来不稳定”③，亨廷顿的观点是，在一个国家里，如果政治参与和政治制度不相匹配，那么过度的政治参与将会带来政治的不稳，政治参与的缺乏则会导致现实矛盾被不断掩盖，最终导致社会的停滞甚至孕育更深的矛盾。

在我国，政治参与也已成为公民的一项基本权利。《宪法》第二条规定，中华人民共和国的一切权力属于人民。人民行使国家权力的机关是全国人民代表大会和地方各级人民代表大会。人民依照法律规定，通过各种途径和形式，管理国家事务，管理经济和文化事业，管理社会事务。《宪法》第三十四条规定：中华人民共和国年满十八周岁的公民，不分民族、种族、性别、职

---

① 卡斯特．网络社会的崛起［M］．夏铸九，王志弘，译．北京：社会科学文献出版社，2006：435.

② 同①437－438.

③ 亨廷顿，纳尔逊．难以抉择——发展中国家的政治参与［M］．汪晓寿，等译．北京：华夏出版社，1989：58.

业、家庭出身、宗教信仰、教育程度、财产状况、居住期限，都有选举权和被选举权；但是依照法律被剥夺政治权利的人除外。《宪法》第三十五条规定：中华人民共和国公民有言论、出版、集会、结社、游行、示威的自由。《宪法》第四十一条规定，中华人民共和国公民对于任何国家机关和国家工作人员，有提出批评和建议的权利；对于任何国家机关和国家工作人员的违法失职行为，有向有关国家机关提出申诉、控告或者检举的权利，但是不得捏造或者歪曲事实进行诬告陷害。对于公民的申诉、控告或者检举，有关国家机关必须查清事实，负责处理。任何人不得压制和打击报复。由于国家机关和国家工作人员侵犯公民权利而受到损失的人，有依照法律规定取得赔偿的权利。

对政治参与的研究包含方方面面，有研究政治参与对社会的影响的，也有研究是什么因素影响政治参与的。在传统社会里，政治参与多和社会经济地位、政治兴趣、政治态度等相关，而随着互联网的逐渐发展，首先，互联网信息技术为提高公民政治参与的程度和质量提供了廉价、快捷的渠道。其次，互联网拥有传统媒体所不具备的特质，其互为主体性、跨地域性、去中心化和去时间性等特质造就了互联网对政治参与的独特影响。这种影响改变了传统科层制政府的运行模式。传统政府运行模式中各层级之间信息的交流沟通是以直线方式进行的，但是在互联网背景下，信息的传递是呈网络状的，并且呈现出去中心化，传统政府直线型的信息沟通方式正在被网络所取代。最后，互联网导致传统议程设置模式的变迁，网民不再是单向地、被动地接受信息的受众，而常常主动地利用互联网发布自己的信息，制造强大的网络舆论，这对政府处置网络突发事件甚至舆论引导能力形成巨大的压力。因此，互联网也影响着政治参与的状况与发展，而互联网的功能及经由它传播的信息是如何影响政治参与的也因此成为政治参与研究的新课题。

1.1.2　文献综述

互联网使用与政治参与涉及互联网使用对现实政治参与和网络政治参与的影响，具体可分为互联网使用与现实政治参与的关系、网络政治参与和现实政治参与的关系，以及网络政治参与三个方面，因此相关文献综述也沿着这些方面展开。

一、互联网使用与现实政治参与的关系研究

（一）国外的研究

在互联网使用与现实政治参与的关系的相关研究上，国外研究有以下三种观点：

其一，认为互联网使用会减少现实政治参与。这类研究多处于互联网发展的早期，认为互联网同其他媒介一样主要用于娱乐，使现实社会交往时间减少，最终导致现实社会网络的削弱或损害，以及现实社会活动参与度的降低。①

其二，认为互联网使用与现实政治参与无关。这类研究认为互联网的使用，如互联网使用时间等，与现实政治参与无关。② 有学者从互联网使用的信息对现实政治参与的影响进行分析，认为有效的政治信息尚不一定能促进现实政治参与行为，无效的政治信息就更不能促进现实政治参与。互联网信息对现实政治参与的无效性主要体现在：一是互联网时代政治信息爆炸，造成人们失去耐心；二是网络上低门槛的无效政治讨论、不需要专业知识储备的随意评论，带来政治知识扩散有效性的降低。来自美国东北部城市的数据分析表明，在线论坛的跟帖讨论往往是各说各话，支离破碎，难以形成有效的意见协商。③

---

① PUTNAM R D. Bowling alone：America's declining social capital [J] . Journal of Democracy，1995，6 (1)：65 - 78；PUTNAM R D. Tuning in，tuning out：the strange disappearance of social capital in America [J]. PS：Political Science and Politics，1995，27 (4)：664 - 683；NIE N H，ERBRING L. Internet and society：a preliminary report [J] . IT&Society，2002，1 (1)：275 - 283.

② QUINTELIER E，VISSERS S. The effect of Internet use on political participation an analysis of survey results for 16 - year - olds in Belgium [J]. Social Science Computer Review，2008，26 (4)：411 - 427.

③ LOVELAND M T，POPESCU D. Democracy on the web，information [J] . Communication & Society，2011 (5)：684 - 703.

其三，认为互联网使用会增加现实政治参与。这是目前多数研究者持有的观点。[①] 在有关互联网使用增加现实政治参与的研究中，又有两种观点：一种观点认为互联网的使用增加现实政治参与只发生在那些原来就对政治参与感兴趣的人当中[②]；另一种观点认为互联网的使用也能促进原来对政治参与不感兴趣的人进行政治参与[③]，互联网海量的、多元的信息，新的表达渠道等，都有可能促进那些原来对政治参与不感兴趣的人进行政治参与。

这几种观点之所以不同，主要是因为互联网使用本身存在发展变化。此外，对互联网使用的分析角度不同也会带来观点的差别，如将互联网使用细化为互联网使用时间、互联网使用经验、互联网使用工具、互联网使用方式等。

（二）国内的研究

国内学者对互联网使用与现实政治参与的关系的研究，大多聚集在对非制度化政治参与的影响上。例如：黄荣贵和桂勇的研究发现互联网有利于集体抗争[④]；郑风天等发现互联网能促进群体性事件的扩散[⑤]；陈云松基于中国综合社会调查（China General Social Survey，CGSS）2006 进行研究，发现互联网使用可以扩大非制度化政治参与[⑥]。这些研究结论表明中国的互联网使用直接促进了非制度化政治参与。但是其中也存在不同的观点，例如，有

---

① BEST S J，KRUEGER B S. Analyzing the representativeness of Internet political participation [J]. Political Behavior，2005，27 (2)：183-216；MOSSBERGER K，TOLBERT C J，MCNEAL R S. Digital citizenship [M]. MA：MIT Press，2008：85.

② BIMBER B. The Internet and citizen communication with government：does the medium matter? [J]. Political Communication，1999，16 (4)：409-428；BONFADELLI H. The Internet and knowledge gaps：a theoretical and empirical investigation [J]. European Journal of Communication，2002，17 (1)：65-84.

③ WEBER L M，LOUMAKIS A，BERGMAN J. Who participates and why? an analysis of citizens on the Internet and the mass public [J]. Social Science Computer Review，2003，21 (1)：26-42.

④ 黄荣贵，桂勇．互联网与业主集体抗争：一项基于定性比较分析方法的研究 [J]．社会学研究，2009 (5)：29-56.

⑤ 郑风田，许竹青，余航．政府态度、网络媒体与中国群体性事件的扩散效应——一个中观角度的实证研究 [J]．江苏社会科学，2012 (2)：29-35.

⑥ 陈云松．互联网使用是否扩大非制度化政治参与：基于 CGSS 2006 的工具变量分析 [J]．社会，2013 (5)：118-143.

观点认为互联网使用对现实政治参与的影响是通过中间变量而发生的，如王衡和季程远基于1 953名网民样本进行实证分析，发现互联网使用目的和信息偏好会影响网民政治态度，进而影响网民的非制度化政治参与行为，因而互联网本身并不必然具有“反体制性”①。

二、网络政治参与和现实政治参与的关系和影响研究

（一）国外的研究

国外很多研究认为网络政治参与和现实政治参与是正相关的。例如，Wellman等人发现，网络互动对人们的面对面交流以及电话交流起到了补充作用，最终导致人们自愿形成团体，进行政治参与，因此网络政治参与和现实政治参与是正面相关的。② 还有学者指出网络政治活动可以视作对现实政治参与的重要和重大的预测因素。③

网络政治参与和现实政治参与的正相关基于渠道互补理论（Channel Complementarily）。该理论认为人们虽然使用不同的渠道来获取信息，但是目的是相似的、互补的。例如，获取一定范围的网络信息的人，也会更容易在现实媒介中获取范围相同或相似的信息④，也就是说，进行网络政治参与的人们，也更容易进行现实政治参与。该理论从选择性接触理论（Selective Exposure）和使用与满足理论（Uses and Gratifications）发展而来。选择性

---

① 王衡，季程远．互联网、政治态度与非制度化政治参与——基于1953名网民样本的实证分析［J］．经济社会体制比较，2017（4）：45－55.

② WELLMAN B，QUAN－HAASE A，WITTE J，et al. Does the Internet increase，decrease，or supplement social capital? social networks，participation，and community commitment［J］．American Behavioral Scientist，2001，45：436－455.

③ BARRETO M A. Plugged in or tuned out? youth，race，and Internet usage in the 2008 election［J］. Journal of Political Marketing，2011（10）：115－138.

④ DUTTA-BERGMAN M J. Complementarity in consumption of news types across traditional and new media［J］．Journal of Broadcasting & Electronic Media，2004，48（1）：41－60；DUTTA-BERGMAN M J. Interpersonal communication after 9/11 via telephone and Internet：a theory of channel complementarity［J］．New Media & Society，2004，6（5）：659－673；DUTTA-BERGMAN M J. Developing a profile of consumer intention to seek out additional information beyond a doctor：the role of communicative and motivation variables［J］．Health Communication，2005，17（1）：1－16.

接触理论指出，受众对媒介的接触具有很强的选择性，他们往往从自己原有的意见、观点和兴趣出发，选择自己感兴趣的传媒及内容；同时，受众会更加倾向于接触与自己原有态度较为一致的信息，而尽量回避那些与己见不合的信息。因此，受众消费的媒介信息内容符合受众本来就有的立场预设，而这些信息反过来又加强了他们的立场预设。使用与满足理论认为，受众使用媒介是为了满足其已有的传播目的①，媒介的选择是通过受众的意向性，即通过受众的期望和需要来实现的。在选择性接触理论和使用与满足理论的基础上，渠道互补理论认为，受众在使用某一媒介渠道来实现某一功能后，也会使用其他的媒介渠道来实现同一功能。例如，对政治感兴趣的受众，会更多地读政治方面的报纸新闻，看政治方面的电视新闻，听政治方面的广播新闻，浏览政治方面的网站。由于网络政治参与和现实政治参与在功能上高度相似，因此，倾向于网络政治参与的人，也会倾向于现实政治参与。

随着社交媒体的出现和发展，相关研究也开始探索社交媒体对网络政治参与和现实政治参与的影响，不过得出的结论差异很大。部分研究关注社交媒体在政治参与过程中的动员作用，强调其独特的贡献②；部分研究则批判这种乐观观点，强调社交媒体并不会导致现实政治参与；更有研究者指出社交媒体只会导致懒汉主义，即社交媒体仅实现短暂的自我满足，而对实际的政治参与过程很少产生影响③。有研究者从使用与满足理论出发，在2012年韩国总统竞选中，对1 230名被访者进行调查，研究发现：社交媒体中的信

---

① RUBIN A. Media uses and effects: a uses-and-gratifications perspective [M] //Zillman D, Bryant J. Selective exposure to communication. Hillsdale: Lawrence Erlbaum Associates, 1994.

② CASTELLS M. Networks of outrage and hope: social movements in the Internet age [M]. Chichester, UK: Wiley, 2012; SHIRKY C. Here comes everybody: the power of organizing without organizations [M]. NY: Penguin Books, 2008; TUMASJAN A, SPRENGER T O, SANDNER P G, et al. Where there is a sea there are pirates: response to jungherr, jürgens, and schoen [J]. Social Science Computer Review, 2012, 30 (2): 235-239.

③ HALUPKA. Clicktivism: a systematic heuristic [J]. Policy & Internet, 2014, 6 (2): 115-132; LIM M. Many clicks but little sticks: social media activism in Indonesia [J]. Journal of Contemporary Asia, 2013, 13 (4): 636-657; MOROZOV E. The net delusion: the dark side of Internet freedom [M]. NY: Public Affairs, 2011.

息使用与网络和现实政治参与中的表达参与正相关，而与集体政治参与无关；社交媒体中的社会交往仅与网络政治参与中的表达参与正相关，社交媒体中的娱乐使用则与网络政治参与中的表达参与和集体政治参与都呈负相关；政治效能感在社交媒体中的社交使用对网络和现实政治参与的表达参与起到调节变量的作用。这一研究显示，社交媒体的政治影响主要局限在表达参与中，而其影响又受制于用户的政治效能。①

在使用方法上，国外的这类研究最常使用的方法是调查法，包括RDD调查（Random Digit Dialing，电话号码随机生成）、网络调查及其他调查。Boulianne的一篇对互联网使用和政治参与进行元分析研究的论文指出，在38篇关于这方面的研究文章中，有21篇使用RDD的样本调查，8篇使用网络调查，7篇使用分布式数据库的DDB生活方式的调查（DDB Life Style Study）。② 需要指出的是，国外有关互联网使用对政治参与的影响的研究主要集中在以美国为代表的少数西方发达国家，这些研究采用实证方法，对互联网使用的相关变量及政治参与的相关变量分不同时期、不同规模进行了研究，这些研究无疑能够对中国互联网使用对政治参与的影响的研究起到很大的启发作用，但是以美国为代表的少数西方发达国家的数据和结论不能直接套用于中国国情，这是因为：（1）政治参与的特点不同。西方国家的政治体制大多是民主选举制，而中国共产党的根本组织制度和领导制度是民主集中制，制度的不同使得政治参与的形式有很大的差异，例如，西方的网络政治参与的主要特征在于能够进行竞争性选举，这与中国目前的情况不同。（2）互联网使用的情况也有一定的差异。西方国家的互联网使用在信息浏览上是较少限制的，但是中国的互联网在防火墙技术之下，有一部分信息根据中国国家法律和相关机构的规定是被屏蔽起来，不能访问的。

---

① PARK C S. Pathways to expressive and collective participation：usage patterns，political efficacy，and political participation in social networking sites [J]. Journal of Broadcasting & Electronic Media，2015 (12)：698-716.

② BOULIANNE S. Does Internet use affect engagement? A metaanalysis of research [J]. Political Communication，2009，26 (2)：193-211.

（二）国内的研究

国内的研究有从定性的角度来进行分析的，例如，杨国斌将舆论形式与舆论实践链接到中国的网络空间来进行研究，把中国网络看作集合创意、草根社区、冲突和控制的竞技场。① 杨国斌的研究将网络政治参与都看作网络抗争，这过于泛化政治参与活动，实际上网络政治参与有诸如公民建议、参政议政等诸多表现形式。也有研究从定量的角度来进行分析，例如，潘忠党等（2012）通过对我国多个省、直辖市、自治区的调查，发现了影响公民政治参与的因素。② 潘忠党和郑兼文通过对一个全国调查样本中获得的7个主要城市的数据进行分析，发现除了资源占有和心理条件的变量外，社会网络和互联网使用的变量与城市居民政治参与、表达参与都高度相关。③ 还有研究将定量与定性结合起来，如周葆华以厦门PX项目事件为案例，进行实证调查与质化访谈，发现转型期中国社会的政治参与以政治讨论这一“话语参与”方式为主，网络参与亦上升为重要渠道，而体制型参与的比例较低。④

此外，相关研究者指出，互联网既对制度化政治参与和政治发展有积极的影响，也可能成为非制度化政治参与的重要渠道。如周巍、申永丰指出：首先，互联网作为一种新的联系政治系统及社会的桥梁，拓展了公民非制度化政治参与的途径；其次，互联网较少受到政治控制，通过互联网参与非制度化政治行动的成本与风险比较低，这些特征有利于提高公民非制度化政治参与的能力；再次，互联网的开放性、自由平等性以及网络言论的多元性等

---

① YANG G. The power of the Internet in China：citizen activism online［M］. Columbia：Columbia University Press，2009.

② 潘忠党．互联网使用和公民参与：地域和群体之间的差异以及其中的普遍性［J］．新闻大学，2012（6）：42－53.

③ Zheng J W，Pan Z D. Internet use，social network，and civic participation in urban China，Internet and public opinions in China［EB/OL］．（2013－04－12）．http：//gbcode. rthk. hk/TuniS/app3. rthk. hk/mediadigest/content. php? aid=1364.

④ 周葆华．突发公共事件中的媒体接触、公众参与与政治效能——以“厦门PX事件”为例的经验研究［J］．开放时代，2011（5）：123－140.

特征有利于提高公民非制度化政治参与的影响。[①] 随着互联网技术的发展，博客、维客、播客等在线平台都成为网民非制度化政治参与的渠道。可以说，非制度化政治参与的范围随着互联网的发展而扩大。[②] 这些研究则反映出相关研究者对互联网影响制度化和非制度化政治参与的关注。

三、网络政治参与研究

（一）国外的研究

在早期的研究中，国外学者们主要关注宏观层面的概念阐释，提出了不少假说。如宾伯（Bruce Bimber）的《信息与美国民主：技术在政治权力演化中的作用》一书，深入探讨了互联网对美国政治生活的影响。[③] 近来的研究更多地关注社会运动、集体抗争，如美国斯坦福大学教授 Larry Diamond 将互联网、移动电话称为“使人获得解放的技术”，认为它们使公民能够表达意见、发动抗议活动，并拓展了自由的范围。[④] Garrett 将互联网对抗争的影响分为三种类型，即“互联网作为动员结构”“互联网作为政治机会”以及“互联网作为框架化工具”。[⑤]

在实证研究方面，Solop 认为，数字民主指将互联网技术引入政府运行和民主制度中，例如通过互联网公开政府信息、进行网络政治动员和电子投票等。他研究了美国首次全州范围内的网络投票，即 2000 年美国亚利桑那州的民主党初选，发现网络投票致使投票人数激增（增幅明显超出其他州），并且相对于其他投票者而言，网络投票者更具政治效能感。[⑥] Norris 将那些有

---

① 周巍，申永丰．论互联网对公民非制度化参与的影响及对策［J］．湖北社会科学，2006（1）：36－38.

② 游传耀．互联网是公民政治参与的重要途径［J］．发展研究，2008（9）：96－98.

③ 宾伯．信息与美国民主：技术在政治权力演化中的作用［M］．刘钢，等译．北京：科学出版社，2011.

④ DIAMOND L. Liberation technology［J］. Journal of Democracy，2010，21（3）：69－83.

⑤ GARRETT R K. Protest in an information society：a review of literature on social movements and new ICTs［J］. Information，Communication & Society，2006，9（2）：202－204.

⑥ SOLOP F. Digital democracy comes of age：Internet voting and the 2000 Arizona democratic primary election，electronic voting and democracy［M］. London：Palgrave Macmillan，2001：242－254.

关"互联网如何影响政治参与"的观点分为两类：一是动员论，认为互联网的使用会导致新的政治行动主义；二是强化论，认为互联网将强化（而非转变）既有的政治参与模式。在考察皮尤研究中心（Pew Research Center）数据的基础上，Norris提出了强化的总体模式，即基于互联网的政治行动者常常是那些兴趣强烈、信息掌握充分和经常参加各种选举活动的公民。Norris发现，互联网并没有将那些对政治不感兴趣者卷入。① Bimber通过研究1996—1999年美国互联网使用数据却发现，使用互联网对投票参与没有影响，接触互联网和网上政治信息只能增加公民政治捐赠的可能性，而这属于政治动员功能。② 而Tolbert和McNeal通过调查数据和多变量分析研究1996年和2000年美国总统选举发现，即使是控制了社会经济变量、政党身份、态度、传统媒介使用和所属州变量，结果仍是使用互联网和接触选举信息的人更愿意去投票。③ Shah等人则发现，使用互联网与人际信任、公民参与和政治满意度正相关。④ Weber和Bergman发现那些使用电子邮件和聊天室的人更愿意参加各种政治活动。⑤

Kimmo在研究中发现，25～34岁的人借助网络媒介获取政治信息更为普遍，而且公众通过网络搜寻政治信息的行为与其受教育程度呈正相关。⑥ 也有学者发现18～24岁的年轻人更倾向于通过网络搜寻政治信息并与政治官员联系。⑦ 在此基础上Michael Xenos和Patricia Moy指出，年轻、受教育程

---

① NORRIS P. Virtual democracy [J]. Press/Polities, 1999.

② BIMBER B. Information and political engagement in America: the search for effects of information technology at the individual level [J]. Political Research Quarterly, 2001, 54 (1): 53-67.

③ TOLBERT C J, MCNEAL R S. Unraveling the effects of the Internet on political participation? [J]. Political Research Quarterly, 2003, 56 (2): 175-185.

④ SHAH D, KWAK N, HOLBERT. "Connecting" and "disconnecting" with civil life: pattners of Internet use and the production of social capital [J]. Political Communication, 2001 (18): 141-62.

⑤ WEBER L M, BERGMAN J. Who participates and how? a comparison of citizens "online" and the mass public [C] //Annual Meeting of the Western Political Science Association. Las Vegas, NV, 2001.

⑥ KIMMO G. Knowing and not knowing: the Internet and political information [J]. Scandinavian Political Studies, 2007 (3): 397-418.

⑦ GENNARO C D, DUTTON W. The Internet and the public: online and offline political participation in the United Kingdom [J]. Parliamentary Affairs, 2006 (2): 299-313.

度高、收入高的人更倾向于在网络上接触政治信息，而性别对网络政治信息接触的影响并不显著。[①] 即使如此，关于性别和收入对网络政治参与的影响仍存在争议。有学者发现男性更倾向于网络政治参与[②]，也有学者根据其研究指出女性网络政治参与的积极性更高[③]。至于收入方面，Brian S. Krueger根据研究得出结论：家庭收入的增加事实上会减少公众参与在线政治活动的可能性，低收入群体更趋向于利用互联网的优势参与政治讨论。[④] 具体到网络政治动员，Josh Pasek 等人则指出，社会经济身份指标与在线政治动员呈现弱相关，其中收入、性别、种族和受教育程度并不能据以预测公众是否接收政治组织的在线邮件。[⑤]

最近的研究也有分析网络政治参与的消极影响的，例如，英国学者Aeron Davis 概括了网络对政治参与的负向效应：网络的功能丰富，致使公民产生了一定程度的政治冷漠；网络上的个体偏好整合困难，阻碍了公共协商和公益目标的达成；网络孕育了数字鸿沟，加上利益集团对网络的信息集权与话语垄断，以及政府关注网络服务供给而忽视与公众的网络协商等，致使网络政治参与的代表性难以保障。[⑥]

（二）国内的研究

国内学者的研究很多属于思辨的研究。如赵春丽所著的《网络民主发展

---

① XENOS M，MOY P，Direct and differential effects of the Internet on political and civic engagement [J]. Journal of Communication，2007 (4)：704 - 718.

② WEBER L M，LOUMAKIS A，BERGMAN J. Who participates and why? an analysis of citizens on the Internet and the mass public [J]. Social Science Computer Review，2003 (1)：26 - 42.

③ QUINTELIER E，VISSERS S. The effect of Internet use on political participation：an analysis of survey results for 16 - year - olds in Belgium [J]. Social Science Computer Review，2008 (4)：411 - 427.

④ KRUEGER B S，Assessing the potential of Internet political participation in the United States：a resource approach [J]. American Politics Research，2002 (5)：476 - 498.

⑤ PASEK J，KENSKI K，ROMER D，et al. America's youth and community engagement：how use of mass media is related to civic activity and political awareness in 14 - to 22 - year - Olds [J]. Communication Research，2006 (3)：115.

⑥ DAVIS A. New media and fat democracy：the paradox of online participation [J]. New Media and Society，2009，12 (5)：745 - 761.

研究》认为：网络具有民主的潜质，网络民主能对社会主义民主政治的发展产生双重效应。一方面，网络民主能够增进政治参与；另一方面，二者也存在着冲突，具体表现为“存在网民做主与人民做主的矛盾，自由至上与民主集中的紧张，传播无序与稳定发展的冲突，文化多元与效益意识形态的矛盾”等。[①] 严冬通过对 2009—2013 年的“网上两会”进行分析，发现“网上两会”是应运而生并成为中国独有的网络民主实践形式的。“网上两会”不是投票选举、提案和民主决策，而是民众通过网络监督政府行为，试图对政府决策形成一种导向。网络民主不能独立成为一种民主模式，仅是对现行民主模式的一种补充和完善。[②] 有学者则认为网络政治参与作为一种社会行动，本质上源于现实文化语境中的社会冲突。[③]

在有关网络政治参与的研究中，也有一些专门针对特定群体的研究。例如，曹雅丽研究网络时代中国青年政治参与的状况，指出把握其宏观发展方向和微观特征表象对当代中国政治发展具有重要意义。[④] 宋争辉指出网络的发展对大学生的政治参与产生了积极的影响。[⑤] 王雁等通过对浙江省高校近 500 名大学生的网络政治参与现状进行调查，发现大学生网络政治参与及其政治社会化的真正内涵并没有发生根本性改变，信念型动机与利益型动机是目前大学生网络政治参与的两大主要动机，大学生的网络政治参与在一定程度上弥补了现实政治参与的“缺位”问题，但大学生网络政治参与尚待进一步培育。[⑥]

1.1.3　本书研究的问题

总的来说，国外研究过多关注现实政治参与与网络政治参与的互动，而

① 赵春丽．网络民主发展研究［M］．北京：经济科学出版社，2011：277－316.

② 严冬．网络民主视角下的政治参与研究——以“网上两会”（2009 年～2013 年）为例［J］．天津行政学院学报，2014（1）：25－31.

③ 魏然．中国网络政治参与的社会文化解析［J］．湖北社会科学，2015（10）：20－26.

④ 曹雅丽．网络时代的中国青年政治参与［J］．中国青年研究，2001（6）：4.

⑤ 宋争辉．论网络时代大学生的政治参与［J］．河南社会科学，2007（11）：123－125.

⑥ 王雁，王鸿，谢晨，等．大学生网络政治参与：认知与行为的现状分析与探讨——以浙江 10 所高校为例的实证研究［J］．浙江社会科学，2013（5）：132－139，105，160.

没有分析在不同类型的政治参与之间，互联网究竟产生什么影响。国内研究把互联网对政治参与的影响局限于网络政治参与，而没有考虑现实政治参与和网络政治参与之间的关系。国内的研究多集中于网络政治参与，从集体行动、抗争理论的角度探索网络政治参与中的场域和社会动员问题①，这些研究多从公共舆论的角度去研究网络政治参与。这些研究都有局限性。事实上，网络政治参与和现实政治参与的互动、互联网在不同类型的政治参与中的地位与作用都应该分门别类进行分析。为此，本书研究的问题是：不同的互联网使用是如何影响政治参与的？互联网使用是如何影响中国公民的现实政治参与的？互联网使用是如何影响中国公民的网络政治参与的？互联网使用在具体的、不同类型的政治参与中又产生什么样的影响？

1.1.4 本书的意义

本书的理论意义是分析互联网使用如何与其他变量共同影响政治参与，并构建互联网使用对政治参与影响的理论模型；探索不同类型的政治参与受互联网影响的途径有何异同，其原因究竟是什么。

通过分析互联网使用对政治参与的影响，现实的意义是探索如何规范网络政治参与，如何扩大中国公民的有序的政治参与。

1.2 本书的重点和难点

本书的重点是互联网使用与现实和网络政治参与之间的关系，现实和网络政治参与之间的互动，互联网使用对不同类型的政治参与的影响。

而本书的难点是互联网使用涉及方方面面的因素，需要做大量的调研工

① ZHENG Y. Technological empowerment：the Internet，state，and society in China [M]. Stanford，Calif：Stanford Universtity Press，2008；YANG G. The power of the Internet in China：citizen activism online [M]. Columbia：Columbia University Press，2009；杨国斌．悲情与戏谑：网络事件中的情感动员 [J]．传播与社会研究，2009 (9)：39 - 66.

作，如设计调查问卷并对问卷中量表的信度和效度进行分析，难度较大；相关理论框架较多，将这些理论整合到一个系统中来，难度也较大。

1.3　本书的主要创新

本书有以下方面的创新：

研究目标新。一方面可以形成互联网使用与政治参与之间关系的比较系统的知识，这种知识为政策制定者提供了互联网管理的参考依据；另一方面为传播学及相关领域的理论知识的进一步积累和发展起到积极的作用。

研究内容新。本书研究互联网使用、现实政治参与、网络政治参与三者之间的关系，并探索影响这些变量的各种中介变量；本书还涉及选举政治参与、群体性事件政治参与、网络舆论监督型政治参与、网络建言献策型政治参与、另类网络政治参与，其分类是以往研究所没有涉及的。

研究方法新。本书从多种理论视角切入，采用问卷调查等多种研究方法。鉴于目前国内关于网络政治与网络民主的研究理论性、推理性居多，实证性研究较少，本书在采用理论研究的基础上加大了实证分析的比例。本书还采用案例分析法、类型分析法等定性分析方法，有力地补充了定量分析方法的不足。

研究角度新。过去的研究多集中于网络政治参与本身，实际上就是网络言论的表达。本书既包括现实政治参与，也包括网络政治参与。其中，现实政治参与包括中国社会十分关注的选举政治参与、群体性事件政治参与；网络政治参与细分为网络舆论监督型政治参与、网络建言献策型政治参与、另类网络政治参与。

1.4　本书的研究方法

这里仅从宏观角度对本书的研究方法与过程进行陈述，后面在各章节会介绍具体的研究方法，并对研究方法的代表性、可靠性和有效性及选择依据进行论述。

问卷调查法。采用电话调查和网络调查获得有效问卷。

案例分析法。这里的案例分析，指的是以互联网使用为线索，分析迄今为止的典型的公民利用互联网参与政治的案例，挖掘不同的互联网使用中政治参与的特点与影响。

二手数据分析。借助 2005 年中国综合社会调查（CGSS）的数据，对城市和农村的媒体使用和政治参与的关系进行分析。①

1.5 本书的基本概念说明

1.5.1 政治参与的定义

在社会科学研究话语中，“参与”指公众通过表达意见，对政治、经济、管理等社会决策施加影响的相关过程和机制。所以，发生在经济领域的参与演变为参与型经济②，发生在管理领域则演变为参与式管理③，而在政治领域则成为参与式民主④，即政治参与。国外学者 Arnstein 把公民政治参与定义为一种相关制度，在这种制度下，“权力的再分配可以使暂时被政治经济过程排斥在外的无产者，在未来加入政治经济政策制定过程”⑤。到 20 世纪 70 年代后期，政治参与的概念变得更加宽泛，政治抗争等也被包括进来进而演化

① 本书相关部分使用的数据主要来自中国综合社会调查（CGSS）项目。感谢这一项目的主持机构——中国人民大学中国调查与数据中心的协助。

② ALBERT M，HAHNEL R. The political economy of participatory economics [M] . Princeton：Princeton University Press，1991.

③ HECKSCHER C. The failure of participatory management [J] . The Journal of Product Innovation Management，1996，13 (3)：262 - 263.

④ ROSS C. The leaderless revolution：how ordinary people can take power and change politics in the 21st century [M] . London：Simon & Schuster，2011.

⑤ ARNSTEIN S R. A ladder of citizen participation [J] . Journal of the American Institute of planners，1969，35 (4)：216 - 224.

为合法性政治参与行为的一部分。① 而最为经典的定义要算亨廷顿和纳尔逊提出的“政治参与就是平民试图影响政府决策的活动”②。

国内学者在国外研究的基础上，根据中国的实际状况给出了各自的定义。如王浦劬认为：“政治参与是指普通公民通过各种合法方式参加政治生活并影响政治体系的构成、运行方式、运行规则和决策过程的行为。”③ 该定义的特点是强调政治参与的合法性。其他的定义则未将政治参与的合法性和不合法性进行区分，如邱永文将政治参与定义为：“社会成员通过一定的方式影响政治过程的行为。”④ 也有人认为：“政治参与就是公民或公民团体影响政府活动的行为。”或认为：“政治参与是普通公民通过一定的方式直接或间接地影响政府决定或与政府活动相关的公共政治生活的政治行为。”孙关宏和胡雨春则指出：“政治参与的主体是公民和由公民组成的团体，政治参与的客体是政府决策及与之相关的公共生活，政治参与是一种自下而上的政治行为，政治参与的目的是影响或改变政府决策。”⑤ 文晓明、王立新指出，“政治参与是既定政治系统内的社会成员为了维护和实现自身的根本利益或实现利益最大化，根据该政治系统认可的法律、程序和规范，采取一定的手段和方式选择政治领导人、影响政治决策、监督决策实施等整个政治运行过程的政治行为”⑥。国内有学者还指出政治参与不是公众参与，如俞可平认为，“公众参与，又称公民参与或公共参与，指的是公民试图影响公共政策和公共生活的一切活动”⑦。杨雪冬认为，“公众参与是比政治参与范围更广的领域”⑧。

---

① INGLEHART R. Modernization and postmodernization：cultural，economic，and political change in 43 societies [M]. Princeton，NJ：Princeton University Press，1997.

② 亨廷顿，纳尔逊. 难以抉择——发展中国家的政治参与 [M]. 汪晓寿，吴志华，项继权，译. 北京：华夏出版社，1989：5-7.

③ 王浦劬. 政治学基础 [M]. 北京：北京大学出版社，1995：207.

④ 邱永文. 当代中国政治参与研究 [M]. 北京：中共中央党校出版社，2009：166.

⑤ 孙关宏，胡雨春. 政治学 [M]. 上海：复旦大学出版社，2002：245-249.

⑥ 文晓明，王立新. 社会主义民主政治运行机制研究 [M]. 北京：人民出版社，2004：168.

⑦ 俞可平. 公民参与民主政治的意义 [M] //贾西津. 中国公民参与案例与模式. 北京：社会科学文献出版社，2008：1-2.

⑧ 杨雪冬. 公共参与手册：参与改变命运 [M]. 北京：社会科学文献出版社，2009.

以上相关定义显示，从主体来看，政治参与是普通公民进行的对政府决策或行为的影响活动，而不包括政治工作者以职业身份进行的政治活动。从客体来看，政治参与要影响的是政府的决策及活动，而不是所有的政治活动，因而不同于一般的公众参与。从参与方式来看，既包括合法的也包括不合法的政治参与。从表现形式来看，政治参与是行动，而不是心理和态度。另外，在中国当前的政治研究中，制度化及非制度化政治参与成为一个关注的焦点。所谓制度化政治参与是指由政权所认可的并由法律及相关制度所规定的合法的参与方式。① 而非制度化政治参与就是指相关制度规定之外的参与方式，可能是合法的也可能是非法的，也可能是法律没有明确规定的参与方式，在当前群体性事件频发的中国，将这些非制度化政治参与涵括在研究之内有着重要的意义。

基于以上分析，本书将政治参与定义为：普通公民或普通公民身份的主体以制度化或非制度化的方式自发或受他人策动而做出的试图影响政府决策或行为的行动。这一概念有以下几个特点：第一，虽然政治工作者以职业身份进行的政治活动不属于政治参与，但是当其不在工作岗位上时，以普通公民的身份参与的政治活动则属于政治参与。第二，虽然本书不鼓励非制度化政治参与，但是由于制度化政治参与和非制度化政治参与有着互相转化的可能，因此探索非制度化政治参与有利于制度化政治参与的建设。这里要明确的是，一些颠覆国家政权的行动不在本书的讨论范围里，因为它突破了影响政府决策和行动的底线。第三，政治参与是客观的活动，而非主观的政治知识、政治兴趣、政治能力、政治效能以及对政治相关性的认识。虽然它们可能与政治参与相关，但是本书只有一个因变量，就是客观活动的政治参与，其他主观成分可能是影响因变量的自变量，或者是影响因变量的中介变量和控制变量。第四，政治参与包括试图影响政府的所有活动，而不管这些活动是否产生实际效果。这是因为大多数政治参与者难以实现其目的，只有某些政治参与者能实现其目的，如果仅考虑实现目的的政治参与，则必将使政治

---

① 王亚玲．近年来中国公民政治参与状况研究述评［J］．四川行政学院学报，2006（3）：46－50.

参与的外延大大缩小，不利于实际的研究。第五，政治参与既可能是自发的，也可能是受他人策动而发生的，由于自发的和受他人策动的政治参与的动机和其他方面都有很大的不同，对其区分有利于更好地研究。

1.5.2 有序政治参与

魏星河对公民有序政治参与的基本界定是："公民在认同现有政治制度的前提下，为促进国家与社会关系良性互动、为提高政府治理公共事务的能力与绩效而进行的各种有秩序的活动，它包括各种利益表达、利益维护的行动。这种活动是依法地、理性地、自主地、适度地对公共事务或政府决策进行个人或集体意愿表达的行为。"另外，公民有序政治参与还包括没有直接法律依据，但可能代表事物发展方向的、不会给现有政治秩序造成危害的行为。因此，从广义上说，公民有序政治参与包括两部分行为：依法的政治参与行为和有秩序的政治参与行为。① 相关学者则指出，有序政治参与包括合法、秩序、理性、适度四个方面。②

有序政治参与在我国的提出最早可以追溯到2000年10月11日，中共十五届五中全会在党的文献中第一次明确提出"扩大公民有序的政治参与"的议题。③ 2001年江泽民在庆祝中国共产党成立八十周年大会的讲话中，首次认可了民营企业主的经济和政治地位，允许他们当中的优秀分子入党。这就使民营企业主有了合法的政治参与途径。2002年中共十六大报告提出，"健全民主制度，丰富民主形式，扩大公民有序的政治参与，保证人民依法实行民主选举、民主决策、民主管理和民主监督，享有广泛的权利和自由，尊重和保障人权"④。2004年，"公众参与"一词首次出现在国务院政府工作报告

① 魏星河．我国公民有序的=政治参与的涵义、特点及价值［J］．政治学研究，2007（2）：31－35.

② 伍俊斌．政治参与和有序政治参与的基本内涵分析［J］．上海大学学报（社会科学版），2013，30（4）：9－18.

③ 中共中央文献研究室．十六大以来重要文献选编（上）［M］．北京：中央文献出版社，2005：25，1395.

④ 江泽民．全面建设小康社会，开创中国特色社会主义事业新局面——在中国共产党第十六次全国代表大会上的报告［EB/OL］．http：//www.fmprc.gov.cn/ce/cech/chn/xwss/t115277.htm.

中，它要求政府部门在制定政策的过程中必须听取公民的意见和建议。党的十六大以来，“扩大公民有序的政治参与”，强调公民必须通过合法的途径和方式参与公共政治生活，对政府管理过程施加影响。[①] 党的十七大报告指出：要“坚持国家一切权力属于人民，从各个层次、各个领域扩大公民有序政治参与，最广泛地动员和组织人民依法管理国家事务和社会事务、管理经济和文化事业”[②]。党的十八大报告对于政治参与的途径做了更明确、具体的规定，更加突出地强调政治参与的法制化、规范化。报告指出，人民代表大会制度是我国的根本政治制度，人民通过人民代表行驶自己的权力，因此人大体制机制上的建设，对人民参与国家政治生活至关重要。中国共产党的十八大报告强调“在人大设立代表联络机构，完善代表联系群众制度”，这一制度的建立，就是报告所特别强调的“拓展人民有序参与立法途径”的重要举措。[③] 为此，扩大公民有序的政治参与成为本书研究的现实指向。

与有序政治参与相对应的两个概念为政治参与冷漠和无序政治参与。政治参与冷漠既是一种政治行为，即对政治参与的疏远和逃避，也是一种政治态度，即对政治生活和政治问题的漠不关心。导致公民政治参与冷漠的原因通常有两种：一是泛政治化使公民对政治反感而失去信心，认为现有的政治体制不能很好地表达自己的利益诉求，随即对政治生活采取了一种无动于衷的态度；二是公民认为现有的政治机构能够很好地表达他们的政治意愿，及时地解决他们的问题，因而没有参加政治活动的动力。与政治参与冷漠并存的另外一种非常态政治参与是无序政治参与。无序政治参与指公民在政治参与的过程中是被动的、缺乏理性的，甚至是违法的，主要表现为越级上访、集体上访、围堵政府驻地、阻塞交通等群体性行为。无序政治参与还表现为消极参与和制度外参与。此外，公民参与组织化程度低，也会导致无序政治

---

① 贾西津．中国公民参与——案例与模式［M］．北京：社会科学文献出版社，2008：1.

② 胡锦涛．高举中国特色社会主义伟大旗帜　为夺取全面建设小康社会新胜利而奋斗——在中国共产党第十七次代表大会上的报告［M］．北京：人民出版社，2007.

③ 胡锦涛．坚定不移沿着中国特色社会主义道路前进　为全面建成小康社会而奋斗——在中国共产党第十八次全国代表大会上的报告［M］．北京：人民出版社，2012：28－29.

参与。独立于政府的社会组织不够发达，使得一些公民只能靠自身的力量来解决问题。一旦问题不能得到有效解决，这些公民往往就会采取极端的方式来引起各方注意。而我国一些政府机构习惯于“大闹大解决，小闹小解决”，从而将政治参与导向更加无序的状态。

在中国当下的语境中，既有制度化的有序政治参与，也有非制度化的无序政治参与。所谓制度化的有序政治参与包括：（1）人民代表大会制度和中国共产党领导下的多党合作和政治协商制度，以及党内的参政议政活动；（2）执政党在非政府组织中建立党的支部，吸纳社会精英入党；（3）信访制度；（4）行政过程的政治参与，包括行政复议、行政诉讼、听证会、开放式会议以及其他公民参与决策的活动和行为；（5）在基层社区和乡镇开展的公民选举和自治活动。而非制度化的无序政治参与包括：（1）个人接触；（2）越级上访；（3）集体上访；（4）群体性事件；（5）抗拒行为。本书的研究目的之一就是改进制度化的有序政治参与，并促使非制度化的无序政治参与向有序政治参与转化。

1.5.3　现实政治参与和网络政治参与

在互联网出现之前，所有的政治参与都是现实政治参与，也就是说政治参与和现实政治参与的定义是一致的。而在互联网出现之后，西方国家就将政治参与分为现实政治参与（也称线下政治参与，英文为 offline participation）和网络政治参与（也称线上政治参与，英文为 online participation）。在本书中，现实政治参与分为选举政治参与、群体性事件政治参与以及一般政治参与。

关于网络政治参与，李斌认为，“网络政治参与是指在网络时代，发生在网络空间，目标指向现实社会政治体系，并以网络为载体和途径参与社会政治生活的一切行为，特指利用互联网进行网络选举，网络对话和讨论，与政党、政府及政界人士进行政治接触以及网络政治动员等一系列政治参与活动”①。郭

---

① 李斌．论网络政治参与的发展趋势［J］．中共福建省委党校学报，2008（2）：6－10.

小安认为，“网络政治参与就是公民借助于网络这个新型媒介影响政治生活的行为。其表现形态为网络政治交流、网络政治谣言、网络政治传播、网络政治宣泄、网络政治选举、网络政治结社等”①。赵春丽认为，“网络政治参与指现代公民以虚拟的网民身份或者以网络社区的形式发表政治主张、政治意愿，影响和推动政治决策过程，监督行政管理的活动，是一种直接或间接地影响政府决定和与政府活动相关的公共政治生活的参政行为”②。基于这些研究，本书对于网络政治参与的定义为：在网络上发生的普通公民或普通公民身份的主体以制度化或非制度化的方式自发或受他人策动而做出的试图影响政府决策或行为的行动。网络政治参与又分为网络舆论监督型网络政治参与、网络建言献策型政治参与和另类网络政治参与，在后面具体章节会讨论其具体的含义。

1.6 本书的框架以及逻辑关系

1.6.1 本书的框架

第 1 章绪论介绍了本书的研究背景、以往的研究概况、本书的研究目的和意义、本书的重点和难点、主要创新、研究思路和研究方法，以及本书涉及的一些基本概念，最后介绍本书的基本研究框架。

第 2 章是社会资本、媒介使用与城市政治参与。本章采用 2005 年中国综合社会调查的城市数据进行研究。对于城市来说，社会资本的社会网络因子和互惠因子对制度化政治参与和非制度化政治参与都有正面显著影响，而媒介使用的新闻接触中对于时事新闻的关注也对制度化政治参与和非制度化政治参与都有正面显著影响。在城市居民中，媒介使用的接触时间对制度化政治参与毫无影响，而在媒介使用的接触时间中仅有看电视时间（频率）对非

---

① 郭小安. 网络政治参与和政治稳定 [J]. 理论探索，2008 (3)：127 - 129.

② 赵春丽. 网络政治参与：协商民主的新形式 [J]. 中共天津市委党校学报，2007 (4)：88 - 92.

制度化政治参与有影响，还是负面的。这表明，媒介使用对政治参与的影响要看城市居民是否关注新闻，而不是看其接触时间的长短。社会资本和媒介新闻接触对制度化政治参与和非制度化政治参与都有正面影响。

第 3 章为媒介使用与农村政治参与及与城市数据的对比。本章主要采用 2005 年中国综合社会调查的农村数据进行研究。本书发现，一方面，在影响农村制度化政治参与的各变量中，社会资本的乡亲信任因子、一般人信任因子、社会网络因子、互惠因子全部或者部分地起到正面显著作用。对制度化政治参与而言，传统媒介如报纸和电视的使用频率、新闻的关注都起正面显著作用，但新兴媒介如互联网的使用频率，却对制度化政治参与起负面显著作用。另一方面，在农村的非制度化的抗争性政治参与中，互联网的使用频率却有正面显著影响。本章的研究有助于理解中国农村的政治参与的状况与主要影响因素。同时本章还将农村的数据及其分析结果与城市的数据及其分析结果进行了对比。

第 4 章为互联网使用时间、使用方式与公民现实政治参与。本章分析了广州网民的现实政治参与情况，并利用使用与满足理论对互联网使用时间、使用方式对中国的现实政治参与的影响进行探索。通过对随机电话调查及配额网络调查共同生成的 1 494 个具有一定代表意义的数据进行分析，发现即使是在开放程度较高的城市广州，其网民政治参与的程度也并不是很高。进一步对样本数据进行分层多元回归分析，发现互联网使用时间与现实政治参与无关。互联网使用方式中的上网了解国内外新闻事件与现实政治参与呈负相关，而上网发表个人对各种公众事务的看法和意见则与现实政治参与呈显著的正相关。因而，在网上发表个人对各种公众事务的看法和意见的网民虽然只是全体网民中的一部分，但却是全体网民中现实政治参与程度最高的人群。因此，掌握网络上的舆论，即个人对各种公众事务的看法和意见，实际上就掌握了现实中的政治参与积极网民的主要意见。

第 5 章为互联网使用工具与公民的网络政治参与。本章分析互联网使用工具对中国公民的网络政治参与的影响。网络政治参与的十种工具可归为三类：信息的交流沟通工具、信息获取工具、信息发布工具。其中即时通讯可促进网民的“弱关系的强度”；电子邮件使网民更方便、高效地参与政治；论坛/BBS使网民更好地表达意见，形成公共讨论空间；网络签名可促成广泛的社会动员及网络抗争；博客/个人空间作为个人建立的简易平台，是私人日记和公开发表相结合的场所；社交网站扩展了网民的人际关系网络，增加了社会资本；微博的去中心化具有动员和组织的作用；微信的特点是信息的及时发送、及时沟通，网民通过政务微信和朋友圈进行参与，属于直接参与，影响力强；搜索引擎（主要指人肉搜索）可进行隐私披露与舆论监督；建立网站则可以发布新闻，承担网上的非政府组织功能。

第6章是互联网使用对选举政治参与的影响。本章指出，在很多国家，互联网已经成为选举政治参与不可缺少的一部分。候选人建立起他们的网站并提供各种服务和功能，越来越多的选民、新闻工作者和积极分子访问网站，获取信息，并相互沟通。与国外情况不同，互联网对我国选举政治参与的影响主要是让选民了解选举新闻、立法信息等。未来可通过以下方式促进互联网使用对选举政治参与的影响：通过对人大代表的考评，形成对人大代表的有效监督；通过互联网建立人大代表的工作业绩查询平台，将人大代表的姓名、工作单位、联系电话、电子邮箱等向选民公布，便于选民与人大代表联系；在人大会议准备阶段，可以在网上公布会议程序，让人大代表通报自己的参会准备情况；在人大会议过程中，可以将开会的过程通过网络视频或网络文字的形式向选民公开；在人大会议后期，人大代表将自己的履职情况以及履职效果在网上向选民公布等。

第7章为互联网使用对群体性事件政治参与的影响。本章将问题聚集于互联网使用在群体性事件政治参与中产生了什么样的影响、在不同类型的群体性事件中影响的异同在哪里。本书采用资源动员理论、框架理论和政治机会机构理论分析以往的相关文献，并探索这些理论在群体性事件中的应用价值。本章首先对利益维权型、无利益泄愤型、社会骚乱型这三种类型的群体性事件进行界定，从信息传播、组织动员、再框架化三方面来对互联网使用在三种类型的群体性事件中的表现进行分析，并指出互联网对事件发展的影响受制于传统媒体报道和政府的态度、行为。

第8章为网络舆论监督型政治参与分析。本章首先分析互联网对舆论监督型政治参与（本章也将其称为“网络舆论监督型政治参与”）的影响。网络舆论监督型政治参与通过舆论对政府的决策和行为形成压力，政府为了追求自身的合法性形象，就不得不考虑调整其政策和行为，由此公民就可通过网络舆论实现一定程度的政治参与。本章介绍了中国网络舆论监督型政治参与的发展，指出中国网络舆论监督型政治参与的影响是：（1）有利于公共领域的培育，促进政府合法性的形成；（2）促进专门监督网络舆论的专业机构的诞生与发展。本章还分析了中国网络舆论监督型政治参与存在的问题及其成因，对中国网络舆论监督型政治参与的发展提出展望。

第9章为网络建言献策型政治参与分析。网络建言献策型政治参与就是指网民通过网络向政府及其官员表达利益诉求，建言献策。本章通过分析谁参与了人民网的“E政广场”、“E政广场”里的提案包括什么样的内容、“E政广场”里的提案对政府议程产生什么样的影响，发现网络建言献策型政治参与有利于促进公共决策合法性的形成，有利于多元利益群体的沟通，有利于促进协商民主的形成。网络建言献策型政治参与的局限有两方面：一是网络建言献策型政治参与的成效不高，二是网络建言献策型政治参与仅代表部分网民的意见。政府应该将网络建言献策型政治参与机制纳入政府工作条例，使其成为公民行使权力的载体和平台。

第10章为另类网络政治参与分析。在各种网络政治参与中，有些政治参与并不是通过理性的话语进行表达的，而是通过情绪化或非理性行为表现出来的，本章将其称为“另类网络政治参与”，例如人肉搜索、网络恶搞、网络灰段子和网络流行语。这种另类网络政治参与在互联网上常常带有娱乐、狂欢的性质，作为一种亚文化现象而存在，并以一种政治抵抗，也可以称为“抵抗式的政治参与”的形式影响着人们的心理和政治社会的发展。虽然这些另类网络政治参与也隐晦地表达了自己的观点，但一般没有直接的政治指向，没有具体的政治诉求，因而可以视为一种政治心态或者说政治参与意向，也属于广义政治参与的一部分。这样的广义政治参与是一种弱者的抵抗，体现了中国网民的非理性化情绪，还是一种民粹主义（populism）和反智主义。

第 11 章为讨论与结论。本章得出全书的经验研究结论，并将本书的结论与其他结论进行比较并作出评述，分析本书结论的理论和现实意义，最后指出本书的缺陷和未来的研究方向。

1.6.2 框架之间的逻辑关系

这些章节的逻辑关系为：第 1 章是提出问题以及对以往研究进行分析；第 2 章和第 3 章主要通过二手数据分析媒介使用，包括在全国层面上互联网使用对政治参与的影响；第 4 章通过一手数据分析互联网使用，包括使用时间和使用方式对现实政治参与的影响；第 5 章进一步分析互联网使用工具和网络政治参与之间的关系；第 6 章和第 7 章主要分析互联网使用对现实政治参与的两种形式，即选举政治参与和群体性事件政治参与的影响；第 8 章到第 10 章分别从网络政治参与的三种形式，即网络舆论监督型政治参与、网络建言献策型政治参与、另类网络政治参与进行分析；最后一章是讨论与结论。

第 2 章　社会资本、媒介使用与城市政治参与

了解当前中国城市的政治参与的状况及影响因素有利于了解发展中国家在社会转型期的经济现代化和政治稳定之间的关系。本章①采用中国人民大学中国调查与数据中心负责执行的，我国最早的全国性、综合性、连续性学术调查项目——中国综合社会调查的调查数据。该项目在 2005 年调查数据的城市部分，分析了社会资本、媒介使用与城市政治参与之间的关系。

2.1　本章的相关假设与问题

在政治参与的影响因素的研究中，社会资本是一个重要的变量，社会资本常从社会学和政治学的视角被分析。社会学视角的社会资本概念基本上把社会关系网络或特定的社会结构作为社会资本来看待。由此出发，学者们所研究的重点是，置身于某种社会关系网络或社会结构中的个人，如何通过这种网络来获取各种政治的、经济的信息和资源，从而提高其社会经济地位。布尔迪厄将资本划分为三种形态：经济资本、文化资本和社会资本。在他看来，社会资本是“实际的或潜在的资源的集合体，那些资源与对某种持久的网络的占有是密不可分的，这一网络是大家熟悉的，得到公认的，而且是一种体制化关系的网络”②。在布尔迪厄那里，社会资本就是一种社会网络，他指出：“特定行动者占有的社会资本的数量，依赖于行动者可以有效加以运用

① 本章的大部分内容已发表在笔者的相关文章里。

② 布尔迪厄．文化资本与社会炼金术［M］．上海：上海人民出版社，1997：202.

的联系网络的规模的大小，依赖于和他有联系的每个人以自己的权力所占有的（经济的、文化的、象征的）资本数量的多少。”① 而这种社会关系网络必须被转化成为体制性的关系，才能真正成为社会资本。因此，他又说，人们在生产社会资本时，要把诸如邻里、同事和亲属等客观存在的关系“转变成既必需又有选择性的关系，转变成从主观上感到有必要长久维持其存在的（如感激的心情、尊敬、友谊等）关系，转变成在体制上得到保障的（权利）关系”②。与此相对应，这类学者们也主要在微观的、个人的层次上而非宏观的社会层次（或国家层次）上分析其表现、原因和后果。社会关系网络实际上就是建立在人与人的社会交往的基础上的，因此社会学视角的社会资本更多关注社会交往。

在政治学视角的社会资本概念中，帕特南的观点最具代表性。他认为，“社会资本是指社会组织的特征，诸如信任、规范以及网络，他们能够通过促进合作的行为来提高社会效率”③。这一概念不仅包括了社会学视角的社会网络，而且也将信任及各种有利于促进社会效率的非正式的社会规范，如互惠性、合作等包括进来。帕特南指出信任是社会资本必不可少的组成部分，在意大利公共精神发达的地区，社会信任长期以来一直都是伦理道德的核心，它维持了经济发展的动力，确保了政府的绩效。在一个共同体内，信任水平越高，合作的可能性就越大。④ 帕特南进一步指出，社会信任能够从互惠规范和公民参与网络这两个相互联系的方面产生。互惠包括均衡的互惠和普遍化的互惠。前者指人们同时交换价值相等的东西；后者指的是一种持续进行的交换关系，这种互惠在特定时间里是无报酬的和不均衡的，但它使人们产生共同的

---

① 布尔迪厄．文化资本与社会炼金术［M］．上海：上海人民出版社，1997：202.

② 布尔迪厄．文化资本与社会炼金术［M］．上海：上海人民出版社，1997：203.

③ PUTNAM R D. Making democracy work：civic traditions in modern Italy［M］. Princeton，NJ：Princeton University Press，1993.

④ 帕特南．使民主运转起来［M］．王列，赖海榕，译．南昌：江西人民出版社，2001：195－200，203.

期望，现在己予人，将来人予己。遵循普遍化互惠规范的共同体可以更有效地约束投机，解决集体行动中的搭便车问题。另一方面，在一个共同体中，公民参与的网络越是密集，就越有可能为了共同的利益而合作。公民参与网络增加了人们在任何单独交易中进行欺骗的潜在成本，培育了强大的互惠规范，促进了交往。① 帕特南认为：一方面，通过社会组织产生的社会网络和人际信任，最终形成社会资本，进而导致政治参与。② 另一方面，通过社会组织的参与活动，能培育政治参与的技巧，最终促成政治参与的活动。③ 在国内的研究中，胡荣对中国农村社会资本的测量从四个方面进行：一是参与各种社团的情况，二是社会互惠情况，三是社会信任，四是社会规范。④ 对城市居民的社会资本测量则从三方面进行：第一，居民的社会交往；第二，居民的社会信任；第三，居民参与各种社团的情况。⑤ 在分析城市居民社会资本与政府信任的关系时，胡荣等则从社团参与、社会信任、公共事务参与三个角度去测量。⑥ 胡荣和范丽娜将社会资本分为信任、互惠规范以及公共事务参与这三个方面。⑦

综合国内外研究以及一些二手材料，本书认为社会资本这一概念可从三个维度去把握和测量：社会信任、社会参与网络和互惠规范。赵延东从信任与公共参与这两个维度对中国西部城乡居民的宏观社会资本进行了测

① 帕特南．使民主运转起来［M］．王列，赖海榕，译．南昌：江西人民出版社，2001：203.

② PUTNAM R D. Tuning in，tuning out：the strange disappearance of social capital in America［J］. PS：Political Science and Politics，1995，27（4）：664-683.

③ VERBA S，NIE N H，KIM J. Participation and political equality：a seven-nation comparison［M］. Cambridge，UK：Cambridge University Press，1978；VERBA S，SCHLOZMAN K L，BRADY H E. Voice and equality：civic voluntarism in American politics［M］. Cambridge，MA：Harvard University Press，1995.

④ 胡荣．社会资本与中国农村居民的地域性自主参与——影响村民在村级选举中参与的各因素分析［J］．社会学研究，2006（2）：61-85.

⑤ 胡荣．社会资本与城市居民的政治参与［J］．社会学研究，2008（5）：142-159，245.

⑥ 胡荣，胡康，温莹莹．社会资本、政府绩效与城市居民对政府的信任［J］．社会学研究，2011（1）：96-117，244.

⑦ 胡荣，范丽娜．城乡居民和流动人口的社会资本与生活满意度［J］．黑龙江社会科学，2016（6）：78-84.

量。[①] 而在以往的国内实证研究里，往往认为社会资本能显著地影响政治参与。[②] 为此，本书提出以下假设：

社会资本正面影响城市居民的政治参与。

从上面的分析中可以看到，如果从传播的角度来看，社会资本主要从人际传播、群体传播中产生，从而影响公民的政治参与。而在现代社会，媒介作为大众传播的主要形态，是除去家庭、学校、社会组织之外的人们学习政治知识、培养政治人格的主要的政治社会化途径。媒介在特殊情况下还可以通过自己的影响力成为新的政治活动和政治力量出现的导火索和鼓动者，并在一定的政治发展阶段发挥关键性的作用。任何普通人都可以通过媒介获得很多信息，媒介可以使公民了解政府的工作情况以及各类政治事务，可以使公民就政府决策以及其他政治事务发表自己的观点或提出建议，从而在某种程度上促进公民的政治参与。因此，在分析政治参与的影响因素时，既分析从人际传播、群体传播中产生的社会资本，也分析大众传播所促成的媒介使用，才能全面了解信息传播与政治参与之间的关系。

媒介使用包括媒介使用时间、媒介新闻接触等。在中国，电视是现今媒介中使用频率较高的大众传播媒介。互联网在中国起步较晚，然而却取得了飞速的发展，是发展最迅速的传播媒介。报纸是最早发展起来的大众传播媒介，我国的报纸以地方性报纸、区域性报纸为主。随着互联网的发展，报业无论是在广告，还是在受众面上都受到了挑战。张志安依据来自全国多个省、直辖市、自治区的问卷调查数据，对不同地区受众媒介使用行为的特征及差异进行比较研究，发现尽管不同地区的受众在不同类型的

① 赵延东．测量西部城乡居民的社会资本［J］．华中师范大学学报，2006，45（6）：48－52．

② 胡荣．社会资本与中国农村居民的地域性自主参与——影响村民在村级选举中参与的各因素分析［J］．社会学研究，2006（2）：61－85；孙昕，徐志刚，陶然，等．政治信任、社会资本和村民选举参与——基于全国代表性样本调查的实证分析［J］．社会学研究，2007（4）：165－187；郭正林．当代中国农民政治参与的程度、动机及社会效应［J］．社会学研究，2003（3）：77－86；罗爱武．公民自愿主义、社会资本与村民投票参与——基于中国综合社会调查（CGSS）数据的 Logistic 回归模型研究［J］．社会科学论坛，2011（7）：191－203．

媒介使用行为上存在差异，但整体上，电视仍然是强势媒介，网民规模快速增长、网络使用频率已超越其他传统媒介，报纸、杂志和广播的使用频率较低。现阶段，我国受众对5种媒介的使用频率大约是：电视＞网络＞杂志＞报纸＞广播。①

国外传播学者施拉姆在1990年出版的《大众传播媒介与社会发展》中就指出，媒介在社会发展中的作用分别由告知功能、决策功能、教育功能产生。就告知功能而言，具体有以下三方面的影响：(1) 大众传播媒介可以使人开阔眼界；(2) 大众传播媒介可以集中人们的注意力；(3) 大众传播媒介可以提高人们的期望。就决策功能而言，在改变固执的观念或受重视的习俗时，大众传播媒介仅仅能间接地起帮助作用，其具体的影响如下：(1) 大众传播媒介可以向人际渠道推送信息；(2) 大众传播媒介可以授人以地位；(3) 大众传播媒介可以扩大政策对话的范围；(4) 大众传播媒介可以强化社会规范；(5) 大众传播媒介可以帮助人们培养趣味；(6) 大众传播媒介可以影响人们轻率地持有某种观念，对固执的态度则可产生潜移默化的影响。就教育功能而言，大众媒介对各类教育和培训有极大帮助。② 当然，施拉姆的观念是宏观角度的，对于作为行为表现的政治参与，大众媒介对此有何影响、如何影响，却由于历史局限而没有论及。哈贝马斯认为，随着商业化和交往网络的密集，随着资本不断投入和宣传机构组织程度的提高，交往的渠道拓宽了，进入公共交往的机会则面临着日趋加强的选择压力。③ 这样，一种新的影响范畴产生了，即传媒力量。大众传媒影响了公共领域的结构，同时又统领了公共领域。同时哈贝马斯也指出后来大众媒介的公共领域出现转型，出现消费主义，等等。

在国外的实证研究中，有相当多的研究证明媒介能够促进政治参与。有研究者指出媒介使用和其他使得用户与其信息环境进行互动的传播活动，能

---

① 张志安，沈菲．中国受众媒介使用的地区差异比较［J］．新闻大学，2012 (6)：25－32.
② 施拉姆．大众传播媒介与社会发展［M］．北京：华夏出版社，1990：121－155.
③ 哈贝马斯．公共领域的结构转型［M］．曹卫东，译．北京：学林出版社，1999：15.

显著地影响政治参与。[①] Scheufele 分析了不同的大众媒介使用及其对政治参与行为的影响，发现对媒介硬新闻的接触对政治参与总体上起积极的影响。[②] McLeod 提出，媒介新闻接触和人际政治讨论网络会导致对社区的关注和参与，媒介使用对政治参与行为有直接的影响，也有间接的作用，即媒介接触丰富了公民的政治知识，提高了公民的政治效能感，通过这些中介变量促进了政治参与。[③]

也有相关的研究认为媒介的使用可能造成犬儒主义的出现，造成公众对政治的冷漠与不关心。Thomas E. Patterson 对 1960 年至 1992 年间不断增加的负面新闻框架和解释进行了收集和整理。他指出新闻工作者的写作价值中含有“反政治和无政府主义”的偏见，新闻工作者主要集中笔墨报道竞选策略、个人特征和政府失败，而忽视政治辩论和政府成就。在 Patterson 看来，这样的新闻报道不仅不能提供市民所需要的信息，反而进一步强化了对政府官员和政府机构的负面的、无知的和愤世嫉俗的判断。[④] Cappella 和 Thomas 用事实证明政治新闻报道的内容激起了新闻消费者的政治冷漠和犬儒主义。[⑤] 相关研究者将这种状况归为“媒体抑郁症”（media malaise），媒体抑郁症由 Michael J. Robinson 提出，他认为公众为了解政治新闻而对电视形成了依赖，

---

① CARPINI M X D. Mediating democratic engagement：the impact of communications on citizens' involvement in political and civic life [M] //Kaid L L. Handbook of political communication research. NJ：Lawren Ce Erlbaum Associates，2004：395 - 434；JACOBS L R，COOK F L，CARPINI M X D. Talking together：public deliberation and political participation in America [M] . Chicago，IL：University of Chicago Press，2009；VERBA S，SCHLOZMAN K L，BRADY H E. Voice and equality：civic voluntarism in American politics [M] . Cambridge，MA：Harvard University Press，1995.

② SCHEUFELE D A. Examining differential gains from mass media and their implications for participatory behavior [J] . Communication Research，2002，29 (1)：46 - 65.

③ MCLEOD J M，DAILY K，GUO Z，et al. Community integration，local media use，and democratic processes [J] . Communication Research，1996，23 (3)：463 - 487；MCLEOD J M，SCHEUFELE D A，MOY P. Community，communication and participation：the role of mass media and interpersonal discussion in local political participation [J] . Political Communication，1999，16 (3)：315 - 336.

④ PATTERSON，THOMAS E. Out of order [M] . New York：Vintage Books，1994.

⑤ CAPPELLA J N，JAMIESON K H，et al. Spiral of cynicism：the press and the public good [M] . Oxford：Oxford University Press，1997.

但电视媒体具有负面的和反政府的特性，这强化了政治冷漠。在Robinson看来，观众接受这种反政府的主题，只会提取一个重要的信息：我们国家的政治制度没有发挥作用，我们的政府没有任何反应，我们的政治组织失败了。①

另外，有研究者指出大众媒介中的娱乐应用不利于政治参与。如大众媒介能够提供公共话题，传播与政治和社会事务有关的信息，对媒介报道进行讨论（即使这些媒介话题无关政治，只与体育、电视、音乐或电影有关），虽然这有助于集体意识的形成，但如果公民接触媒介中的娱乐内容的时间过多，就会占用投身于社会公共事务的时间。② 相关研究显示，使用传统媒介，特别是电视用于娱乐的行为并不能有利于现实政治参与。③ 而使用互联网来娱乐的行为也无利于现实政治参与。④ 不过，也有研究指出新闻和娱乐节目与政治冷漠没有关系。⑤

对中国的相关研究显示，中国的媒介和政治参与的独特性使得媒介使用与政治参与的关系较为复杂，而且随着不同时期媒介的不同而不同。例如，相关学者通过分析1993年和1994年的调查数据发现，中国政府统一的新闻政策对政治信任产生了负面影响，这是政治信息的强度所带来的后果。⑥

---

① ROBINSON, MICHAEL J. Public affairs television and the growth of political malaise: the case of the selling of the Pentagon [J]. American Political Science Review, 1976 (2): 409-432.

② PUTNAM R D. Making democracy work: civic traditions in modern Italy [M]. Princeton, NJ: Princeton University Press, 1993.

③ BESLEY J C. The role of entertainment television and its interactions with individual values in explaining political participation [J]. The Harvard International Journal of Press/Politics, 2006, 11 (2): 41-63; SHAH D V, KWAK N, HOLBERT R L. "Connecting" and "disconnecting" with civic life: patterns of Internet use and the production of social capital [J]. Political Communication, 2001, 18: 141-162; SOTIROVIC M, MCLEOD J M. Values, communication behavior, and political participation [J]. Political Communication, 2001, 18: 273-300.

④ CHO J, ROJAS H, SHAH D V. Social capital and media [M] //Levinson D. Encyclopedia of community: from the village to the virtual world. Thousand Oaks, CA: Sage, 2003: 1291-1295.

⑤ BENNETT S E, RHINE S L, FLICKINGER R S. Video malaise revisited: public trust in the media and government [J]. Harvard International Journal of Press Politics, 1999, 4 (4): 8-23.

⑥ CHEN X, SHI T. Media effects on political confidence and trust in the People's Republic of China in the post-Tiananmen period [J]. East Asia, 2001, 19 (3): 84-118.

不过唐文方在1999年对6座城市的数据进行分析发现，中国媒体的作用变得显著，它在政治动员和提高政府支持率上变得更为有效。① 仇学英通过西部的7个乡村调查点对民众传播行为与政治参与态度的关联性进行了研究，发现接触大众传播媒介越多的民众，其政治参与态度就越积极，二者呈正相关。② 也就是说，大众传播媒介的使用对西部乡村民众政治参与态度有相当积极的作用。梁莹通过对南京市的调查发现，公民对媒体的信任度对公民政治参与意识具有较为显著的影响，公民知情权的实现程度是其政治参与是否积极的重要影响因素。③ 在互联网对政治参与的影响的研究中，有的研究者认为中国网民通过使用互联网，可能形成对公民采取个体和集体行动的不同理解，并因此而采取参与的行动。④ 潘忠党通过分析来自全国多个省、直辖市、自治区的问卷调查数据，发现互联网使用对公民政治参与有普遍的正向影响。同时影响公民政治参与的还有：(1) 社会-经济条件因素；(2) 心理卷入和信心因素；(3) 传统媒体使用因素。⑤ 但是相关研究并没有控制社会资本这一影响政治参与的主要变量，因而难以发现媒介使用的"净影响"。为此，在控制了社会资本等其他对政治参与有影响的主要变量后，媒介使用与政治参与的关系究竟如何呢？是否需要区分不同的媒介，如报纸、广播、电视，以及不同的媒介使用对政治参与的影响呢？这些都值得研究。由此，本章提出以下问题：

在控制了社会资本等其他对政治参与有影响的主要变量后，媒介使用是如何影响城市居民的政治参与的？

---

① 唐文方．中国民意与公民社会［M］．广州：中山大学出版社，2008：84，102－103.

② 仇学英．传播学跨学科发展的探索性研究报告——西部乡村的大众媒介传播和农民政治参与［C］//全球信息化时代的华人传播研究：力量汇聚与学术创新——2003中国传播学论坛暨CAC/CCA中华传播学术研讨会论文集（上册），2004.

③ 梁莹．媒体信任对公民政治参与意识之影响研究——基于南京市的实证调查［J］．江淮论坛，2008（2）：86－95.

④ LEI Y W. The political consequences of the rise of the Internet：political beliefs and practices of Chinese netizens［J］. Political Communication，2011，28（3）：291－322.

⑤ 潘忠党．互联网使用和公民参与：地域和群体之间的差异以及其中的普遍性［J］．新闻大学，2012，116（6）：42－53.

2.2　数据与变量

2.2.1　数据

本章所用数据来自中国综合社会调查（CGSS）2005 年的调查数据，该数据由中国人民大学中国调查与数据中心负责收集，详细信息和相关资料参见该中心官方网站。该数据是权威的、公开的，并向研究者免费提供。尽管在过去十年间，中国社会的媒介结构、民众的媒介使用以及政治参与方式皆已发生较大的变化，但是，一些基本的、深层次的结构和变量影响关系仍然对当今的中国产生着影响，因此 2005 年的资料仍有一定的参考价值。

2005 年中国综合社会调查的数据调查采用分层四阶段概率抽样法，调查覆盖了全国 28 个省/直辖市/自治区，涉及 125 个县级单位，整个样本容量为 10 372 人，其中城市样本 6 098 人，农村样本 4 274 人。共有住户成员情况、个人基本情况、家庭情况、心理健康、经济态度与行为评价、社区生活与治理、农村治理 7 个模块。城市样本量占总样本量的比例是 58.8%，农村样本量占总样本量的比例为 41.2%。本章使用的是城市样本。此次调查区域覆盖了全国东、中、西部的 88 个城镇，这些城镇既有发达的大城市如北京、上海、天津、深圳等，也有中等城市如部分省会城市，还有欠发达城镇。

之所以先选择城市数据，是因为城市是中间阶层（也称中产阶层、中产阶级）的聚集地，很多研究发现经济发展会改变一个社会的结构形态[①]，创造出大量的中间阶层。中国的城市经济发展是远远高于农村的，尽管中国城

---

① EDWARD N. MULLER E N. Economic determinants of democracy [J]. American Sociological Review，1995，60：805－821.

市现在有着大量的外来人口，如农民工，但不能否定的一个事实是，中国城市里的中间阶层的人数和比例都远远高于中国农村。例如，中国社会科学院社会学研究所的李春玲指出：从全国范围来看，中产阶级所占比例约为4%～5%；在城市，中产阶级所占比例约为10%；在大城市，中产阶级所占比例约为12%～15%。也就是说，在城市，中国的中间阶层的比例远远要高于全国平均比例，更高于中国农村的比例。① 为此，城市成为研究中国中间阶层的一个很好的场所。对中间阶层的研究主要聚焦于城市的管理人员、专业技术人员和企业白领，这些社会阶层在很大程度上是中国改革开放的受益者，是社会的精英群体。② 中国的中间阶层的政治参与对于政治稳定有着重要的作用。早在古希腊时期，亚里士多德就认为中产阶级富有理性、心态平和，是社会稳定的力量。他认为，人类在本性上是一种政治动物，而唯有以中产阶级为基础才能组成最好的政体。中产阶级比任何其他阶级都稳定，以中产阶级为基础的政体是各政体中最为稳定的类型。他强调国家"以正义为原则"，"正义恰正是树立社会秩序的基础"③。尽管后来亨廷顿指出"中产阶级作为革命因素的形象，与它作为现代政体的稳定基石的传统形象是自相矛盾的。但是，中产阶级与稳定的关系同富裕与稳定的关系很相近。与普通化的富裕一样，已经壮大的中产阶级是政治领域起缓和作用的力量。然而，中产阶级的形成同经济增长一样，常常是一种高度不稳定的因素"④，但不可否定的是，具有职业和教育优势的中间阶层的政治参与态度和行为对引导整个社会的稳定是非常重要的，而城市恰好是中间阶层的聚居地。

---

① 李春玲．中国中产阶级的增长及其现状［J］．江苏社会科学，2008（5）：68－77.

② 张翼．当前中国中产阶层的政治态度［J］．中国社会科学，2008（2）：117－131，207；周晓虹．中国中产阶级：现实抑或幻象［J］．天津社会科学，2006（3）：60－66；李友梅．社会结构中的"白领"及其社会功能——以 20 世纪 90 年代以来的上海为例［J］．社会学研究，2005（6）：90－111；李春玲．比较视野下的中产阶层形成［M］．北京：社会科学文献出版社，2009.

③ 亚里士多德．政治学［M］．吴寿彭，译．北京：商务印书馆，1996：435，206，235，9.

④ 亨廷顿，纳尔逊．难以抉择——发展中国家的政治参与［M］．汪晓寿，吴志华，项继权，译．北京：华夏出版社，1989：5－7.

2.2.2　变量

一、因变量

本章中的因变量为政治参与，在当前的比较政治学研究框架下，政治参与不仅仅包括投票、参与选举、助选等传统政治参与（conventional political participation），也包括非传统政治参与（unconventional political participation）如公开地向媒体表达意见、向政府官员或议员投诉（上访或请愿），乃至抵制、示威、游行、占领等各类政治行为。非传统政治参与行为都具有一定程度的群体性和对抗性（或抗争性），与传统政治参与体现的公民对于政治体制的较高合作性不一样。因此非传统政治参与也可以被纳入集体行动（collective actions）、社会运动（social movements）和抗争性政治（contentious politics）的视野来分析。根据以往研究和问卷调查，本书将政治参与分为三个维度：选举政治参与、政治事务关注参与、抗争性政治参与。

（一）选举政治参与

城市居民的传统政治参与形式主要是居委会选举和基层人大代表选举，为此，本书将城市居民的选举政治参与分为居委会选举参与和地方人大代表选举参与。

（1）参与居委会选举的投票状况。本章用 CGSS 调查问卷中“您在上一次的居民委员会选举中有没有投过票呢”这一项问题来测量居民的投票参与状况，答案选项是“没有（赋值 0）”“有，但是因为要求才去的（赋值 1）”“有，是自己自发/主动去的（赋值 2）”这三个。三个选项的分布状况是：在 6 098 个有效样本中回答“没有”的有 4 453 人，占 73.0%；回答“有，但是因为要求才去的”有 1 115 人，占 18.3%；回答“有，是自己自发/主动去的”有 530 人，占 8.7%。

（2）参与地方人大代表选举的投票状况。本章用 CGSS 调查问卷中的“您在上一次的地方人民代表大会代表选举中有没有投过票呢（单选）”来测量居民参与地方人大代表选举的投票状况，答案选项是“没有（赋值 0）”“有，但是因为单位/企业领导或村干部要求才去的（赋值 1）”“有，是自己自发/主动去的（赋值 2）”这三个。三个选项的分布状况是：在 6 098 个有效样本中回答“没有”的有 4 241 人，占 69.5%；回答“有，但是因为单位/企业领导或村干部要求才去的”有 1 330 人，占 21.8%；回答“有，是自己自发/主动去的”有 527 人，占 8.6%。

（二）政治事务关注参与

政治事务关注参与属于一种日常的政治参与。日常的政治参与包括很多，如与人大、政协委员接触，与媒体接触发表政治观点等。问卷仅测量了政治事务关注程度，而问卷里的政治事务关注分为对居民委员会的关注和对地方人大的关注。

（1）对居民委员会的关注。本章用 CGSS 调查问卷中的“您对居民委员会日常工作和决策的关注程度是怎样的呢”来测量居民对居委会工作的政治事务关注程度。将五个答案选项“一点也不关注”“不太关注”“一般”“比较关注”“非常关注”分别赋值 1、2、3、4、5。在 6 098 个有效样本中选择“一点也不关注”的有 863 个，占 14.2%；选择“不太关注”的有 1 859 个，占 30.5%；选择“一般”的有 2 372 个，占 38.9%；选择“比较关注”的有 831 个，占 13.6%；选择“非常关注”的有 173 个，占 2.8%。

（2）对地方人大的关注。本章用 CGSS 调查问卷中的“您对地方人大日常工作和决策的关注程度是怎样的呢”来测量对地方人大工作的政治事务关注程度。将五个答案选项“一点也不关注”“不太关注”“一般”“比较关注”“非常关注”分别赋值 1、2、3、4、5。在 6 098 个有效样本中选择“一点也不关注”的有 780 个，占 12.8%；选择“不太关注”的有 1 795 个，占 29.4%；选择“一般”的有 2 343 个，占 38.4%；选择“比较关注”的有 1 002个，占 16.4%；选择“非常关注”的有 178 个，占 2.9%。

（三）抗争性政治参与

在对五个西方民主国家政治活动的研究中，Barnes 和 Kaase 把非传统政治参与定义为“与特定政治体制之下的常规政治参与的规则和习惯不相符合的行为”[①]，这些非传统政治参与表现为签名请愿书、联合抵制活动、游行示威等，所以也称抗争性政治参与。抗争性政治参与作为非传统政治参与，成为一种重要的公民参与方式。在自身的权利受到损害时，中国民众往往采取抗争性政治参与来表达意见和争取相关部门的帮助。[②] 在 2005 年的 CGSS 调查问卷中，“您有没有参加过以下活动呢（每行单选）”的选择支项分别为：“自发性的爱国主义游行示威（包括抵制日货之类的行动）”“个人上访/请愿”“集体上访/请愿”。答案选项“有”“没有”分别编码为 1、0，将这三个分支选项的赋值加权为一个值，称“抗争性政治参与”。在 6 098 个有效样本中有 5 853 个“抗争性政治参与”的值为 0（没有参与），占 96.0%；198 个为 1（参与 1 次），占 3.2%；43 个为 2（参与 2 次），占 0.7%；4 个为 3（参与 3 次），占 0.1%。应该说明的是，与选举政治参与等制度化政治参与不同的是，抗争性政治参与属于非制度化政治参与，即使是自发性的爱国主义游行示威，由于是自发的，事前未经批准，在中国也不属于合法的游行示威，而上访/请愿，尤其是集体上访/请愿，在中国都是不受鼓励的。

二、自变量

（一）社会资本

目前对于社会资本变量相当多的国内研究主要侧重于社会网络和社会关系方面[③]，相关的经验研究对社会资本的操作的定义也有很大的不同，本章

---

① BARNES，SAMUEL H，KAASE，et al. Political action：mass participation in five western democracies [M] . Beverly Hills：Sage Publications，1979.

② 李骏 . 住房产权与政治参与：中国城市的基层社区民主 [J]. 社会学研究，2009（5）：57－82，243－244.

③ 阎云翔 . 礼物的流动 [M] . 上海：上海人民出版社，2009；边燕杰，李煜 . 中国城市家庭的社会网络资本 [J] . 清华社会学评论，2000（2）：1－18.

社会资本的含义采用帕特南的定义，变量的操作化定义分为三个部分：社会信任、社会参与网络和互惠规范。

信任是社会资本必不可少的组成部分。在一个共同体内，信任的水平越高，合作的可能性越大①，在数据中有测量村民对不同对象信任程度的问题："E14. 在不直接涉及金钱利益的一般社会交往/接触中，您觉得下列人士中可以信任的人多不多呢？（每行单选），选择支项包括：E14a.（近）邻居；E14b.（城镇的）远邻/街坊 或（乡村）邻居以外的同村居民；E14c. 同村的同姓人士；E14d. 同村的非同姓人士；E14e. 亲戚；E14f. 同事；E14g. 交情不深的朋友/相识；E14h. 老同学；E14i. 在外地相遇的同乡（以同市或同县为界线）；E14j. 一起参加文娱、健身、进修等业余活动的人士；E14k. 一起参加宗教活动的人士；E14l. 一起参加社会活动/公益活动的人士 ；E14m. 陌生人。"由于问卷附注"被访者如果是城镇户口，则无须回答 E14c 和 E14d，直接将答案圈为'不适用'"，为此在城镇部分不分析 E14c 和 E14d。答案选项是"绝大多数不可信、多数不可信、可信者与不可信者各半、多数可信、绝大多数可信"，分别编码为 1、2、3、4、5，缺省值为 6。有些项目缺失值较多，被访者选 6 时作为缺失值处理，符合原来数据的结果，反映问卷的真实情况。为分析居民的信任结构，本书用主成分因子分析法对这 11 个支项（不包括 E14c 和 E14d）进行因子分析，共抽取出两个特征值大于 1 的因子，用最大方差法进行因子旋转，旋转后的成分矩阵如表 2-1 所示。根据变量在不同因子上载荷量大小的不同，本书将社会信任的两个因子分别命名为一般人信任因子、亲戚朋友信任因子。因子分析的 KMO 值是 0.852，Bartlett 的球形度检验显著性水平小于 0.001，两个因子共解释了 54.2% 的方差。

---

① 帕特南．使民主运转起来［M］．王列，赖海榕，译．南昌：江西人民出版社，2001：195-200.

表 2-1　城市居民 11 个社会信任选项的因子分析

	因子	
	一般人信任因子	亲戚朋友信任因子
E14a.（近）邻居	0.05	0.77
E14b.（城镇的）远邻/街坊或（乡村）邻居以外的同村居民	0.22	0.72
E14e. 亲戚	−0.01	0.75
E14f. 同事	0.18	0.74
E14g. 交情不深的朋友/相识	0.46	0.45
E14h. 老同学	0.27	0.58
E14i. 在外地相遇的同乡（以同市或同县为界线）	0.67	0.30
E14j. 一起参加文娱、健身、进修等业余活动的人士	0.78	0.20
E14k. 一起参加宗教活动的人士	0.78	0.06
E14l. 一起参加社会活动/公益活动的人士	0.74	0.14
E14m. 陌生人	−0.08	0.47
解释的方差	37.98%	16.27%

社会资本的第二个组成部分是社会参与网络，任何社会都是由一系列人际沟通和交换网络构成的，包括纵向网络和横向网络。其中将具有相同地位和权力的行为者联系在一起的横向网络是社会资本的基本组成部分。在一个共同体中，横向网络越密，公民就越有可能为了共同利益进行合作。① 在 CGSS 的数据中有“E18. 在业余时间里，您有没有在以下方面参加由您工作单位以外的社团组织（如俱乐部、沙龙、培训班、志愿团体、教会等）安排/组织的活动呢（每行单选）”的问题，其分支项为：E18a. 健身/体育活动；E18b. 娱乐/文艺活动；E18c. 同学/同乡/同行联谊活动；E18d. 宗教信仰活动；E18e. 有助于增进培养/教育子女能力的活动；E18f. 有助于提高个人技能/技术的活动；E18g. 公益/义务活动（如扶贫、社会救济、赈灾、扫

① 帕特南．使民主运转起来［M］．王列，赖海榕，译．南昌：江西人民出版社，2001：203.

盲、环保等），将五个答案选项“一周一次”“几周一次”“一月一次”“一年几次”“从不”重新赋值为5、4、3、2、1。为了了解这些选项的结构，以特征值大于1为条件进行探索性因子分析，按照特征值大于1的标准抽取出一个公共因子，命名为“社会参与网络因子”。该因子分析的KMO值是0.809，Bartlett的球形度检验显著性水平小于0.001，该因子解释了41.68%的方差。

社会资本的第三个组成部分是互惠规范。互惠是规范中最为重要的一种，帕特南把互惠分为均衡的互惠和普遍的互惠，前者指人们同时交换价值相等的东西，后者则指在特定时间的无报酬和非均衡的交换，现在己予人，将来人予己。普遍的互惠是具有高度生产性的社会资本，把自我利益和团结互助结合起来。[①] 这种互惠规范主要表现为居民之间的互助行为，而相互帮忙与相互之间的熟悉程度相关，因此本书以居民之间的熟悉程度和互助行为来测量互惠规范。在调查问卷中问题“F1. 您和邻居、街坊/同村其他居民之间的熟悉程度是怎样的（单选）”的问题，将五个选择支项“非常不熟悉”“不太熟悉”“一般”“比较熟悉”“非常熟悉”分别从1到5赋值；而问题“F2. 在日常生活中，您与您的邻居、街坊/同村其他居民之间有互助行为吗（单选）”的五个答案选项“没有”“偶尔有”“有时有”“较多”“很多”分别从1到5赋值。运用主成分因子分析法提取一个公共因子，命名为“互惠因子”。该因子分析的KMO值是0.5，Bartlett的球形度检验显著性水平小于0.001，该因子解释了76.44%的方差。

（二）社会经济地位

除了社会资本等，对政治参与有影响的主要的自变量还有社会经济地位和政治身份。对政治参与的研究显示，个人拥有的物质资源和社会资源，如社会经济地位是决定政治参与的重要因素之一。[②] 也就是说，拥有社会经济

---

① 帕特南．使民主运转起来［M］．王列，赖海榕，译．南昌：江西人民出版社，2001：203.

② VERBA S，SCHLOZMAN K L，BRADY H E. Voice and equality：civic voluntarism in American politics［M］. Cambridge，MA：Harvard University Press，1995；JACOBS L R，COOK F L，CARPINI M X D. Talking together：public deliberation and political participation in America［M］. Chicago，IL：University of Chicago Press，2009.

地位等政治参与资源多的个人，其政治参与的时间和深度较其他人更多。Becckers 通过荷兰的调查数据发现，在个人社会经济统计数据中，与资源占有相关的变量或者是降低机会资本的变量能够据以显著预测公众在自愿组织中的参与程度。① 教育状况和个人收入水平是衡量个人社会经济地位的重要指标。一般来说教育程度越高越可能参与投票，收入水平越高越可能参与投票。② 本章将数据中的受教育程度重新划分为小学及以下、初中水平、高中水平和大专及以上水平四个层次，分别编码为 1、2、3、4。收入状况以问卷中的个人年收入数据来测量，为了减轻收入分布的严重正向的偏态状况，将收入进行自然对数转换。而通过比较个人年收入数据在转换前与转换后的次数，可发现个人年收入在转换为自然对数后的次数分布就不存在偏态状况了。

（三）政治身份

是否加入了政治性组织是影响政治动员状况最重要的因素之一。中国共产党是我国最主要的政治组织，本章用是否是党员来测量居民受到政治动员影响的状况，党员编码为 1，其他情况编码为 0。

（四）媒介使用

1. 媒介使用的接触时间

媒介使用的接触时间用以下选项来测量。在 CGSS 的调查数据中有“E16. 您在日常生活中从事下列活动的频率是怎样的呢”的问题，其分支项为“E16a. 看电视；E16b. 阅读报刊；E16c. 浏览互联网”，将五个答案选项“差不多每天”“一周几次”“一周一次”“一月一次”“一年几次”“从不”重新赋值为 6、5、4、3、2、1。频率越高，总的接触时间自然就越长，因此也可称为“接触时间”。接触时间可分为看电视事件、阅读报刊时间、浏览互联网时间。

---

① BECCKERS R. Participation in voluntary associations: relations with resources, personality, and political values [J] . Political Psychology, 2005, 26 (3): 439 - 454.

② CONWAY M M. Political participation in the United States [M] . Washington, DC: CQ Press, 1999.

2. 媒介使用的新闻接触

媒介使用的新闻接触用以下选项来测量。在 CGSS 的调查数据中有“在您看电视、阅读报刊以及上网时，对于时事新闻（包括‘焦点访谈’之类的专题调查报告/报道）的关注程度是怎样的呢”的问题，其答案选项为“一点也不关注”“不太关注”“一般”“比较关注”“非常关注”，将其赋值为 1、2、3、4、5。

三、控制变量

除了以上自变量之外，影响政治参与的还有一些个人统计变量的控制变量，本章在模型中还引入了性别和年龄两个控制变量。性别作为重要的个体特征，对选举政治参与有一定的影响，本章将性别用虚拟变量表示，男性编码为 1，女性编码为 0。一般来说，年龄与选举政治参与是有关系的，但不是线性关系而是一种倒 U 的拟线性关系，即年轻人的参与率是较低的，随着年龄的增长，参与率逐步增长，到四五十岁达到最高，六十岁以后逐步下降①，如 Milbrath 所指出的，“参与随着年龄的增长而提高，在 40 岁到 50 岁达到顶峰并稳定一段时间，然后在 60 岁以后逐渐下降”②。针对我国选民的已有研究表明年龄与投票参与的关系也是倒 U 形的拟线性关系。③ 在参考相关研究④的基础上，本章加入年龄和年龄的平方项作为控制变量，其中年龄的平方

① VERBA，SIDNEY，NIE N H. Participation in America：political democracy and social equality［M］. New York：Harper and Row，1972：47.

② MILBRATH L W. Political participation：how and why do people get involved in politics［M］. Chicago：Rand McNally，1977.

③ SHI T. Voting and nonvoting in China：voting behavior in plebiscitary and limited - choice elections［J］. Journal of Politics，1999，61（4）：1115 - 1139；胡荣 . 社会资本与中国农村居民的地域性自主参与——影响村民在村级选举中参与的各因素分析［J］. 社会学研究，2006（2）：61 - 85；孙昕，徐志刚，陶然，等 . 政治信任、社会资本和村民选举参与——基于全国代表性样本调查的实证分析［J］. 社会学研究，2007（4）：165 - 187.

④ 胡荣 . 社会资本与中国农村居民的地域性自主参与——影响村民在村级选举中参与的各因素分析［J］. 社会学研究，2006（2）：61 - 85；孙昕，徐志刚，陶然，等 . 政治信任、社会资本和村民选举参与——基于全国代表性样本调查的实证分析［J］，社会学研究，2007（4）：165 - 187；毛小平，罗建文 . 影响居民幸福感的社会因素研究——基于 CGSS2005 数据的分析［J］. 湖南科技大学学报（社会科学版），2012（3）：42 - 45.

项以年龄的平方除以 100 表示。所有变量的测量层次及统计变量见表 2 - 2。

表 2 - 2　　变量的测量层次及统计变量

					平均值	标准差
因变量	选举政治参与	居委会投票参与	三分类有序变量	0= 没有投票 1= 动员投票 2= 主动投票	0.36	0.64
		地方人大投票参与	三分类有序变量	0= 没有投票 1= 动员投票 2= 主动投票	0.39	0.64
	政治事务关注	对居委会工作的关注	等距变量	一点也不关注=1 非常关注=5	2.61	0.98
		对地方人大工作的关注	等距变量	一点也不关注=1 非常关注=5	2.67	0.99
	抗争性政治参与	包括自发性的爱国主义游行示威、个人上访/请愿、集体上访/请愿	四分类有序变量	0= 没有 1= 参与 1 次 2= 参与 2 次 3= 参与 3 次	0.05	0.25
自变量	社会经济地位	教育	四分类有序变量	1= 小学及以下 2= 初中 3= 高中 4= 大专及以上	2.45	1.00
		收入	连续性变量	受访者个人全年收入的自然对数值	9.06	0.91
	政治身份	是否是党员	二分类变量	0= 其他 1= 共产党员	0.14	0.34
	社会资本	一般人信任因子	连续性变量		0	1
		亲戚朋友信任因子	连续性变量		0	1
		社会参与网络因子	连续性变量		0	1
		互惠因子	连续性变量		0	1

续前表

<table>
<tr><th></th><th colspan="2"></th><th></th><th></th><th></th><th>平均值</th><th>标准差</th></tr>
<tr><td rowspan="4">自变量</td><td rowspan="4">媒介使用</td><td rowspan="3">媒介使用的接触时间</td><td>看电视时间</td><td>六分类变量</td><td>6= 差不多每天
1= 从不</td><td>5.77</td><td>0.75</td></tr>
<tr><td>阅读报刊时间</td><td>六分类变量</td><td>6= 差不多每天
1= 从不</td><td>4.16</td><td>2.01</td></tr>
<tr><td>浏览互联网时间</td><td>六分类变量</td><td>6= 差不多每天
1= 从不</td><td>2.00</td><td>1.77</td></tr>
<tr><td>媒介使用的新闻接触</td><td>对时事新闻的关注</td><td>五分类变量</td><td>一点也不关注=1
非常关注=5</td><td>3.63</td><td>0.96</td></tr>
<tr><td rowspan="3">控制变量</td><td colspan="2">性别</td><td rowspan="3"></td><td>二分类变量</td><td>0=女性
1= 男性</td><td>0.47</td><td>0.50</td></tr>
<tr><td colspan="2">年龄</td><td>连续性变量</td><td>2005 减去出生年份</td><td>44.68</td><td>1.54</td></tr>
<tr><td colspan="2">年龄的平方项</td><td>连续性变量</td><td>年龄的平方除以 100</td><td>22.35</td><td>14.85</td></tr>
</table>

2.3 研究发现

本章的因变量中选举政治参与是一个三分类有序变量，抗争性政治参与是一个四分类有序变量，而且自变量和控制变量既包括连续性变量也包括有序和无序变量，因此采用有序结果变量回归（ordinal regression）对政治参与的影响因素进行计量分析。而由于因变量不是二分类变量，因而并不需要使用二元逻辑斯蒂回归（binary logistic regression）来分析，也不需要分析预测变量对因变量的影响的机会比（odds ratio）。

而本章的因变量中的政治事务关注是一个等距变量，因此采用多元（复）回归分析（multiple regression analysis）对政治参与的影响因素进行计量分析。

2.3.1 选举政治参与组分析

首先对因变量中的选举政治参与组（三分类有序变量）进行有序结果变量回归，得出表 2-3：

表 2-3　　因变量为选举政治参与组的有序结果变量回归

				居委会投票参与		地方人大投票参与	
				B	Wald	B	Wald
控制变量			男性 a	0.04	0.15	0.09	0.95
控制变量			年龄	0.09***	19.39	0.10***	23.87
控制变量			年龄的平方项	−0.07**	11.90	−0.08***	16.40
自变量	社会经济地位	教育水平 b	初中	0.27	3.08	0.45**	7.34
自变量	社会经济地位	教育水平 b	高中	0.21	1.72	0.61***	13.07
自变量	社会经济地位	教育水平 b	大专以上	−0.28	1.96	0.28	1.88
自变量	社会经济地位		年收入自然对数	0.19**	8.00	0.16*	5.23
自变量	政治身份		党员 c	0.45**	10.84	0.72***	29.96
自变量	社会资本		一般人信任因子	−0.03	0.37	−0.04	066
自变量	社会资本		亲戚朋友信任因子	−0.04	0.75	−0.01	003
自变量	社会资本		社会参与网络因子	0.29***	41.63	0.25***	31.19
自变量	社会资本		互惠因子	0.34***	43.25	0.23***	19.38
自变量	媒介使用	媒介使用的接触时间	看电视时间	0.19*	5.01	0.13	2.52
自变量	媒介使用	媒介使用的接触时间	阅读报刊时间	−0.05	2.58	−0.01	008
自变量	媒介使用	媒介使用的接触时间	浏览互联网时间	−0.04	0.97	0.02	027
自变量	媒介使用	媒介使用的新闻接触	对时事新闻的关注	0.17**	10.12	0.39***	47.00
截距项（Y=1）				6.91	63.27	7.75	81.75
截距项（Y=2）				8.25	89.25	9.21	114.00
N				6 098		6 098	
−2 对数似然值				3 526.70		3 508.48	
卡方检验				4 728.04		4 802.25	
Nagelkerke R^2				0.13		0.155	

注：（1）* 表示 $p<0.05$，** 表示 $p<0.01$，*** 表示 $p<0.001$；（2）a 参考类别是女性，b 参考类别是小学及以下，c 参考类别是非共产党员。（3）B 为非标准化回归系数，Wald 为检验的统计量。

表 2-3 显示，在控制变量组中，对因变量居委会投票参与有正向显著影响的是年龄（B=0.09，$p<0.001$），有负面显著影响的是年龄的平方项

(B=−0.07,$p<0.001$)。也就是说，年龄对居委会投票参与的影响相当显著，不过这种影响不是线性的，而是拟线性的。年龄的标准回归系数为正值，而年龄的系数平方为负值，这表明年龄对居委会投票参与的影响呈倒 U 型，即年轻人自主投票率较低，然后逐渐增长，到中年时到顶点，到老年之后逐步下降。这一研究结论与以往大多数研究结论一致。① 而当因变量为地方人大投票参与时也一样，其中年龄（B=0.10，$p<0.001$），年龄的平方项(B=−0.08，$p<0.001$)。

社会经济地位变量组对因变量居委会投票参与有正向影响。其中，只有教育水平没有显著影响。当因变量为地方人大投票参与时，社会经济地位也对其显现出正向显著影响。其中，教育水平中的初中（B=0.45，$p<0.01$）、高中（B=0.61，$p<0.001$）、年收入自然对数对居委会投票参与和地方人大投票参与都起到正面显著作用。

对因变量居委会投票参与有正向显著影响的还有政治身份中的党员(B=0.45,$p<0.001$)。当因变量为地方人大投票参与时，有正向显著影响的也是政治身份中的党员（B= 0.72，$p<0.001$）。党员居民的投票发生比率无论是在居委会还是在地方人大都明显高于非党员的普通居民。这一结果与胡荣和孙昕等人的研究结果一致。② 在我国现行的政治体制下，党员身份是一种重要的政治资源，一个公民如果是党员，则在选举过程中会受到党组织有力的政治动员，也会受到严格的纪律约束。

在社会资本变量组中，对因变量居委会投票参与起正向显著作用的有社会资本中的社会参与网络因子（B=0.29，$p<0.001$）和互惠因子（B=0.34，$p<0.001$）。当因变量为地方人大投票参与时，起正向显著作用的也

---

① SHI T. Political participation in Beijing [M]. Cambridge: Harvard University Press, 1997; 胡荣．社会资本与中国农村居民的地域性自主参与——影响村民在村级选举中参与的各因素分析[J]．社会学研究，2006 (2)：61－85；郭正林．当代中国农民政治参与的程度、动机及社会效应[J]．社会学研究，2003 (3)：77－86.

② 郭正林．当代中国农民政治参与的程度、动机及社会效应 [J]．社会学研究，2003 (3)：77－86；胡荣．社会资本与中国农村居民的地域性自主参与——影响村民在村级选举中参与的各因素分析 [J]．社会学研究，2006 (2)：61－85.

是社会资本中的社会参与网络因子（B=0.25，$p<0.001$）和互惠因子（B=0.23，$p<0.001$）。

在媒介使用变量组中，对因变量居委会投票参与起正向显著作用的有媒介使用的接触时间中的看电视时间（B=0.19，$p<0.05$）。媒介使用的新闻接触中的对时事新闻的关注对居委会投票参与（B=0.17，$p<0.01$）和地方人大投票参与（B=0.39，$p<0.001$）都有正面显著作用。对于这一研究，有人可能会问是否存在替代性解释，比如，可能是因为参加居委会投票和地方人大投票的人具有非常明显的社会身份特征（比如公务员身份），因此其媒介使用习惯也受到了影响，而不是媒介使用习惯影响政治参与行为。应该说明的是，在分析媒介使用变量组对居委会投票参与和地方人大投票参与的影响时，是在加入了控制变量、社会经济地位变量、政治身份变量、社会资本变量之后进行的，属于净影响，因此分析结果可反映媒介使用习惯是可以单独影响政治参与行为的。

2.3.2 政治事务关注程度组分析

对因变量中的政治事务关注组（等距变量）进行的多元回归分析，得出表 2-4。

表 2-4　因变量为政治事务关注组的多元回归分析

				居委会事务关注		地方人大事务关注	
				B	Wald	B	Wald
控制变量			男性 a	0.03	0.48	0.09	5.73
			年龄	0.02^{**}	9.00	0.03^{***}	17.16
			年龄的平方项	−0.01	3.06	-0.02^{**}	6.89
自变量	社会经济地位	教育水平 b	初中	0.07	1.31	0.12	3.62
			高中	0.08	1.55	0.17^{**}	7.08
			大专以上	−0.12	2.17	0.05	0.39
			年收入自然对数	0.07^{*}	6.25	0.07^{*}	6.76
	政治身份		党员 c	0.24^{***}	15.73	0.18^{**}	9.31

续前表

				居委会事务关注		地方人大事务关注	
				B	Wald	B	Wald
自变量	社会资本		一般人信任因子	0.00	0.00	0.01	0.60
			亲戚朋友信任因子	0.02	1.11	0.04	3.59
			社会参与网络因子	0.08***	17.29	0.06**	11.35
			互惠因子	0.13***	37.15	0.09***	16.77
	媒介使用	媒介使用的接触时间	看电视时间	0.05*	3.85	0.03	1.42
			阅读报刊时间	−0.01	0.44	0.00	0.01
			浏览互联网时间	−0.01	0.41	0.00	0.02
		媒介使用的新闻接触	对时事新闻的关注	0.17***	59.71	0.26***	148.61
常数（Constant）				0.48	2.63	0.03	0.01
R平方（R-Square）				11.9%		14.8%	
调整后的R平方（Adjusted R-Square）				11.3%		14.2%	
F值（F）				20.34		26.08	
显著度（SIG）				0.00		0.00	

注：(1) * 表示 $p<0.05$，** 表示 $p<0.01$，*** 表示 $p<0.001$；(2) a 参考类别是女性，b 参考类别是小学及以下，c 参考类别是非共产党员；(3) B 为非标准化回归系数，Wald 为检验的统计量。

表2-4显示，在控制变量组中，对因变量对居委会工作的关注起正面显著作用的是年龄（B=0.02，$p<0.01$）。当因变量为对地方人大工作的关注时，年龄（B=0.03，$p<0.001$）也起正面显著作用。对因变量对居委会工作的关注和对地方人大工作的关注均有负面显著影响的是年龄的平方项。

在社会经济地位变量组中，年收入自然对数（B=0.07，$p<0.05$）对因变量对居委会工作的关注有负面显著影响，而年收入自然对数（B=0.07，$p<0.05$）对因变量地方人大工作的关注也有正面显著影响。教育中的初中

($B=0.12$，$p<0.1$)和高中($B=0.17$，$p<0.01$)对两个因变量均有正面影响。这显示，在城市里，社会经济地位高的，如教育、收入水平高的居民对政治参与较为关注。

对因变量对居委会工作的关注有正向显著影响的还有政治身份中的党员($B=0.24$，$p<0.001$)。对因变量对地方人大工作的关注有正向显著影响的也是党员($B=0.18$，$p<0.01$)。可见，城市里的党员对政治参与都比较积极。

在社会资本变量组中，对因变量对居委会工作的关注有正向显著影响的有社会参与网络因子($B=0.08$，$p<0.001$)和互惠因子($B=0.13$，$p<0.001$)。对因变量对地方人大工作的关注有正向显著影响的也是社会参与网络因子($B=0.06$，$p<0.01$)和互惠因子($B=0.09$，$p<0.001$)。可以说，社会资本中的社会参与网络因子和互惠因子都正面影响着城市居民对于居委会工作和地方人大工作的关注。

在媒介使用变量组中，仅有看电视时间($B=0.05$，$p<0.05$)对因变量对居委会工作的关注有微弱的正面作用。而媒介使用的新闻接触，即对时事新闻的关注对因变量对居委会工作的关注($B=0.36$，$p<0.001$)和对地方人大工作的关注($B=0.54$，$p<0.001$)都起正面显著作用。也就是说，对时事新闻的关注能显著影响政治事务关注程度。

当因变量为对居委会工作的关注时，调整后的R平方为11.3%，而当因变量为对地方人大工作的关注的时候，调整后的R平方为14.2%。这表明，自变量对因变量还是有相当高的解释力度的。两个方程的显著性通过了F检验。

2.3.3　抗争性政治参与组分析

最后对因变量中的抗争性政治参与组(四分类有序变量)进行有序结果变量回归，得出表2-5：

表 2-5　　因变量为抗争性政治参与组的有序结果变量回归

				抗争性政治参与	
				B	Wald
控制变量			男性 a	−0.05	0.06
			年龄	−0.00	0.01
			年龄的平方项	0.03	0.45
自变量	社会经济地位	教育水平 b	初中	0.20	0.37
			高中	−0.02	0.00
			大专以上	0.58	2.31
			年收入自然对数	−0.14	1.13
	政治身份		党员 c	0.02	0.00
	社会资本		一般人信任因子	−0.07	0.57
			亲戚朋友信任因子	−0.12	1.51
			社会参与网络因子	0.52***	43.00
			互惠因子	−0.29**	6.86
	媒介使用	媒介使用的接触时间	看电视时间	−0.21	3.79
			阅读报刊时间	0.06	0.71
			浏览互联网时间	−0.11	2.60
		媒介使用的新闻接触	对时事新闻的关注	−0.28*	6.14
截距项（Y=1）				2.33	2.58
截距项（Y=2）				3.96	7.35
截距项（Y=3）				7.21	16.81
N				6 098	
−2 对数似然值				1 073.94	
卡方检验				6 011.67	
Nagelkerke R^2				0.08	

注：(1) * 表示 $p<0.05$，** 表示 $p<0.01$，*** 表示 $p<0.001$；(2) a 参考类别是女性，b 参考类别是小学及以下，c 参考类别是非共产党员。(3) B 为非标准化回归系数，Wald 为检验的统计量。

表 2-5 显示，当因变量为抗争性政治参与组（四分类有序变量）时，起正面显著作用的有社会参与网络因子（B=0.52，$p<0.001$），对时事新闻的关注（B=0.28，$p<0.05$），起负面显著作用的是互惠因子（B=−0.29，$p<0.01$）。

2.4　本章的讨论与结论

为了进一步得出结论，这里进一步分析当自变量为社会资本变量组、媒介使用变量组时二者对选举政治参与（居委会投票参与和人大投票参与）、政治事务关注程度（居委会工作关注和地方人大工作关注）、抗争性政治参与的影响。另外，本书将选举政治参与和政治事务关注程度作为制度化政治参与（传统政治参与），因为它们是为制度所认可的；而抗争性政治参与则作为非制度化政治参与（非传统政治参与）。将各种形式的政治参与汇总后，仅仅分析其主要影响因素，得出表 2－6：

表 2－6　　城市居民政治参与的主要影响因素分析

			制度化政治参与（传统政治参与）				非制度化政治参与（非传统政治参与）
			居委会投票参与	地方人大投票参与	对居委会工作的关注	对地方人大工作的关注	抗争性政治参与
社会资本		一般人信任因子	−0.03	−0.04	0.00	0.01	−0.07
		亲戚朋友信任因子	−0.04	−0.01	0.02	0.04	−0.12
		社会参与网络因子	0.29^{***}	0.25^{***}	0.08^{***}	0.06^{**}	0.52^{***}
		互惠因子	0.34^{***}	0.23^{***}	0.13^{***}	0.09^{***}	-0.29^{**}
媒介使用	媒介使用的接触时间	看电视时间	0.19^{*}	0.13	0.05^{*}	0.03	−0.21
		阅读报刊时间	−0.05	−0.01	−0.01	0.00	0.06
		浏览互联网时间	−0.04	0.02	−0.01	0.00	−0.11
	媒介使用的新闻接触	对于时事新闻的关注	0.17^{**}	0.39^{***}	0.17^{***}	0.26^{***}	0.28^{*}

注：* 表示 $p<0.05$，** 表示 $p<0.01$，*** 表示 $p<0.001$。

表 2-6 显示，对于城市来说，社会资本的社会参与网络因子和互惠因子对制度化政治参与和非制度化政治参与都有正面显著影响，本章的假设得到部分证实。这是因为社会网络有助于人们的信息交流与沟通，城市居民可以通过社会网络交换信息并强化对自己政治利益的认识；社会网络也有助于提高成员的政治能力，成员可以通过参与社会网络来学习如何搜集信息、如何说服别人等政治技能；社会网络也将增加受到动员的成员进行制度化和非制度化政治参与的概率。这些都有助于提升相关城市居民政治参与的能力。而互惠因子说明城市居民之间相互熟悉的程度越高，相互帮忙的概率越大，而政治参与，包括制度化政治参与和非制度化政治参与的可能性也越大。不过要看到的是，在城市居民中，社会资本中的一般人信任因子和亲戚朋友信任因子都没有对制度化政治参与和非制度化政治参与产生影响。唐文方通过 2004 年中国公民思想道德观念状况调查也发现：中国公民信任（类似于本书的一般人信任因子）对政治兴趣、政治效能感和志愿活动参与情况都没有明显的作用，反而对参与社会活动起负面作用；而狭隘信任（类似于本书的亲戚朋友信任因子）对民主和公民参政没有推动作用。[①] 这与本书的结论是一致的。

对于本章提出的问题，在控制了社会资本等对政治参与有影响的主要变量后，城市居民的媒介使用，主要是对于时事新闻的关注，也对制度化政治参与和非制度化政治参与产生正面显著影响。在过去的相关研究中，Shah 等人突出了新闻信息使用的重要性，同时他们指出，新闻信息流的影响是有条件的，因为用户在使用大众媒介的时候有不同的动机，而不同的动机对政治参与则具有不同的影响。他们通过对美国 1998 年和 1999 年的 DDB 生活方式研究数据进行分析，发现只有以新闻信息获取为目的的大众媒介使用才会正面影响社会资本和市民参与，而以娱乐为目的的大众媒介使用则会负面影响社会资本和市民参与。[②] 在本书中，我国的城市数据同样证明，对新闻信息

---

① 唐文方．中国民意与公民社会［M］．广州：中山大学出版社，2008：84，102-103.

② SHAH D V，KWAK N，HOLBERT R L．“Connecting” and “disconnecting” with civic life：patterns of Internet use and the production of social capital［J］．Political Communication，2001（18）：141-162.

的接触能够正面显著地影响政治参与。也就是说，媒介在政治参与中承担重要的作用。中国的城市居民一般具有较高的学历，较少从事体力劳动工作，这些都使其拥有关注新闻信息的资源和能力，而这些又能促进其政治参与。在城市居民中，只有媒介使用的接触时间组中的看电视时间对居委会投票参与、居委会工作关注等部分制度化政治参与有正面影响。这表明，对于中产阶层聚居的城市来说，媒介使用对政治参与的影响要看其是否关注新闻，而不是看媒介使用时间的长短。至此，本章提出的问题得到了解答。

在制度化政治参与中，胡荣根据2005年在福建省厦门市的问卷调查资料，分析了社会资本和其他因素对城市居民政治参与的影响。分析表明，城市居民的政治参与由维权抗争因子、利益表达因子和选举参与因子构成。社会资本的各因素对居民政治参与起积极的作用。① 王绍光从中国古代阶级社会、民国时期、1949—1977年、1978—1990年这四个不同阶段的民众政治参与的态度、方式以及不同群体在参与影响力上的差别的角度，以影响中国民众政治参与的两个重要影响因素——政治文化和社会结构为解释变量，全面分析了20世纪90年代以前由政治文化与社会结构的变化引起的参与危机。② 本书发现在全国城市样本中，社会资本中的社会参与网络因子和互惠因子对制度化政治参与，如选举等起正面显著作用，同时起正面作用的还有媒介新闻接触。

在非制度化政治参与的研究中，冯仕政利用2003年中国综合社会调查的数据，从入职渠道、组织内部控制、组织内部交往、在组织内的社会经济地位、工作满意度等角度研究了高风险人群的特征，以及他们参与集体抗争的兴趣与上述组织过程、特征之间的关系。结果发现入职渠道的市场性和组织的国家属性越强，个人年收入水平和工作满意度越低；与下级同事的交往越

---

① 胡荣．社会资本与城市居民的政治参与［J］．社会学研究，2008（5）：142－159，245.

② 王绍光．政治文化与社会结构对政治参与的影响［J］．清华大学学报（哲学社会科学版），2008，23（4）：95－112.

多，参与集体抗争的意愿越强。[①] 王思琦使用 2007 年世界价值观调查（World Values Survey，WVS）的中国数据（不包括港澳台地区）对两种具体的非传统政治参与行为——请愿和抵制中的信任因素进行了分析，统计结果发现，人际信任与非传统政治参与呈显著正相关，而政治信任与非传统政治参与呈显著负相关。本次研究的结果则发现社会资本中的社会网络和媒介新闻接触与非传统政治参与都有着显著的正向关系。[②] 这一研究扩展了以往的研究结论，发现媒介新闻接触同样能正面显著影响抗争性的非制度化政治参与。

本章结论的理论意义在于，通过研究发现在中国这样一个发展中的社会主义国家里，社会资本、媒介使用的新闻接触对于城市居民政治参与起正向显著的影响。特别重要的是，在控制了社会资本等变量后，新闻接触仍然对政治参与有正向显著影响，这是以往的研究中没有显示出来的。本书扩展了对政治参与的影响因素的理解，显示政治参与这一变量既受与人际传播相关的社会资本的影响，又与大众传播相关的新闻接触有关。

本章结论的现实价值在于，由于社会资本和媒介新闻接触对城市居民政治参与的各种形式起正向显著作用，因此政策制定者既可通过社会网络，互惠规范、新闻宣传来促进选举政治参与等制度化政治参与的发展，同时也要疏导抗争性政治参与等非制度化政治参与的发展。如建立更多的政治制度来适应经济发展、政治参与等现实需求，使非制度化政治参与走向制度化政治参与，从而通过有序政治参与来扩大政体的合法性和保持社会的稳定。

本章结论有两方面的不足：第一，尽管是基于一次权威的、全国的抽样调查数据得出来的结论，但是该数据仅是一个横截面的数据，难以真正反映变量的因果关系。因此，未来的研究可将近几年的中国综合社会调查的数据

---

① 冯仕政．大力支持，积极参与：组织内部集体抗争中的高风险人群［J］．学海，2007（5）：40－50.

② 王思琦．政治信任、人际信任与非传统政治参与［J］．公共行政评论，2013（2）：15.

进行一个系列、纵贯的探索，以寻找数据的可比性和变量之间的因果关系。第二，由于是二手数据，研究者难以对变量进行细化，如果政治参与和媒介使用的操作可以更细化，那么得出的结论将会更丰富。因此，未来可以对这些变量进行更细化的操作，并进行一手的抽样调查。

第 3 章　媒介使用与农村政治参与及与城市数据的对比

中国的农村政治参与呈多样化的态势，自从 20 世纪 80 年代以来，中国广大农村实行村民自治，作为农村基层社区行政村管理者的村委会是由村民直接选举产生的。[①] 除了选举外，农村还有其他形式的政治参与，如郭正林将中国农村政治参与分为制度化政治参与和非制度化政治参与。制度化政治参与包括选举和投票，如县乡人大代表选举、村民代表选举、村委会选举、党支部选举、党支部候选人推选投票等，也包括参加村民会议、听取村委会工作报告并进行表决、与各级干部联系和接触等。非制度化政治参与则包括集体上访告状、依法或者依政策抗争、公共场所的群体骚乱以及对乡村基层干部的报复性攻击等。[②] 相关研究常常把农村政治参与局限于选举政治参与，这与多样化的农村政治参与的状况并不一致。我国是一个以农民为主体的国家，没有农民的政治参与就没有中国的民主政治发展，农民的政治参与对我国的政治民主化、政治文明建设和政治现代化都有重大影响。为此，对农村政治参与的研究也应该把除选举以外的政治参与，如政治事务关注、抗争性政治参与等纳入分析，这样才能全面理解我国农民的政治参与状况与影响因素。

从传播形态的角度来看，社会资本中的社会交往、社会网络、信任、互惠往往形成于人际传播或群体传播，而媒介使用则往往来自于大众传播。为

① 胡荣．理性选择与制度实施：中国农村村民委员会选举的个案研究［M］．上海：远东出版社，2001.

② 郭正林．当代中国农民政治参与的程度、动机及社会效应［J］．社会学研究，2003 (3)：77 - 86.

此，本章研究的问题是：在人际传播和群体传播、大众传播的系统传播环境中，社会资本和媒介使用是如何影响中国农村的多样化政治参与的？本章采用中国综合社会调查项目 2005 年的农村调查数据，分析社会资本、媒介使用与农村多样化政治参与之间的关系。由于本章的理论框架与第 2 章的理论框架基本一致，因此就不再做重复的分析了。在分析农村数据后，本章还将农村的数据和城市的数据做了对比。

3.1　数据与变量

3.1.1　数据

本章所用数据来自于中国综合社会调查项目 2005 年的农村调查数据，通过研究者都能获得的这一公开数据来进行研究，是希望增强研究数据的可信度。调查采用分层四阶段概率抽样方法，调查覆盖了全国 28 个省/直辖市/自治区，涉及 125 个县级单位，整个样本容量为 10 372 人，其中城市样本量为 6 098 个，占总样本量的比例是 58.8%；农村样本量为 4 274 个，占总样本量的比例为 41.2%，本章使用的是农村数据。从农村样本的分布情况看，有 24 个省/直辖市/自治区的 401 个村庄，共 4 274 个农户进入调查样本，只有北京、上海、天津、西藏、宁夏、新疆、青海这 7 个省/直辖市/自治区没有样本，可以说样本的代表性是很强的。

3.1.2　变量

一、因变量

根据以往的研究和问卷调查，本书将政治参与分为三个维度：选举政治参与、政治事务关注、抗争性政治参与。选举政治参与代表认同政治参与，抗争性政治参与代表非认同政治参与，而政治事务关注介于这两者之间。

（一）选举政治参与

在农村，选举是被选领导者与当地居民之间的纽带①，因此，也是中国农村村民的一种重要的政治参与形式。农村村民的传统政治参与形式主要是村委会选举和基层人大代表选举，为此，这次的农村问卷将选举政治参与分为村委会选举参与和地方人大代表选举参与。

（1）村民参与村委会选举的投票状况。选举是政治参与的重要形式之一，对于部分公民来说可能是政治参与的唯一方式。投票是选举的关键环节，是选民参与选举的主要活动方式。虽然严格说来村民参与村委会选举属于社会参与范畴而不属于政治参与范畴，因为村委会只是村民的自治组织而不是一级政府组织，但由于在现实中村委会往往会接受上级政府部门分派的一些任务，承担基层政府部门的某些职能，而且村委会选举作为基层民主建设的重点内容之一是村民民主实践的重要部分，同时与人大代表选举相比，村委会选举又是与村民生活距离最近、联系最密切的政治参与活动，因此，在我国民主政治研究中，一般都将村委会选举作为村民政治参与的重要形式之一。本章用 CGSS 调查问卷中的“您在上一次的村民委员会选举中有没有投过票呢”这一项问题来测量村民的投票参与状况，答案选项是“没有”“有，但是因为乡镇或村干部要求才去的”“有，是自己自发/主动去的”这三种。按照参与投票的主动性状况看，三个选项有一定的顺序，没有投票是投票的参与冷漠，因为要求才去的是投票的被动参与，自发主动去的是投票的积极参与。三种选项的频数分布状况是：在 4 274 个有效样本中回答“没有”的有 1 381 人，占 32.3%；回答“有，但是因为乡镇或村干部要求才去的”有 1 679 人，占 39.3% ；回答“有，是自己自发 /主动去的”有 1 214 人，占 28.4%。

（2）村民参与地方人大代表选举的投票状况。本章用 CGSS 调查问卷中的“您在上一次的地方人民代表大会代表选举中有没有投过票呢（单

① MANION M. The electoral connection in the Chinese countryside [J] . American Political Science Review，1996，90（4）：736 - 748；MANION M. Chinese democratization in perspective：electorates and selectorates at the township level [J] . The China Quarterly，2000，163：764 - 782.

选）”来测量村民参与地方人大代表选举的投票状况，答案选项是“没有”“有，但是因为乡镇或村干部要求才去的”“有，是自己自发/主动去的”这三种。按照参与投票的主动性状况看，三个选项有一定的顺序，没有投票是投票的参与冷漠，因为要求才去的是投票的被动参与，自发主动去的是投票的积极参与。三种选项的频数分布状况是：在4 274个有效样本中回答“没有”的有2 606人，占61.0%；回答“有，但是因为乡镇或村干部要求才去的”有986人，占23.1%；回答“有，是自己自发/主动去的”有682人，占16.0%。

比较村民参与村委会选举的投票状况与村民参与地方人大代表选举的投票状况可发现，在村委会选举中，参与冷漠占32.3%，而在地方人大代表选举中，参与冷漠则高达61.0%；在村委会选举中，被动参与占39.3%，而在地方人大代表选举中，被动参与占21.3%；在村委会选举中，积极参与占28.4%，远远高于在地方人大代表选举中积极参与的16.0%。因此，从整体上来看，村民对带有一定竞争性的村委会选举的政治参与热情远高于地方人大代表选举。上面的分析提到，从严格意义上说，村委会选举是一种社会参与而不是政治参与，人大代表选举才是政治参与，人大代表选举是真正把农民同国家联系起来的制度渠道。然而，同村委会选举相比，农民在地方人大代表选举中的参与程度不高。因此，要推动农村的地方人大代表选举，就要将其变为直接、公开、竞争的选举。

（二）政治事务关注

政治事务关注属于一种日常的政治参与。当然日常的政治参与包括很多，如与人大、政协委员接触，与媒体接触发表政治观点等，但问卷仅测量了政治事务关注程度，问卷里的政治事务关注分为对村民委员会的关注和对地方人大的关注。

（1）对村民委员会工作的关注。对公共事务的关注是政治参与的前提，首先要对公共事务进行关注，才有可能进行政治参与。为此，本书用对公共事务的关注程度来测量政治事务关注。本书用CGSS调查问卷中的“您对村民委员会日常工作和决策的关注程度是怎样的呢”来测量村民对村委会工作的政治事务关注程度，将五个答案选项“一点也不关注”“不太关注”“一般”“比较关注”“非常关注”分别赋值为1、2、3、4、5，在回归分析中把这个五分类定序变量当作连续性变量。在4 274个有效样本中选择“一点也不关注”的有352个，占8.2%；选择“不太关注”的有920个，占21.5%；选择“一般”的有1 370个，占32.1%；选择“比较关注”的有1 283个，占30.0%；选择“非常关注”的有349个，占8.2%。

（2）对地方人大工作的关注。本章用CGSS调查问卷中的“您对地方人大日常工作和决策的关注程度是怎样的呢”来测量村民对地方人大工作的政治事务关注程度，将五个答案选项“一点也不关注”“不太关注”“一般”“比较关注”“非常关注”分别赋值为1、2、3、4、5，在回归分析中把这个五分类定序变量当作连续性变量。在4 274个有效样本中选择“一点也不关注”的有624个，占14.6%；选择“不太关注”的有1 165个，占27.3%；选择“一般”的有1 444个，占33.8%；选择“比较关注”的有880个，占20.6%；选择“非常关注”的有161个，占3.8%。

从总体上来看，中国村民对村民委员会工作的关注高于对地方人大工作的关注，而对选举投票的主动性也是对村民委员会投票主动性高于对地方人大。

（三）抗争性政治参与

所谓抗争性政治参与包括了三个要素：（1）一些行动者提出一些影响他人利益的要求；（2）偶尔发生的、公共的、集体的诉求；（3）政府是诉求的对象、发起者或者是第三方。[①] 在中国，抗争性政治参与常见于群体性事件。根据中国政府公布的统计数据，群体性事件的数量从1994年的1万多起上升到2004年的7.4万多起，增加了6倍多；参与人数从1994年的73万人次上升到2004年的376万人次，增加了4倍多；2005年，社会抗争的数量与规模进一步扩大，总共发生了8.7万起参与人数在15人以上的群体性事件，比

① 道格，塔罗，蒂利．斗争的动力［M］．李义中，屈平，译．南京：译林出版社，2006.

上一年增加了 30%多，平均每天 250 起。[①] 本章使用 2005 年的 CGSS 调查问卷中的“F8. 您有没有参加过以下活动呢（每行单选）”这一问题来测量抗争性政治参与。选择的支项为“自发性的爱国主义游行示威（包括抵制日货之类的行动）”“个人上访/请愿”“集体上访/请愿”，答案选项“有”“没有”分别编码为 1 和 0，将这三个分支选项的赋值加权为一个值，称为“抗争性政治参与”。在 4 274 个有效样本中有 4 196 个“抗争性政治参与”的值为 0，占 98.2%；58 个为 1，占 1.4%；17 个为 2，占 0.4%；3 个为 3，占 0.1%。与选举政治参与和政治事务关注等国家安排的制度化政治参与不同的是，抗争性政治参与属于非制度化政治参与。例如，即使是自发性的爱国主义游行示威，由于是自发的且事前未经批准，在中国也不属于合法的游行示威；而尽管信访制度（即上访、请愿）是一种合法的、制度化的民意表达渠道，但当前各级政府以降低上访率为维稳目标，在这种情况下，上访反而可能成为冲突的源泉[②]，因此这里把上访、请愿也作为非制度化政治参与的一种。

二、自变量

（一）社会经济地位

对政治参与的研究显示，个人拥有的物质资源和社会资源，如社会经济地位是决定其政治参与的重要因素之一 。[③] 因此，考察社会经济理论是否在中国适用也成为本章研究的一个重要问题。本章将数据中的受教育程度重新划分为小学及以下、初中水平、高中水平和大专及以上这四个层次，分别编码为 1、2、3、4。收入状况以问卷中的个人年收入数据来测量，为了减轻收入分布的严重正向的偏态状况，本书将个人年收入做了自然对数转换。

---

① RIEDINGER J. Set China's farmers free [N]. Journal of Wall Street，2006－05－23.

② 于建嵘. 农民有组织抗争及其政治风险——湖南省 H 县调查 [J]. 战略与管理，2003 (3)：1－16.

③ VERBA S，SCHLOZMAN K L，BRADY H E. Voice and equality：civic voluntarism in American politics [M]. Cambridge，MA：Harvard University Press，1995；JACOBS L R，COOK F L，Delli CARPINI M X. Talking together：public deliberation and political participation in America [M]. Chicago，IL：University of Chicago Press，2009.

（二）政治身份

加入政治性组织是影响政治动员状况的重要因素之一，中国共产党是中国特色社会主义事业的领导核心，本章用是否是党员来测量村民受到政治动员影响的状况，党员编码为 1，其他情况编码为 0。

（三）社会资本

目前对于社会资本变量的相当多的国内研究主要侧重于社会网络和社会关系方面①，相关的经验研究对社会资本的操作的定义也有很大的不同。本章社会资本的含义采用帕特南的定义，即变量的操作化定义分为三个部分：社会信任、社会参与网络和互惠规范。

社会资本的第一个组成部分是社会信任。信任是社会资本必不可少的组成部分。在一个共同体内，信任的水平越高，合作的可能性越大。② 本章研究的是农村数据，由于村民的居住往往建立在血缘和家族的基础上，即使不是建立在血缘和家族的基础上，但由于长期的居住，也会产生"远亲不如近邻"的信任，因此村民间的信任是一个值得探索的问题。在数据中有测量村民对不同对象信任程度的问题"在不直接涉及金钱利益的一般社会交往/接触中，您觉得下列人士中可以信任的人多不多呢（每行单选）"，选择支项包括：E14a.（近）邻居；E14b.（城镇的）远邻/街坊或（乡村）邻居以外的同村居民；E14c. 同村的同姓人士；E14d. 同村的非同姓人士；E14e. 亲戚；E14f. 同事；E14g. 交情不深的朋友/相识；E14h. 老同学；E14i. 在外地相遇的同乡（以同市或同县为界线）；E14j. 一起参加文娱、健身、进修等业余活动的人士；E14k. 一起参加宗教活动的人士；E14l. 一起参加社会活动/公益活动的人士；E14m. 陌生人"，答案选项是"绝大多数不可信""多数不可信""可信者与不可信者各半""多数可信""绝大多数可信"，将其分别编码

① 阎云翔．礼物的流动［M］．上海：上海人民出版社，2000；边燕杰，李煜．中国城市家庭的社会网络资本［J］．清华社会学评论，2000（2）：1－18.

② 帕特南．使民主运转起来［M］．王列，赖海榕，译．南昌：江西人民出版社，2001：195－200.

为 1、2、3、4、5，缺失值为 6，有些项目的缺失值较多，被访者选 6 时做缺失值处理，符合原来数据的结果，反映问卷的真实情况。为分析村民信任的结构，用主成分因子分析法对这 13 个选择支项进行因子分析，共抽取出三个特征值大于 1 的因子，用最大方差法进行因子旋转，旋转后的成分矩阵如表 3－1 所示。根据变量在不同因子上载荷量大小的不同，本研究将社会信任的三个因子分别命名为乡亲信任因子、一般人信任因子、朋友信任因子。因子分析的 KMO 值是 0.869，Bartlett 的球形度检验显著性水平小于 0.001，三个因子共解释了 62.61%的方差。

表 3－1　　农村村民 13 个社会信任选项的因子分析

	因子		
	乡亲信任因子	一般人信任因子	朋友信任因子
E14a.（近）邻居	0.83	0.04	0.05
E14b.（城镇的）远邻/街坊或（乡村）邻居以外的同村居民	0.77	0.06	0.25
E14c. 同村的同姓人士	0.82	0.15	0.10
E14d. 同村的非同姓人士	0.77	0.18	0.21
E14e. 亲戚	0.62	0.01	0.21
E14f. 同事	0.40	0.10	0.64
E14g. 交情不深的朋友/相识	0.15	0.19	0.78
E14h. 老同学	0.20	0.19	0.72
E14i. 在外地相遇的同乡（以同市或同县为界线）	0.16	0.45	0.58
E14j. 一起参加文娱、健身、进修等业余活动的人士	0.15	0.83	0.23
E14k. 一起参加宗教活动的人士	0.10	0.85	0.12
E14l. 一起参加社会活动/公益活动的人士	0.18	0.85	0.09

续前表

	因子		
	乡亲信任因子	一般人信任因子	朋友信任因子
E14m. 陌生人	−0.08	0.47	0.28
解释的方差	37.98	16.27	8.36

注：提取方法为主成分因子分析法，最大方差旋转（经5次迭代后收敛）。

社会资本的第二个组成部分是社会参与网络。任何社会都是由一系列人际沟通和交换网络构成的，包括纵向网络和横向网络，其中将具有相同地位和权力的行为者联系在一起的横向网络是社会资本的基本组成部分。在一个共同体中横向网络越密，公民就越有可能为了共同利益进行合作。[①] 在CGSS的数据中有问题“E18. 在业余时间里，您有没有在以下方面参加由您工作单位以外的社团组织（如俱乐部、沙龙、培训班、志愿团体、教会等）安排/进行的活动呢（每行单选）”，其分支项为“E18a. 健身/体育活动；E18b. 娱乐/文艺活动；E18c. 同学/同乡/同行联谊活动；E18d. 宗教信仰活动；E18e. 有助于增进培养/教育子女能力的活动；E18f. 有助于提高个人技能/技术的活动；E18g. 公益/义务活动（如扶贫、社会救济、赈灾、扫盲、环保等）”，将五个答案选项“一周一次”“几周一次”“一月一次”“一年几次”“从不”重新赋值为5、4、3、2、1，为了了解这些项目的结构，以特征值大于1为条件进行探索性因子分析，按照特征值大于1的标准抽取出一个公共因子，命名为“社会参与网络因子”。该因子分析的KMO值是0.811，Bartlett的球形度检验显著性水平小于0.001，该因子解释了39.8%的方差。

社会资本的第三个组成部分是互惠规范。互惠是规范中最为重要的一种，互惠规范在农村的主要表现是村民之间的互助行为，而相互帮忙与相互之间的熟悉程度相关，因此本章以村民之间的熟悉程度和互助行为来测量互惠规范。其他学者的相关研究也是采用熟悉程度和互助行为来测量互惠规范的。[②]

① 帕特南．使民主运转起来［M］．王列，赖海榕，译．南昌：江西人民出版社，2001：203.

② 赖晓飞．农村社区文化建设的实证分析——经由社会资本的理论向度［J］．湖南农业大学学报（社会科学版），2008，9（5）：32-35.

调查问卷中有“您和邻居、街坊／同村其他居民互相之间的熟悉程度是怎样的”和“在日常生活中，您与您的邻居、街坊/同村其他居民之间有互助行为吗”两个问题，运用主成分因子分析法提取一个公共因子，命名为“互惠因子”。该因子分析的KMO值是0.5，Bartlett的球形度检验显著性水平小于0.001，该因子解释了69.4%的方差。

（四）媒介使用

1. 媒介使用的接触时间

在CGSS的数据中有“您在日常生活中从事下列活动的频率是怎样的呢”，其分支项为“E16a. 看电视；E16b. 阅读报刊；E16c. 浏览互联网”，将五个答案选项“差不多每天”“一周几次”“一周一次”“一月一次”“一年几次”“从不”重新赋值为6、5、4、3、2、1，频率越高，总的使用时间自然就越长，因此也可称为媒介使用的接触时间。

2. 媒介使用的新闻接触

在CGSS的数据中有“在您看电视、阅读报刊以及上网时，对于时事新闻（包括‘焦点访谈’之类的专题调查报告/报道）的关注程度是怎样的呢”，将五个答案选项“一点也不关注”“不太关注”“一般”“比较关注”“非常关注”重新赋值为1、2、3、4、5。

三、控制变量

除了以上自变量之外，本章在模型中还引入了性别和年龄两个控制变量。性别作为重要的个体特征，对选举政治参与有一定的影响。本章将性别用虚拟变量表示，男性编码为1，女性编码为0。一般来说年龄与选举政治参与是有关系的，但不是线性关系，而是一种倒U的拟线性关系，即年轻人的参与率是较低的，随着年龄的增长，参与率逐步增长，到四五十岁达到最高，六十岁以后逐步下降。[①] 针对我国选民的已有研究也表明年龄与选举政治参与

---

① VERBA S, Nie N H. Participation in America: political democracy and social equality [M]. New York: HarperandRow, 1972: 141-147.

的关系也是倒 U 形的拟线性关系。[①] 因此本章加入年龄和年龄的平方项作为控制变量，其中年龄的平方项以年龄的平方除以 100 表示。所有变量的测量层次及统计变量见表 3－2。

表 3－2　　变量的测量层次及统计变量

					平均值	标准差
因变量	选举政治参与	村委会投票参与	三分类有序变量	0＝没有投票 1＝ 动员投票 2＝ 主动投票	0.96	0.78
		地方人大投票参与	三分类有序变量	0＝没有投票 1＝ 动员投票 2＝ 主动投票	0.55	0.75
	政治事务关注	对村委会工作的关注	等距变量	一点也不关注＝1 非常关注＝5	3.08	1.08
		对地方人大工作的关注	等距变量	一点也不关注＝1 非常关注＝5	2.72	1.07
	抗争性政治参与	包括自发性的爱国主义游行示威、个人上访/请愿、集体上访/请愿	四分类有序变量	0＝没有 1＝参与 1 次 2＝参与 2 次 3＝参与 3 次	0.02	0.19

① 胡荣．社会资本与中国农村居民的地域性自主参与——影响村民在村级选举中参与的各因素分析［J］．社会学研究，2006（2）：61－85；孙昕，徐志刚，陶然，等．政治信任、社会资本和村民选举参与——基于全国代表性样本调查的实证分析［J］．社会学研究，2007（4）：165－187.

续前表

					平均值	标准差
自变量	社会经济地位	教育	四分类有序变量	1＝小学及以下 2＝初中 3＝高中 4＝大专及以上	1.51	0.69
		收入	连续性变量	受访者个人全年收入的自然对数值	7.86	0.99
	政治身份	是否是党员	二分类变量	0＝其他 1＝共产党员	0.07	0.25
	社会资本	乡亲信任因子	连续性变量		0.00	1.00
		一般人信任因子	连续性变量		0.00	1.00
		朋友信任因子	连续性变量		0.00	1.00
		社会参与网络因子	连续性变量		0.00	1.00
		互惠因子	连续性变量		0.00	1.00
	媒介使用：媒介使用的接触时间	看电视时间	六分类变量	6＝差不多每天 1＝从不	5.36	1.38
		阅读报刊时间	六分类变量	6＝差不多每天 1＝从不	1.72	1.42
		浏览互联网时间	六分类变量	6＝差不多每天 1＝从不	1.07	0.51
	媒介使用：媒介使用的新闻接触	对时事新闻的关注	五分类变量	一点也不关注＝1 非常关注＝5	3.36	1.19
控制变量	性别		二分类变量	0＝女性 1＝ 男性	0.49	0.50
	年龄		连续性变量	2005 减去出生年份	44.70	13.81
	年龄的平方项		连续性变量	年龄的平方除以 100	21.92	13.15

3.2 政治参与的影响因素分析

本章的因变量选举政治参与是一个三分类有序变量，抗争性政治参与是一个四分类有序变量，而且自变量和控制变量包括连续性变量、有序和分类变量，因此采用序次逻辑斯蒂回归（ordered Logistic）对政治参与的影响因素进行计量分析。而由于因变量不是二分类变量，因而并不需要使用二元逻辑斯蒂回归来分析，也不需要分析预测变量对因变量的影响的机会比。

本章的因变量政治事务关注程度是一个等距变量，因此采用多元（复）回归分析对政治参与的影响因素进行计量分析。

3.2.1 选举政治参与组分析

首先对因变量中的选举政治参与组（三分类有序变量）进行有序结果变量回归分析，得出表3-3：

表3-3　因变量为选举政治参与组的有序结果变量回归分析

			村委会投票参与		地方人大投票参与	
			B	Wald	B	Wald
控制变量	男性a		0.239*	4.449	0.292*	6.146
	年龄		0.085***	14.712	0.059*	6.652
	年龄的平方项		−0.086***	13.597	−0.051*	4.536
社会经济地位	教育水平b	初中	0.321*	5.736	−0.072	0.263
		高中	0.041	0.038	−0.288	1.745
		大专及以上	0.249	0.137	0.744	1.251
	年收入自然对数		−0.091	2.331	−0.224***	13.022
政治身份	党员c		0.497*	5.033	0.491*	5.233

续前表

			村委会投票参与		地方人大投票参与	
			B	Wald	B	Wald
社会资本		乡亲信任因子	0.223***	15.920	0.134*	5.246
社会资本		一般人信任因子	0.078	2.138	0.061	1.199
社会资本		朋友信任因子	−0.074	1.841	−0.066	1.373
社会资本		社会参与网络因子	−0.025	0.210	0.13*	5.658
社会资本		互惠因子	0.205***	13.545	−0.099	2.958
媒介使用	媒介使用的接触时间	看电视时间	−0.025	0.270	0.107*	4.404
媒介使用	媒介使用的接触时间	阅读报刊时间	−0.005	0.014	0.224***	26.274
媒介使用	媒介使用的接触时间	浏览互联网时间	−0.576***	12.570	−0.311*	4.906
媒介使用	媒介使用的新闻接触	对时事新闻的关注	0.337***	38.078	0.055	0.943
截距项（Y=1）			1.007	1.996	0.970	0.185
截距项（Y=2）			2.52***	12.392	2.107**	0.004
N			4 274		4 274	
-2 对数似然值			2 633.350		2 462.936	
卡方检验			179.42***		101.719***	
Nagelkerke R^2			0.147		0.088	

注：(1) * 表示 $p<0.05$，** 表示 $p<0.01$，*** 表示 $p<0.001$；(2) a 参考类别是女性，b 参考类别是小学及以下，c 参考类别是非共产党员。(3) B 为非标准化回归系数，Wald 为检验的统计量。

表 3-3 显示，在控制变量组中，对因变量村委会投票参与有正向显著影响的是男性（B=0.239，$p<0.05$）和年龄（B=0.085，$p<0.001$），有负面显著影响的是年龄的平方项（B=−0.086，$p<0.001$）。而当因变量为地方人大投票参与时，也得到了同样的结果，对因变量村委会投票呈正向显著影响的分别是男性（B=0.292，$p<0.05$）、年龄（B=0.059，$p<0.01$），有负面显著影响的是年龄的平方项（B=−0.051，$p<0.001$）。也就是说，性别对两个因变量都具有正面显著影响，在相同条件下，男性比女性更有可能参与投票。中国农村经

济发展水平不高，村民文化素质较低，男性和女性在社会分工上的差异依然存在，男主外、女主内的社会角色对政治参与行为的影响很大，通常女性很少参与村中的公共事务，因此女性在投票方面比男性的发生比率要低一些。跨国比较表明，在发达国家，男女的政治参与差异不大，而在发展中国家的差异较大[①]；一个国家内部的比较研究也表明，发达地区的男性和女性在政治参与方面的差异小于落后地区。[②] 相对于城市来说，中国农村作为落后地区，其性别的投票差异就很大。

年龄对投票的影响也相当显著，不过这种影响不是线性的，而是拟线性的。年龄的标准回归系数为正值，而年龄的系数平方是负值，这表明年龄对农村选举政治参与的影响呈倒U型，即年轻人自主投票率较低，然后逐渐增长，到中年时到顶点，到老年之后逐步下降。这一研究结论与以往大多数研究结论一致[③]，如国外学者 Milbrath 所指出的，“参与随着年龄的增长而提高，在 40 岁到 50 岁达到顶峰并稳定一段时间，然后在 60 岁以后逐渐下降”[④]。国外其他一些学者的研究也证实了这一关系的存在。[⑤] 这是因为中年村民是农村中最主要的劳动力，他们的生产、生活等活动都与村庄治理情况密切相关，这部分人通常更加关注村庄的主要事务，也就更倾向于参与选举。

在社会经济地位变量组中，对因变量村委会投票参与有正向显著影响的是教育水平中的初中（B=0.321，$p<0.05$）。也就是说，在村委会投票参与中，与小学及以下学历层次的村民相比较而言，初中教育水平的村民政治参与积极

① NIE N H，VERBA S，KIM J. Political participation and life cycle［J］. Comparative Politics，1974，6（3）.

② GOEL，LAL M. Political participation in developing nation：India［M］. New York：Asia Publishing House，1975.

③ SHI T. Political participation in Beijing［M］. Cambridge：Harvard University Press，1997：168；胡荣．社会资本与中国农村居民的地域性自主参与——影响村民在村级选举中参与的各因素分析［J］．社会学研究，2006（2）；郭正林．当代中国农民政治参与的程度、动机及社会效应［J］．社会学研究，2003（3）.

④ MILBRATH L W. Political participation：how and why do people get involved in politics［M］. Chicago：Rand McNally，1977.

⑤ MILBRATH L W. Political participation：how and why do people get involved in politics［M］. Chicago：Rand McNally，1977.

性较高，但教育水平在高中和大专及以上的则没有显著影响。这表明在中国农村，文化程度越高的人，并不一定村委会投票参与的概率也越高。这是因为在农村，教育水平在高中和大专及以上的，多数都不愿待在农村，而是想到城市打工，因此对村委会投票参与就不关心。王丽萍、方然则发现，在投票方面，教育程度越高，村/居委会选举的投票率越低。[①] 史天健的研究表明，北京市市民的投票参与率随着受教育程度的提高而不断提升，但受教育程度达到 18 年以上的受访者的参与程度却是最低的。[②] 胡荣在 2001 年对福建农村的调查也发现，上学年限在 13 年以上的小组的参与程度虽然不是最低的，但却大大低于 10～12 年的小组。[③] 这说明教育对农村选举政治参与也呈倒 U 型。

在因变量为地方人大投票参与时，年收入自然对数对其起显著的负面作用（B=－0.224，$p<0.001$），这表示收入高的村民对地方人大投票参与并不感兴趣。关于个人收入对农民政治参与的影响，徐炜认为经济因素是影响村民政治参与的决定性因素[④]，郭正林认为农民的政治参与程度与个人收入水平几乎不相关[⑤]。本章分析全国性数据发现年收入自然对数对地方人大投票参与起负面影响。对这一情况的解释应该与对教育水平的解释一样，就是收入高的村民想尽办法离开农村，因而对投票尤其是地方人大投票这些与其关系不大的选举投票率很低。这也反映了村民政治参与的功利性。

对因变量村委会投票参与有正向显著影响的还有政治身份中的党员（B=0.497，$p<0.05$）。当因变量为地方人大投票参与时，有正向显著影响的也是政治身份中的党员（B= 0.491，$p<0.05$）。党员村民的投票发生比率无论是在村委会还是在地方人大都明显高于非党员的普通村民。这一结果与胡荣等人

---

① 王丽萍，方然．参与还是不参与：中国公民政治参与的社会心理分析［J］．政治学研究，2010（2）：95－108.

② SHI T. Political participation in Beijing［M］. Cambridge：Harvard University Press，1997：145－146.

③ 胡荣．社会资本与中国农村居民的地域性自主参与——影响村民在村级选举中参与的各因素分析［J］．社会学研究，2006（2）：61－85.

④ 徐炜．试论当前中国农民的政治参与［J］．江西社会科学，2001（7）：109－112.

⑤ 郭正林．当代中国农民政治参与的程度、动机及社会效应［J］．社会学研究，2003（3）：77－86.

的研究结果一致。[①] 在我国现行的政治体制下，党员身份是一种重要的政治资源。一个村民如果是党员，则在选举过程中既会受到党组织有力的政治动员，也会受到严格的纪律约束。而且一般说来，党员村民的政治觉悟也较高，村委会选举是农村的政治大事，因而党员村民参与投票的可能性自然也会高一些。

在社会资本变量组中，对因变量村委会投票参与有正向显著作用的有社会资本中的乡亲信任因子（$B=0.223$，$p<0.001$）和互惠因子（$B=0.205$，$p<0.001$）。当因变量为地方人大投票参与时，起正向显著作用的有社会资本中的乡亲信任因子（$B=0.134$，$p<0.05$）和社会参与网络因子（$B=0.13$，$p<0.05$）。在社会资本的三个因子中，乡亲信任因子是一个主要因素，解释了所有变量（社会信任）的37.98%的方差，远远高于一般人信任因子和朋友信任因子。也就是说，在农村，越信任邻居、街坊及邻居以外的同村居民和同村的同姓人士以及同村的非同姓人士的人，就越容易参与村委会和地方人大投票。这也显示在组织化投票的政治参与中，乡情和亲情起着重要的作用。整体上来说，社会资本中的相当一部分因子对村委会投票参与及地方人大投票参与是基本起到正面作用的，而且一些主要因子，如社会资本中的乡亲信任因子更是起到至关重要的作用。这表明，在农村，社会资本越多的人，就越愿意进行组织化的投票政治参与。这一结论与胡荣等人的研究并不一致，胡荣认为社会信任因子和社会交往因子对村民政治参与的影响不具有统计显著性[②]，但本章却发现乡亲信任因子起到了至关重要的作用。本章采用的是全国的、公开的、权威的数据，因此本章有理由推翻胡荣等人的结论。至少对于农村来说，影响投票政治参与的有社会资本中的乡亲信任因子。

在媒介使用变量组中，对因变量村委会投票参与起正向显著作用的还有

---

① 胡荣．社会资本与中国农村居民的地域性自主参与——影响村民在村级选举中参与的各因素分析［J］．社会学研究，2006（2）：61－85；郭正林．当代中国农民政治参与的程度、动机及社会效应［J］．社会学研究，2003（3）：77－86.

② 胡荣．社会资本与中国农村居民的地域性自主参与——影响村民在村级选举中参与的各因素分析［J］．社会学研究，2006（2）：61－85.

媒介使用的新闻接触，即对于时事新闻的关注（B=0.337，p<0.001）。当因变量为地方人大投票参与的时候，媒介使用的接触时间中的看电视时间（B=0.107，p<0.1）、媒介使用的接触时间中的阅读报刊时间（B=0.224，p<0.001）都起正向显著作用。也就是说，对于农村村民来说，无论是传统媒介（包括电视和报刊）的使用时间还是对时事新闻的关注，都能显著影响（村委会或地方人大）的投票政治参与。

值得注意的是，无论是村委会投票参与作为因变量还是地方人大投票参与作为因变量，媒介使用的接触时间中的浏览互联网时间对二者都起负面显著作用。其中村委会投票参与的系数值为 B=−0.576，p<0.001，地方人大投票参与的系数值为B=−0.311，p<0.05。

3.2.2　政治事务关注程度组分析

对因变量中的政治事务关注组（等距变量）进行多元回归分析，得出表 3-4：

表 3-4　因变量为政治事务关注组的多元回归分析

			对村委会工作的关注		对地方人大工作的关注	
			B	Wald	B	Wald
控制变量	男性 a		0.076**	7.942	0.056*	4.291
	年龄		0.540***	13.223	0.215	2.202
	年龄的平方项		−0.527***	13.893	−0.166	1.313
社会经济地位	教育水平 b	初中	0.048	2.659	0.018	0.374
		高中	0.007	0.052	−0.016	0.288
		大专及以上	−0.047	3.128	−0.023	0.740
	年收入自然对数		−0.093**	9.847	−0.073*	6.100
政治身份	党员 c		0.085**	10.130	0.043	2.530
社会资本	乡亲信任因子		0.136***	26.503	0.096***	13.284
	一般人信任因子		0.080**	9.706	0.044	2.943

续前表

			对村委会工作的关注		对地方人大工作的关注	
			B	Wald	B	Wald
社会资本		朋友信任因子	0.001	0.001	0.033	1.658
		社会参与网络因子	0.024	0.783	0.063*	5.149
		互惠因子	0.052*	3.853	0.042	2.503
媒介使用	媒介使用的接触时间	看电视时间	0.065*	5.310	0.054	3.640
		阅读报刊时间	0.051	2.778	0.130***	18.025
		浏览互联网时间	−0.058*	4.615	−0.043	2.443
	媒介使用的新闻接触	对时事新闻的关注	0.287***	95.438	0.293***	96.943
常数（Constant）			1.671	25.030	1.728	27.855
R 平方（R-Square）			20.9%		18.7%	
调整后的 R 平方（Adjusted R-Square）			19.9%		17.6%	
F 值（F）			19.683		17.072	
显著度（SIG）			0.000		0.000	

注：(1) * 表示 $p<0.05$，** 表示 $p<0.01$，*** 表示 $p<0.001$；(2) a 参考类别是女性，b 参考类别是小学及以下，c 参考类别是非共产党员；(3) B 为非标准化回归系数，Wald 为检验的统计量。

表 3-4 显示，在控制变量组中，对因变量村委会工作关注起正面显著作用的仍然是男性（B=0.076，$p<0.01$）和年龄（B=0.540，$p<0.001$），有负面显著影响的是年龄的平方项（B=−0.527，$p<0.001$）。其解释与选举政治参与组相似，即男性尤其是中年男性更关注村委会事务；但当因变量为地方人大工作关注时，仅男性（B=0.056，$p<0.05$）起正面显著作用。

在社会经济地位变量组中，年收入自然对数（B=−0.093，$p<0.01$）对因变量对村委会工作的关注有负面显著影响，年收入自然对数（B=−0.073，$p<0.05$）对因变量对地方人大工作的关注也有负面显著影响。这表明，在农村，收入水平高的村民对村委会、地方人大工作并不关注，其体

现出来的政治参与状况与选举政治参与一样。这可能是由于收入水平高的村民更多地依赖城市里的就业和商业机会，因而就对村委会工作和地方人大工作都不太关注。这是中国特有的二元社会以及人口流动所带来的特征。

对因变量对村委会工作的关注起正向显著作用的还有政治身份中的党员（B=0.085，$p<0.01$）。农村里的党员并不多，而且有党员身份的村民很可能就是村委会或村支部成员，因此才对这类事务极其关注。

在社会资本变量组中，对因变量对村委会工作的关注起正向显著作用的有乡亲信任因子（B=0.136，$p<0.001$）、一般人信任因子（B=0.080，$p<0.01$）、互惠因子（B=0.052，$p<0.05$）。对因变量对地方人大工作的关注起正向显著作用的有乡亲信任因子（B=0.096，$p<0.01$）和社会参与网络因子（B=0.063，$p<0.05$）。可以说，社会资本中的大部分变量会正面影响村民对村委会和地方人大工作的关注。

在媒介使用变量组中，对因变量对村委会工作的关注起正向显著作用的有媒介使用的接触时间中的看电视时间（B=0.065，$p<0.05$）、媒介使用的新闻接触即对于时事新闻的关注（B=0.287，$p<0.001$）。当因变量为对地方人大工作的关注的时候，媒介使用的接触时间中的阅读报刊时间（B=0.130，$p<0.001$）和媒介使用的新闻接触即对于时事新闻的关注（B=0.293，$p<0.001$）都起显著作用。也就是说，对于农村村民来说，无论是传统媒介（包括电视和报刊）的使用时间还是对时事新闻的关注，都能显著影响政治事务关注。

值得注意的是，当对村委会工作的关注作为因变量时，媒介使用的接触时间中的浏览互联网时间对其起负面显著作用（B=−0.058，$p<0.05$）。

当因变量为对村委会工作的关注时，调整后的 R 平方为 19.9%；而当因变量为对地方人大工作的关注时，调整后的 R 平方为 17.6%。这表明，自变量对因变量还是有相当高的解释力度的。两个方程的显著性通过了 F 检验。

3.2.3　抗争性政治参与组分析

对因变量中的抗争性政治参与组（四分类有序变量）进行有序结果变量

回归，得出表 3-5。

表 3-5　　因变量为抗争性政治参与组的有序结果变量回归

			抗争性政治参与	
			B	Wald
控制变量		男性 a	0.302	0.485
控制变量		年龄	−0.068	1.184
控制变量		年龄的平方项	0.087	2.029
社会经济地位	教育水平 b	初中	−0.035	0.005
社会经济地位	教育水平 b	高中	−0.47	0.432
社会经济地位	教育水平 b	大专及以上	−0.747	0.249
社会经济地位		年收入自然对数	−0.091	2.331
政治身份		党员 c	0.947	2.841
社会资本		乡亲信任因子	−0.294	2.294
社会资本		一般人信任因子	0.000	0.000
社会资本		朋友信任因子	0.544*	6.445
社会资本		社会参与网络因子	−0.047	0.067
社会资本		互惠因子	−0.347	3.384
媒介使用	媒介使用的接触时间	看电视时间	−0.04	0.044
媒介使用	媒介使用的接触时间	阅读报刊时间	0.193	2.082
媒介使用	媒介使用的接触时间	浏览互联网时间	0.428*	4.378
媒介使用	媒介使用的新闻接触	对时事新闻的关注	0.163	0.657
截距项（Y=1）			4.732	4.705
截距项（Y=2）			5.884	7.163
截距项（Y=3）			7.508	10.769
Valid			1 281	
Missing			2 993	
N			4 274	
−2 对数似然值			298.653	
卡方检验			34.09	
Nagelkerke R^2			0.115	

注：(1) * 表示 $p<0.05$，** 表示 $p<0.01$，*** 表示 $p<0.001$；(2) a 参考类别是女性，b 参考类别是小学及以下，c 参考类别是非共产党员。(3) B 为非标准化回归系数，Wald 为检验的统计量。

表 3-5 显示，当因变量为抗争性政治参与组（四分类有序变量）时，起

显著作用的是社会资本组中的朋友信任因子（B＝0.544，$p<0.05$）和媒介使用的接触时间中的浏览互联网时间（B＝0.428，$p<0.05$）。也就是说，信任朋友和频繁接触互联网的村民更容易进行抗争性政治参与。

3.3　本章的讨论与结论

为了进一步得出结论，这里进一步分析当自变量为社会资本变量组、媒介使用变量组时二者对选举政治参与（村委会投票参与和地方人大投票参与）、政治事务关注（对村委会工作的关注和对地方人大工作的关注）、抗争性政治参与的影响。另外，本章将选举政治参与和政治事务关注程度作为制度化政治参与（传统政治参与），因为它们是为制度所认可的，而抗争性政治参与则作为非制度化政治参与（非传统政治参与），得出表 3－6：

表 3－6　　农村村民政治参与的主要影响因素分析

		制度化政治参与（传统政治参与）				非制度化政治参与（非传统政治参与）
		村委会投票参与	地方人大投票参与	对村委会工作的关注	对地方人大工作的关注	抗争性政治参与
社会资本	乡亲信任因子	0.223***	0.134*	0.136***	0.096***	－0.294
	一般人信任因子	0.078	0.061	0.080**	0.044	0.000
	朋友信任因子	－0.074	－0.066	0.001	0.033	0.544*
	社会参与网络因子	－0.025	0.130*	0.024	0.063*	－0.047
	互惠因子	0.205***	－0.099	0.052*	0.042	－0.347

续前表

			制度化政治参与（传统政治参与）				非制度化政治参与（非传统政治参与）
			村委会投票参与	地方人大投票参与	对村委会工作的关注	对地方人大工作的关注	抗争性政治参与
媒介使用	媒介使用的接触时间	看电视时间	−0.025	0.107^{*}	0.065^{*}	0.054	−0.040
		阅读报刊时间	−0.005	0.224^{***}	0.051	0.130^{***}	0.193
		浏览互联网时间	-0.576^{***}	-0.311^{*}	-0.058^{*}	−0.043	0.428^{*}
	媒介使用的新闻接触	对时事新闻的关注	0.337^{***}	0.055	0.287^{***}	0.293^{***}	0.163

注释：* 表示 $p<0.05$，** 表示 $p<0.01$，*** 表示 $p<0.001$。

在政治参与的诸多形式中，选举是一种制度化程度很高而主动性很弱的政治参与行为。由于选举的日程以及其他相关内容已经确定，选民在其中所能发挥的作用很受限制，因而选举是传递公民政治偏好与态度倾向最弱的一种政治参与形式。① 自从 20 世纪 80 年代以来，中国广大农村实行村民自治，作为农村基层社区行政村管理者的村委会是由村民直接选举产生的。② 中国农村的村委会选举已经在很大程度上成为一种具有一定竞争性的选举，从而成为村民表达利益诉求的重要渠道。1982 年《宪法》确认了由部分农村地区村民自发组建的“村民委员会”的法律地位。1987 年《中华人民共和国村民委员会组织法》（试行）（简称《村委会组织法》）对村民委员会的组织、功能和选举方式做出明确规定，1998 年该法律正式颁布。在广大农村，村委会选举已经成为农村政治生活中最重要的事件，基层村民选举已经对中国农村的

① VERBA S，KIM J，NIE N H. Participation in America：political democracy and social equality [M]. New York：Harper and Row，1974：47.

② 胡荣. 理性选择与制度实施：中国农村村民委员会选举的个案研究 [M]. 上海：远东出版社，2001.

政治经济格局产生了一定的影响[①]，村民对村委会的选举倾注了很大的热情[②]。

本章的数据显示，村民对带有一定竞争性的村委会选举的政治参与热情远高于地方人大代表选举。由于村委会选举具有竞争性，所以在很大程度上不同过去那些流于形式的选举，村民能够通过村委会选举表达他们的利益诉求。相关研究表明，为了能够在选举中获胜，对于希望当选的村干部来说，最重要的是处理好与选民的关系，他们要通过办一些实事（如建学校、修路等）来获得选民的信任，在办实事的过程中又不能损及村民的利益。[③] 在中国农村，村委会选举已经成为村民参与基层政治的重要途径。正因为有了这一参与途径，才会从根本上改变中国农村村民政治参与的性质，即演化为现在的自主式参与。本章的数据显示，在村委会选举中回答“有，是自己自发/主动去的”占28.4%，这在比城市落后的农村是惊人的，也反映了村委会投票选举的重要性和自主性。

在政治事务关注程度中，本章仅就问卷所设的问题，探讨了村民对村委会工作和地方人大工作的关注。以此代表其他日常政治参与虽然是不够的，但是由于政治事务关注的行为与投票选举有着很大的不同，其高低与否可以充分体现农村村民参与政治的主动程度。中国村民的政治参与非常之高，超出原来的想象。中国村民的政治参与同样是理性的和有策略的，受到个人自身的特征，如性别、年龄等因素和背景因素的影响，其影响因素与其他国家与地区一样。由于本章提到的选举和政治事务关注都是在制度范围内被允许的，所以称为制度化政治参与。从对选举和政治事务关注的影响因素分析，可发现两者的影响因素有很多的相似之处。

本章的结果显示，影响抗争性政治参与等非制度化政治参与的因素有社

---

① ZHANG X B，FAN S G，ZHANG L X，et al. Local governance and public goods provision in rural China [J]. Journal of Public Economics，2004：88.

② WANG X，Mutual empowerment of state and peasantry：grassroots democracy in rural China [J]. World Development，1997：25.

③ 胡荣. 竞争性选举对村干部行为的影响 [J]. 厦门大学学报，2002（3）：101-107.

会资本中的朋友信任因子和浏览互联网时间。对于农村来说，是否是浏览互联网的信息和朋友之间的信息交流造成了对抗争性政治参与的影响，还有待进一步研究。

一方面，在影响农村制度化政治参与的各种变量中，社会资本中的乡亲信任因子、一般人信任因子、社会网络因子、互惠因子全部或者部分地起到正面显著作用。也就是说，若想提高农村的制度化政治参与，就要加强农村的社会资本建设。在社会资本的影响中，可以看到信任因子包括乡亲信任因子、一般人信任因子起着重要的作用，这是由乡土中国特有的信任文化所致。信任与社会结构、制度的变迁转型存在着明确的互动关联，信任本身是嵌入社会结构和制度之中的一种功能化的社会机制。[①] 另外，社会网络因子成为了人与人之间的纽带，为互惠和信任奠定了基础，因为“社区支持网络的建立和强化，社区凝聚力的增强则是社区建设的核心”[②]。传统媒介如报纸、电视的使用频率及新闻接触对制度化政治参与起正面显著作用，但新兴媒介如互联网的使用频率却对制度化政治参与起负面显著作用。

另一方面，在农村的非制度化的抗争性政治参与中，社会资本中的朋友信任因子起正面显著作用，而互联网的使用时间也有正面显著影响。这可能是因为：第一，在 2005 年，农村的互联网覆盖率还不高，使用的人不多；第二，在 2005 年，中国的互联网内容建设还存在很多非主流的观念。因此在农村的非制度化的抗争性政治参与中，互联网的使用频率却呈显著的正面的影响，即使用互联网越多的人，越容易进行非制度性的抗争性政治参与。

对于农村而言，对时事新闻的关注有利于制度化政治参与的建设。当然，我们关注制度化政治参与的同时，也不能忽略非制度化政治参与。目前各种非制度化的抗争性政治参与有着深刻的政治、经济、文化背景。解决非制度化政治参与的问题，是一个综合、系统的工程，不能简单地一禁了之。

基于研究的限制，本章并没有考虑政治兴趣、政治效能、政治信任这些

---

① LUHMANN N. Trust and power [M]. Chichester: John Wiley&Sons, 1979.

② 王思斌．体制改革中的城市社区建设的理论分析［J］．北京大学学报，2000（5）：4－13.

能显著影响政治参与的变量。在以往的研究中，那些对政治非常感兴趣、具有政治效能感的人会有更多的政治参与。[①] 国内也有相关的研究。例如，史天健通过利用一项全国范围内的调查数据所进行的研究发现，村民对政治的兴趣、理解与参与政治活动的能力、民主意识，以及对在任村委会领导不满程度的提升等都会增加其选举政治参与的可能性[②]；一项基于苏南农村调查数据的研究却发现，那些具有更强民主倾向和内部效能的投票者反而倾向于不参加选举，而支持政府者会更积极地参加投票[③]。因此，未来的研究要关注在全国数据中这些方面对政治参与的影响。国外的研究分析了政治信任和不同的政治参与之间的联系。例如，对中央政府的信任会增加村民"半制度化"的上访行为的可能性。[④] 相对于政治不信任，政治信任会带来较低成本的政治参与行为，如参加选举。[⑤] 由于问卷数据的限制，政治事务关注的众多形式并没有被测量出来，如参加村民会议、听取村委会工作报告并进行表决、与各级干部联系和接触等；而农村的抗争性政治参与如依法或依政策抗争、公共场所的群体骚乱以及对乡村基层干部的报复性攻击也未被测量。因此，农村的政治事务关注和抗争性政治参与的状况和影响因素仍有待进一步探索。

---

① ABRAMSON P R，ALDRICH J H. The decline of electoral participation in America [J]. American Political Science Review，1982，76 (3)：502-521；FINKEL S E. Reciprocal effects of participation and political efficacy：a panel analysis [J] . American Journal of Political Science，1985，29 (4)：891-913；MCLEOD J M，SCHEUFELE D A，MOY P. Community，communication，and participation：the role of mass media and interpersonal discussion in local political participation [J] . Political Communication，1999 (16)：315-336，130；SCHEUFELE D A，SHAH D V. Personality strength and social capital：the role of dispositional and informational variables in the production of civic participation [J] . Communication Research，2000，27 (2)：107-131，136.

② SHI T. Voting and nonvoting in China：voting behavior in plebiscitary and limited-choice elections [J] . Journal of Politics，1999：61.

③ ZHONG，YANG，CHEN J. To vote or not to vote：an analysis of peasants' participation in Chinese village elections [J] . Comparative Political Studies，2002：35.

④ LI L. Political trust and petitioning in the Chinese countryside [C] //2006 Annual Meeting of the American Political Science Association，2006.

⑤ SHINGLES，RICHARD. Black consciousness and political participation：the missing link [J]. American Political Science Review，1981：75.

3.4 进一步的讨论：与城市数据的比较

3.4.1 农村与城市政治参与情况

比较农村与城市政治参与情况，得出表 3-7：

表 3-7 农村村民与城市居民政治参与情况比较

			农村		城市	
			人数	比例	人数	比例
选举政治参与	村(居)委会选举	没有	1 381	32.30%	4 453	73.00%
		有，但是因为干部要求才去的	1 679	39.30%	1 115	18.30%
		有，是自己自发 /主动去的	1 214	28.40%	530	8.70%
	地方人大选举	没有	2 606	61.00%	4 241	69.50%
		有，但是因为干部要求才去的	986	23.10%	1 330	21.80%
		有，是自己自发 /主动去的	682	16.00%	527	8.60%
			平均值	标准差	平均值	标准差
一般政治参与	对村（居）委会工作的关注		3.08	1.08	2.61	0.98
	对地方人大工作的关注		2.72	1.07	2.67	0.99
抗争性政治参与	一次都没参加		4 196	98.20%	5 853	96.00%
	仅参加过一次		58	1.40%	198	3.20%
	参加过两次		17	0.40%	43	0.70%
	参加过三次		3	0.10%	3	0.10%
样本总量			4 274		6 098	

表 3-7 显示，在中国的政治参与中，投票选举是一种普遍的现象，无论是农村还是城市，选举政治参与的比率都要远高于其他政治参与的比率。在农村的村委会选举中，在干部要求下才去的和自发去的投票占比总和是 67.70%（39.30%＋28.40%），而参与地方人大选举的占比总和也有 39.00%（23.10%＋16.00%）；在城市的居委会选举中，在干部要求下才去

的和自发去的的投票占比总和是 27.00%（18.30%+8.70%），而参与地方人大选举的占比总和也有 30.40%（21.80%+8.60%）。

这些比例都远高于抗争性政治参与的比例。在农村，参加过抗争性政治的占比总和是 1.90%（1.40%+0.40%+0.10%）；在城市，参加过抗争性政治的占比总和是 4.00%（3.20%+0.70%+0.10%）。这表明，作为一种付出成本较少的政治参与，投票选举具有广泛的参与率。

另外，农村的选举政治参与比例，尤其是在村（居）委会选举中，远远高于城市的选举政治参与比例，农村为 67.70%，而城市为 27.00%，即使仅算自发的投票，农村（28.40%）也远高于城市（8.70%）。这是因为，自从 20 世纪 80 年代以来，中国广大农村实行村民自治，作为农村基层社区行政村管理者的村委会是由村民直接选举产生的。① 中国农村的村委会选举已经在很大程度上成为一种具有一定竞争性的选举，从而成为村民表达利益诉求的重要渠道。

表 3-7 显示，在对村（居）委会工作的关注中，农村中对村委会工作的关注度明显高于城市中对居委会工作的关注度。城市居民对居委会选举、地方人大选举、居委会工作和地方人大工作的关注都不如农村居民。这是因为城市居民参与人大代表的选举十分有限；基层的人大制度也有待完善，如民主和平等的选举原则有待深入贯彻，选民不便对代表进行有效监督等。②

在抗争性政治参与中，城市却远优于农村，胡荣根据 2005 年在福建省厦门市的问卷调查资料，分析了社会资本和其他因素对城市居民政治参与的影响。分析发现城市居民的政治参与由维权抗争因子、利益表达因子和选举参与因子构成，城市居民政治参与的渠道日益多元化，在个人政治接触仍然起重要作用的同时，也出现了新的政治参与方式。③

3.4.2　农村与城市政治参与的影响因素

一、农村与城市选举政治参与的影响因素分析

分析农村与城市选举政治参与的影响因素，得出表 3-8：

① 胡荣．理性选择与制度实施：中国农村村民委员会选举的个案研究［M］．上海：远东出版社，2001.

② 王小彬．试论我国人大代表选举制度的几个问题［J］．人大研究，2001 (6)：13-14.

③ 胡荣．社会资本与城市居民的政治参与［J］．社会学研究，2008 (5)：142-159.

表 3-8　农村与城市选举政治参与的影响因素比较

			农村		城市	
			村委会投票	地方人大投票	居委会投票	地方人大投票
社会资本		乡亲信任因子（农村）	0.223***	0.134*		
		朋友信任因子（农村）	0.078	0.061		
		一般人信任因子	−0.074	−0.066	−0.029	−0.038
		亲戚朋友信任因子（城市）			−0.042	−0.009
		社会网络因子	−0.025	0.13*	0.293***	0.251***
		互惠因子	0.205***	−0.099	0.344***	0.228***
媒介使用	媒介使用的接触时间	看电视时间	−0.025	0.107*	0.193*	0.129
		阅读报刊时间	−0.005	0.224***	−0.047	−0.008
		浏览互联网时间	−0.576***	−0.311*	−0.035	0.017
	媒介使用的新闻接触	对时事新闻的关注	0.337***	0.055	0.174**	0.388***

注：* 表示 $p<0.05$，** 表示 $p<0.01$，*** 表示 $p<0.001$。

在农村的选举政治参与中，社会资本中的乡亲信任因子对其有正面显著影响。也就是说，在乡土中国，对乡亲信任和认同能够促使农民更多地参与选举事务。在以往研究中，胡荣根据 2001 年在福建省寿宁和厦门的问卷调查资料，分析了社会资本和其他因素对村民参与村级选举的影响。回归分析表明，性别、年龄、是否是党员和村干部等因素对村民的选举政治参与有重要影响；在社会资本的各因素中，只有社团因子和社区认同因子对村民的政治参与起着积极作用，而社会信任因子对村民的政治参与并无显著影响。[①] 胡荣的研究也表明对乡亲信任和认同能够促使农民更多地参与选举事务。

本章的分析显示，在城市的选举政治参与中，社会资本中的社会网络因子和互惠因子起重要的正面显著作用。在社会网络因子方面，西方的社会运

① 胡荣．社会资本与中国农村居民的地域性自主参与——影响村民在村级选举中参与的各因素分析［J］．社会学研究，2006（2）：61-85.

动理论中的资源动员理论认为，真正决定社会运动的不是社会的不满，而是所能动员的资源。① 相关的研究表明，在微观层面的动员过程中，社会网络对个人参与社会运动有影响。②

在农村的选举政治参与里，看电视时间、阅读报刊时间对其有正面影响，而浏览互联网时间对其有负面影响，对于时事新闻的关注对其起正面作用；而在城市的选举政治参与里，看电视时间和对时事新闻的关注起正面作用。这说明媒介使用的新闻接触对城市居民和农村村民的影响一样，而媒介使用的接触时间的影响则不同。

二、农村与城市政治事务关注的影响因素分析

对政治事务的关注除投票选举以外还包括其他政治活动。由于本章数据的局限，我们仅能找到对村（居）委会工作的关注或对地方人大工作的关注作为政治事务关注的表现，得出表 3－9：

表 3－9　　农村与城市政治事务关注的影响因素比较

		农村		城市	
		对村委会工作关注	对地方人大工作的关注	对居委会工作的关注	对地方人大工作的关注
社会资本	乡亲信任因子（农村）	0.136***	0.096***		
	朋友信任因子（农村）	0.080**	0.044		
	一般人信任因子	0.001	0.033	0.000	0.010
	亲戚朋友信任因子（城市）			0.020	0.040
	社会网络因子	0.024	0.063*	0.080***	0.060**
	互惠因子	0.052*	0.042	0.130***	0.090***

① JOHN D M，ZALD M N. Resource mobilization and social movements：a partial theory [J]. American Journal of Sociology，1977：82.

② PASSY，FLORENCE，MARCO G. Social neworks and individual perceptions：explaining differential participation in social movements [J] . Sociological Forum，2001，16 (1) .

续前表

			农村		城市	
			对村委会工作的关注	对地方人大工作的关注	对居委会工作的关注	对地方人大工作的关注
媒介使用	媒介使用的接触时间	看电视时间	0.065*	0.054	0.050*	0.030
		阅读报刊时间	0.051	0.130***	−0.010	0.000
		浏览互联网时间	−0.058*	−0.043	−0.010	0.000
	媒介使用的新闻接触	对时事新闻的关注	0.287***	0.293***	0.170***	0.260***

注：* 表示 $p<0.05$，** 表示 $p<0.01$，*** 表示 $p<0.001$。

与农村的选举政治参与一样，乡亲信任因子和一般人信任因子，以及社会网络因子和互惠因子对农村的政治事务关注起正面作用，看电视时间、阅读报刊时间、对时事新闻的关注也对其起正面作用，而唯有浏览互联网时间对农村的政治事务关注有负面显著影响；而城市的政治事务关注的影响因子仅有社会网络因子、互惠因子和对时事新闻的关注。

三、农村与城市的抗争性政治参与的影响因素分析

在抗争性政治参与中，农村与城市的状况、影响因素有很大不同，参见表 3 - 10：

表 3 - 10　　农村与城市的抗争性政治参与的影响因素比较

		农村	城市
		抗争性政治参与	抗争性政治参与
社会资本	乡亲信任因子（农村）	−0.294	
	朋友信任因子（农村）	0.544*	
	一般人信任因子	0.000	−0.074
	亲戚朋友信任因子（城市）		−0.118
	社会网络因子	−0.047	0.521***
	互惠因子	−0.347	−0.285**

续前表

			农村	城市
			抗争性政治参与	抗争性政治参与
媒介使用	媒介使用的接触时间	看电视时间	−0.040	−0.210*
		阅读报刊时间	0.193	0.056
		浏览互联网时间	0.428**	−0.114
	媒介使用的新闻接触	对时事新闻的关注	0.163	0.281*

注：* 表示 $p<0.05$，** 表示 $p<0.01$，*** 表示 $p<0.001$。

表 3－10 显示，在农村的抗争性政治参与中，社会资本中的朋友信任因子越高，就越容易参与政治抗争，另外浏览互联网时间越多，也越容易参与政治抗争；而在城市中，社会网络因子和媒介使用的新闻接触则对其起正面显著作用，而互惠因子起负面作用。

第 4 章　互联网使用时间、使用方式与公民现实政治参与

第 2、第 3 章分析了城市和农村的媒介使用对政治参与的影响，其中，媒介使用既包括传统媒体如电视和报刊，也包括互联网。但是由于二手数据的限制，媒介使用的测量仅包括接触时间和新闻接触，而使用方式、使用动机都没被测量。本章计划通过一手的数据来具体分析互联网使用时间以及互联网使用方式是如何对公民的现实政治参与产生影响的。[①]

4.1　本章问题的提出

1986 年，鲍尔主编出版了《媒介、受众与社会结构》一书。该书认为，媒介系统与社会结构不可分割地交织在一起，深深地熔铸于社会其他系统之中，既影响社会的政治、经济和一切其他系统，又反过来受它们的影响。

在互联网使用与政治参与的关系的研究中，关注网络政治参与的较多，而分析现实政治参与的较少。但是现实政治参与和网络政治参与毕竟不尽相同，例如现实政治参与要比网络政治参与耗费更多的精力和成本。就目前而言，我国的现实政治参与的客观状况并不乐观，2012 年中国社会科学院政治学研究所等发布的《中国政治参与报告（2012）》显示，在全国 6 286 份问卷调查中，在问卷设计总分为 10 分的评分标准下，全体被调查者的平均分仅为 4.21分，总体处于中等偏下水平。2013 年 8 月 9 日在北京发布的《政治参

① 本章的大部分内容已发表在笔者的相关文章里。

与蓝皮书：中国政治参与报告（2013）》指出，一项基于 10 个省份的 6 159 份有效样本的调查显示，以 10 分为满分计算，中国公民在政治参与行为方面的得分为 6.18 分，民众的政治参与状况不够理想。[①]《中国政治参与报告（2014）》的调查结果显示，以 10 分的分值为标准，城镇居民的社区建设和居民自治参与客观状况的总体得分为 5.14 分，处于中等水平；在主观参与方面，以 5 分的分值为标准，城镇居民的“居民自治参与意愿”（3.54 分）和“居民自治参与效能”（3.36 分）的得分处于较高水平，“居民自治参与满意度”（2.94 分）的得分处于中等水平。[②] 这些数据都反映了我国的政治参与水平不够高，虽然民众有参与的意愿，但是政治参与的满意度不高。当然也有最新研究，如调查时间为 2016 年 5 月 10 日至 2016 年 6 月 10 日，面向多个省/直辖市/自治区共发放网络问卷 4 886 份，共回收有效问卷 4 458份的《中国公众的政治参与观念调查报告（2016）》发现：我国公众已经具有较高的政治参与意识。公众政治参与的基本素质较高，而政治参与的渠道有待进一步拓展；更愿意参加与自身利益密切相关的公共事务；具有一定的投票意识，但还受一定的人情因素影响；对于公开竞选具有一定的认同度，并已形成较强的边缘性竞选行为；网络成为公众政治参与的新平台，近半数受访者通过网络进行政治参与，而网络“围观”现象不容忽视；政治效能感是影响我国公众政治参与的重要因素，它受到性别、教育程度和政治面貌的影响。[③] 不过，以上研究都显示，现实政治参与尽管受网络政治参与的冲击，但仍然是重要的政治参与形式之一。为此，本章的具体研究对象为现实政治参与，指的是传统政治参与，即包括现实中的政治投票、利益表达、利益抗争等一系列行为。

---

① 房宁．政治参与蓝皮书：中国政治参与报告（2013）［M］．北京：社会科学文献出版社，2013.

② 房宁．政治参与蓝皮书：中国政治参与报告（2014）［M］．北京：社会科学文献出版社，2014.

③ 人民论坛问卷调查中心．中国公众的政治参与观念调查报告（2016）［EB/OL］．（2016－07－09）．http：//www.rmlt.com.cn/2016/0704/431469.shtml.

目前已经出现一些互联网使用与政治参与之间关系的研究，如李亚妤通过分析对沿海发达城市网民的调查数据，描绘了沿海发达城市网民的网络政治参与现状，并探寻了影响网络政治参与的两个主要因素：工具层面/心理层面的互联网使用和网络社会交往。研究结果表明：第一，网民们对网络政治参与的积极性比较低；第二，上网时间、网络政治信息接触、社会网络规模、网络社区归属感、开放的人际讨论模式均对网络政治参与有着积极影响。① 潘忠党通过分析来自全国多个省/直辖市/自治区的问卷调查数据，集中探讨了互联网使用与公民政治参与之间的关系。其中，公民政治参与包括获取时政知识、参与意见表达、参加社群组织及其活动，以及在地方选举中投票这四个维度。② 也有学者采用问卷调查的方式研究互联网在我国推进民主的潜在作用。③ 本书的相关研究显示，互联网使用和公民政治参与都有地域和地方之间的差异，而这些差异与各地的经济发展水平、都市化程度和居民教育水平等相关；在这种差异或不均等的场景中，互联网使用对公民政治参与有普遍的正向影响。同时影响公民政治参与的还有：（1）社会-经济条件因素；（2）心理卷入和信心因素；（3）传统媒体使用因素。本书所勾勒的一个总体图像是，互联网使用和公民政治参与是各地方的社会经济发展、个人的物质和心理资源掌握程度的体现。陈云松使用 CGSS 2006 年的数据，对中国城镇居民的日常互联网使用与群体性上访、示威、集会等非制度化政治参与之间的关系进行分析，发现互联网的日常使用可以扩大城市中的非制度化政治参与，互联网使用和非制度化政治参与之间的“抑制性双向因果”意味着拓展

① 李亚妤．互联网使用、网络社会交往与网络政治参与——以沿海发达城市网民为例［J］．新闻大学，2011（1）：69－81.

② 潘忠党．互联网使用和公民参与：地域和群体之间的差异以及其中的普遍性［J］．新闻大学，2012（6）：42－53.

③ LEI Y W. The political consequences of the rise of the Internet：political beliefs and practices of Chinese netizens［J］. Political Communication，2011，28（3）：291－322；SHEN F，WANG N，GUO Z，et al. Online network size，efficacy and opinion expression：assessing the impacts of Internet use in China［J］. International Journal of Public Opinion Research，2009，21（4）：451－476.

利益诉求渠道是消除社会冲突的重要途径之一。[①] 臧雷振等通过对全国性大样本数据进行的实证检验表明：不同类型的传播媒介对中国公众不同类型的政治行为有着差异化影响，其中互联网对促进公众参与的相应政治行为的影响有限。[②] 不过，这些研究多侧重于互联网的使用水平而不是互联网的使用目的。[③] 为了更好地理解互联网作为一种技术是如何促进政治参与的，本章利用使用与满足理论框架来分析不同的互联网使用方式是如何与现实政治参与相关联的。

使用与满足理论最早由 Katz 等人提出。这一理论认为传播学研究不应当仅关注“媒体对人们做了什么”。还应当仔细研究“人们对媒体做了什么”。也就是说，与仅仅分析媒介内容的接触效果的理论不同，使用与满足理论着重探索用户的需求与动机是如何产生媒介使用效果和其他效果的。[④] 对于传统的大众媒介，如电视、广播、报纸来说，一些基本的媒介使用需要包括信息获取目的、社会交往目的、娱乐目的和个人身份认同目的。

最近几十年，研究者将使用与满足理论扩展到人际传播的媒介以及大众传播与人际传播混合的媒介中，例如固定电话、互联网和手机等。1990 年以来，借助使用与满足理论进行研究的文章发表数量在不断增长，这与新媒体的迅速发展有着直接的关系，如 Ruggiero 所指出的，“对于新的媒体，如报纸、广播、电视以及早期互联网，使用与满足理论总能提供最前沿的理论路径”[⑤]。

在使用与满足理论研究中，媒介使用方式及其后果是使用与满足理论框

---

① 陈云松．互联网使用是否扩大非制度化政治参与：基于 CGSS2006 的工具变量分析［J］．社会，2013（5）：118－143.

② 臧雷振，劳昕，孟天．互联网使用与政治行为——研究观点、分析路径及中国实证［J］．政治学研究，2013（2）：60－75.

③ CHARNEY T，GREENBERG B. Uses and gratifications of the Internet［M］// Lin C，Atkin D. Communication，technology and society：new media adoption and uses. Cresskill，NJ：Hampton Press，2002：383－406.

④ BLUMLER J G，KATZ E. The uses of mass communications：current perspectives on gratifications research［M］. Beverly Hills：Sage publications，1974.

⑤ Ruggiero T E. Uses and gratifications theory in the 21st century［J］. Mass Communication & Society，2000，3（1）：3－37.

架中的一个重要因素。[①] 例如，Finn 提出使用与满足理论中的关键要素是：（1）媒介使用的受众的社会及心理需求；（2）不同的媒介使用方式导致不同的结果；（3）媒介使用的不同介入程度。[②]

本章从后两个关键要素出发，着力探索互联网的使用，包括使用时间与使用方式是如何影响现实政治参与的。

4.2 文献回顾与相关问题

根据 2013 年 1 月 15 日中国互联网络信息中心发布的第 31 次《中国互联网络发展状况统计报告》（以下简称《报告》），截至 2012 年底，中国网民规模达 5.64 亿，全年共计新增网民 5 090 万人。互联网普及率为 42.1%，较 2011 年底提升 3.8 个百分点。2012 年中国网民每周的人均上网时长达 20.5 小时，相比 2011 年提升了 1.8 个小时，平均每天 2.93 小时。而中国网民的网络应用也多种多样，报告显示从 2011 年到 2012 年，中国网民的各类网络应用不断增长，可见表 4－1。

表 4－1　　2011—2012 年中国网民对各类网络应用的使用率

	2011 年		2012 年		
	用户规模（万）	使用率	用户规模（万）	使用率	增长率
即时通讯	41 510	80.9%	46 775	82.9%	12.7%
搜索引擎	40 740	79.4%	45 110	80.0%	10.7%
网络音乐	38 585	75.2%	43 586	77.3%	13.0%
博客/个人空间	31 864	62.1%	37 299	66.1%	17.1%
网络视频	32 531	63.4%	37 183	65.9%	14.3%

① KATZ E，BLUMLER J G，GUREVITCH M. Utilization of mass communication by the individual [M] // Blumler J，Katz E. The uses of mass communications：current perspectives on gratifications research . Beverly Hills：Sage，1974：19－32.

② FINN S. Origins of media exposure：linking personality traits to TV，radio，print，and film use [J]. Communication Research，1997（24）：507－529.

续前表

	2011 年		2012 年		
	用户规模（万）	使用率	用户规模（万）	使用率	增长率
网络游戏	32 428	63.2%	33 569	59.5%	3.5%
微博	24 988	48.7%	30 861	54.7%	23.5%
社交网站	24 424	47.6%	27 505	48.8%	12.6%
电子邮件	24 578	47.9%	25 080	44.5%	2.0%
网络购物	19 395	37.8%	24 202	42.9%	24.8%
网络文学	20 268	39.5%	23 344	41.4%	15.2%
网上银行	16 624	32.4%	22 148	39.3%	33.2%
网上支付	16 676	32.5%	22 065	39.1%	32.3%
论坛/BBS	14 469	28.2%	14 925	26.5%	3.2%
旅行预订	4 207	8.2%	11 167	19.8%	—
团购	6 465	12.6%	8 327	14.8%	28.8%
网络炒股	4 002	7.8%	3 423	6.1%	−14.5%

注：该报告中旅行预订指最近半年在网上预订过机票、酒店、火车票和旅行行程的行为，与之前报告中的定义有差异，该报告还增加了网上火车票预订。

如此长的上网时间和如此多的网络应用究竟对中国人的现实政治参与产生了什么影响呢？这里分两个方面来阐述：

一、互联网使用时间与现实政治参与

互联网的相关研究从一开始就关注互联网使用时间。有学者认为如果人们把过多的时间花在互联网上，就会导致现实社会交往时间的减少，最终导致现实社会网络的削弱或损害及停止参与社会活动。[①] 这被称为互联网的时间替代假说（the time-replacement hypothesis）。这一假说的提出基于以下几种理由：首先，人们将时间花到互联网上，用于各种个人娱乐，导致本来应该用于建立社会网络的时间被挤占；其次，互联网上的交往与现实的人际交

① NIE N，ERBRING L. Internet and society：a preliminary report [J]. IT&Society，2002 (1)：275 - 283.

往并不相同，并不一定就能发展出促进政治参与的社会信任；再次，由于物以类聚，互联网中的每一社区中的参与者在兴趣爱好等方面都较相似，社区仅能为思想相同或相似者提供交流平台，并不能促进多元观点的碰撞与交流。①

当然，也有人提出相反的观点。如 Best 和 Krueger 指出互联网的交流导致人与人之间信任的增加，另外，互联网是政治信息的一个重要来源，而这些信息恰好为现实政治参与提供了一个很重要的基础。② 不过，最近却有研究显示互联网的使用时间与现实政治参与无关，例如 Quintelier 和 Vissers 通过对 6 330 个 16 岁的比利时青少年的调查发现，青少年的互联网使用时间与其现实政治参与无关。③ 当然，这一研究仅调查了没有投票权的 16 岁青少年的情况，就整个网民群体来看，互联网使用时间与现实政治参与之间的关系究竟如何呢？应该如何理解它们之间的关系呢？为此，本章提出第一个问题：

问题 1：就整体网民而言，互联网使用时间与现实政治参与的关系究竟如何？

二、互联网使用方式与现实政治参与

除了互联网使用时间，互联网使用方式也与现实政治参与相关，其中有些使用方式与现实政治参与呈正相关，有些则与现实政治参与呈负相关，并且不同的使用方式对现实政治参与的影响层次也不同。④ 要了解互联网使用对现实政治参与的影响情况，则需要区分不同的互联网使用方式。

相关研究显示，对互联网信息的使用能激励人们介入社会活动以及现实

---

① DRUCKMAN J N, NELSON K R. Framing and deliberation: how citizens' conversations limit elite influence [J]. American Journal of Political Science, 2003, 47 (4): 729-745.

② BEST S J, KRUEGER B S. Analyzing the representativeness of Internet political participation [J]. Political Behavior, 2005, 27 (2): 183-216.

③ QUINTELIER E, VISSERS S. The effect of Internet use on political participation an analysis of survey results for 16-year-olds in Belgium [J]. Social Science Computer Review, 2008, 26 (4): 411-427.

④ POLAT R K. The Internet and political participation: exploring the explanatory links [J]. European Journal of Communication, 2005, 20 (4): 435-459.

政治参与，也就是说，使用互联网来寻求自己感兴趣的信息、收集新闻，以及交换思想的人，被发现比其他人有着更多的社会交往和政治参与。①

另外，用来进行沟通交流的互联网使用方式如发送包含政治内容的邮件，在线投票等也会对现实政治参与起积极的作用。比如 Wellman 等（2003）指出互联网可促进大量的社会交往的出现，而这又促使使用者与他人及社区的联系。②

至于互联网的娱乐功能，已有研究显示，使用传统媒介，特别是电视，用于娱乐的行为并不能有利于现实政治参与。③ 而使用互联网来娱乐的行为也被发现不利于现实政治参与。④ 如 Shah 等（2001）发现使用互联网进行娱乐的行为与其影响现实政治参与的一个重要变量——社会资本呈负相关。⑤

不过，也不是所有的研究都显示互联网使用方式对现实政治参与有强烈的影响。例如，Quan-Haase 和 Wellman（2002）指出尽管互联网的使用对现实政治参与有补充作用，但是并不能真正改变其现实政治参与的程度⑥；Bimber（2003）指出互联网的使用并不能提升选举率⑦。

基于上面的文献回顾，本章提出第二个问题：

---

① SHAH D V，MCLEOD J M，YOON S H. Communication，context and community：an exploration of print，broadcast and Internet influences ［J］. Communication Research，2001（28）：464－506.

② WELLMAN B，QUAN－HAASE A，BOASE J，et al. The social affordances of the Internet for networked individualism ［J］. Journal of Computer－Mediated Communication，2003，8（3）.

③ BESLEY J C. The role of entertainment television and its interactions with individual values in explaining political participation ［J］. The Harvard International Journal of Press/Politics，2006，11（2）：41－63.

④ CHO J，ROJAS H，SHAH D V. Social capital and media ［M］// Christensen K，Levinson D. Encyclopedia of community ：from the village to the virtual world. Thousand Oaks，CA：Sage，2003：1291－1295.

⑤ SHAH D V，MCLEOD J M，YOON S H. Communication，context and community：an exploration of print，broadcast and Internet influences ［J］. Communication Research，2001，28：464－506.

⑥ QUAN-HAASE A，WELLMAN B. How does the Internet affect social capital ［M］//Huysman M，Wulf V. IT and social capital. Cambridge，MA：MIT Press，2002：113－132.

⑦ BIMBER B. Information and American democracy：technology in the evolution of political power ［M］. Cambridge，UK：Cambridge University Press，2003.

问题 2：就整体网民而言，互联网使用方式与现实政治参与的关系究竟如何？

4.3 研究方法

4.3.1 样本数据

一、样本数据背景

本次统计数据调查的时间为 2011 年 4 月到 6 月，调查的对象是在过去半年内使用过互联网的年满 18 周岁的住在广州的居民。之所以选择广州作为本研究的地点，是因为广州是我国较早进行改革开放的城市之一。改革开放不仅促进了广州经济的发展，也促进了大量较为开放的媒体的发展。随着近几年经济的发展以及各种矛盾的出现，广州市市民的政治参与行为时有见于媒体的报道当中。例如，2009 年 1 月 26 日，《广州日报》报道广州将建垃圾焚烧发电厂，以破解垃圾处理难题；同年 2 月，政府官方网站和相关媒体相继披露该工程的地址及进展情况，地址选在广州市番禺区；9 月，番禺垃圾焚烧选址事件进入公众视野，番禺业主论坛上出现大量反对垃圾焚烧的意见且受到广州部分媒体的关注；10 月，番禺公众进一步采取了集体上访等反对举措，媒体积极跟进报道；11 月下旬，新浪微博关于吕志毅涉嫌与垃圾焚烧企业存在利益关系的消息更是激起了媒体的高度关注，番禺垃圾焚烧选址事件演变成全国关注的公共事件。在公众的理性参与、政府的积极回应、媒体的广泛报道之下，这起历时三个月的公共事件最终达成了政府与公众“双赢”的局面。① 又如，2011 年 5 月 5 日，一高中生来到广州地铁一号线的烈士陵

---

① 董天策，胡丹．试论公共事件报道中的媒体角色——从番禺垃圾焚烧选址事件报道谈起［J］．国际新闻界，2010（4）：53－57.

园站B1出口，拿出事先写好的大牌子，粉红色的大字写着：请支持联名反对“统一”化翻新行动。这一简单的个人化行为，最终上升为一场民意的动员与官民的对话，并且为媒体广泛地报道。① 虽然这些事件是个案，但却显示出广州市民在某种程度上的政治参与。媒体的报道不是研究的核心证据，却能促使我们去关注这一问题。

二、样本数据获得

本章调查的对象是过去半年内使用过互联网的年满18周岁的住在广州的居民，样本由两组数据组成：

（1）第一组数据来自于2011年4月到6月在广州市范围内进行的一项电脑辅助电话调查。调查的被访者为经过培训的选修“电话调查”的本科生。为了使样本具有代表性，此次调查的访问对象的电话号码采取随机生成法，在接通的家庭（单位、公用电话等均不访问）中按最近生日法选择一位年龄在18周岁以上的家庭成员作为访问对象，最终共成功访问555名被访者，根据AAPOR（American Association for Public Opinion Research）第三公式计算，访问成功率为33%，这里的AAPOR（2011）第三公式为：

$$RR3=I/\left[(I+P)+(R+NC+O)+e(UH+UO)\right]$$

其中，I＝全部成功访问的被访者，P＝部分成功访问的被访者，R＝拒访者及中断者，NC＝未能接触到的被访者，O＝其他原因未被访问者，e＝样本身份已明者中合格者之比例，UH＝不知是否为合格的住户单位，UO＝住户单位中不知道是否有多个被访者的情况。

在调查结束后，笔者对数据进行了预处理，核对了变量的取值和变量之间的逻辑关系等，对于不合格样本及存在着缺失值的数据予以整体删除，总共得到518个数据。

（2）第二组数据同样来自于2011年4月到6月在广州市范围内进行的一项

① 庞清辉．16岁高中生质疑广州地铁翻新 引发全民讨论［EB/OL］．（2011－05－23）．http://news.workercn.cn/c/2011/05/23/110523150946641623890.html.

调查。但这次调查是网络调查，通过 QQ，一种当前中国网民常用的网络沟通交流工具进行配额调查。虽然配额调查不同于传统的按比例分层抽样，但却能产生可与总体特征进行比较的数据（Putnam，2000；Putnam、Yonish，1999）。其具体配额过程如下：①使用 QQ 号码登录，没有 QQ 号码的注册一个号码；②点击 QQ 右下角“查找”；③在弹出窗口“查找方式”选择“按条件查询”，国家选择“中国”，地区选择“广州”，其他的设置根据前几年的网民统计数据中的性别和年龄数据进行配额；④为了增加访问成功率，选择默认“在线”；⑤查找到相应对象，就按顺序采访，直到成功采访为止。参与访问的调查员为选修笔者“网络经营管理”和“网络传播概论”课的学生。为了保证信度，调查员完成访问后需要填写该次成功访问的被访者的 QQ 号码，并签上自己的名字。最终共成功访问 1 188 名被访者，在调查结束后，笔者对数据进行了预处理，核对了变量的取值和变量之间的逻辑关系等，对于不合格样本及存在着缺失值的数据予以整体删除，总共得到 976 个数据。

综合第一组数据和第二组数据，该次调查共获得 1 743 个样本，经过核查校验后得到有效样本 1 494 个，调查的成功率为 85.7%。以下分析都围绕这1 494个有效样本进行。

三、样本数据特征与相关公开总体数据的比较

由于无法找到对住在广州市的网民的整体调查数据，所以只能将样本数据与全体中国网民的数据及住在广州市的市民的分布数据做比较。

（1）将样本数据与《中国互联网络发展状况统计报告》（2011 年 1 月）中的网民结构进行对比，可见表 4－2。

表 4－2　样本数据与《中国互联网络发展状况统计报告》（2011 年 1 月）对比

		统计数据（%）	样本数据（%）
性别	男	55.8	55.4
	女	44.2	44.6

续前表

		统计数据（%）	样本数据（%）
年龄	18～19	7.1	4.6
	20～29	38.6	67.2
	30～39	30.4	21.4
	40～49	16.4	5.3
	50～59	5.1	1.1
	60＋	2.4	0.4

注：由于本次调查根据实际需要没有调查 18 岁以下的被访者，因此统计数据也将 18 岁以下的比例剔除，重新计算 18 岁以上的各群体的比例。而且由于该调查是在 2011 年进行的，所以仅将其与 2011 年的互联网数据进行比较。

（2）将样本数据与广州统计局（2006）公布的广州市 2005 年 1%人口抽样统计数据进行比较，可见表 4－3。

表 4－3　　样本数据与广州市 2005 年 1%人口抽样统计数据比较

		统计数据（%）	样本数据（%）
性别	男	50.4	55.4
	女	49.6	44.6
地区	荔湾区	9.1	7.1
	越秀区	11.4	12.8
	海珠区	14.3	13.5
	天河区	11.1	32.9
	白云区	14.6	10.6
	黄埔区	3.2	3.2
	番禺区	13.4	10.5
	花都区	6.8	4.0
	南沙区	1.5	1.2
	萝岗区	1.9	1.1
	增城市	8.2	1.9
	从化市	4.5	1.2

注：因无法找到最近的关于广州市的公开的人口抽样数据，所以只能与 2005 年的数据进行比较。

虽然样本数据与相关数据有些许出入，但就整体上来看，从性别分布、年龄分布、地域分布的角度进行分析，这样的样本数据对于住在广州市的网民这一总体来说是有足够的代表性的。

4.3.2 变量的操作化定义

一、现实政治参与

在本章的研究中，调查问卷共列了8个方面的项目用于测量居民政治参与这一指标。其中有2个现实生活中的投票选举情况指标：(1) 在区人大代表或村主任选举中投票；(2) 在区人大代表选举中竞选或帮助候选人参加竞选。其答案为“有”和“没有”，其余6个为其他的政治参与项目，这些项目的答案都按李克特量表设计为“经常”“较经常”“一般”“较少”“很少”和“没有”6个等级，并得出表4-4。这8个项目的克朗巴哈系数（Cronbachs Alpha）信度系数为0.85。

表4-4　广州市市民的政治参与（N=1 494）

	有（%）			没有（%）			合计
	经常	较经常	一般	较少	很少	没有	
(1) 在区人大代表或村主任选举中投票	12.9			87.1			100
(2) 在区人大代表选举中竞选或帮助候选人参加竞选	3.9			96.1			100
(3) 为自己或朋友的利益找单位领导反映	1.5	4.0	15.6	15.9	21.1	41.9	100
(4) 为自己的合法权益找政府领导反映	0.7	3.1	11.9	14.3	17.9	52.1	100
(5) 与媒体联系表达对社会问题的看法	1.1	2.5	7.6	13.4	18.5	56.9	100

续前表

	有（%）			没有（%）			合计
	经常	较经常	一般	较少	很少	没有	
（6）与人大、政协委员联系并向其提意见	0.4	1.1	3.6	8.4	12.2	74.3	100
（7）写信给政府部门或信访部门投诉	0.3	0.9	4.1	8.7	12.7	73.3	100
（8）到政府部门或信访部门上访	0.3	0.7	3.3	7.5	10.2	78.0	100

从表 4－4 可以看出，目前，单位仍然掌握着相当重要的资源，通过找单位领导维护自己的利益成了相当重要的政治参与渠道，多达 1.5 % 和 4.0% 的受访者“经常”和“较经常”为自己或朋友的利益找单位领导反映。相比之下，表示“经常”和“较经常”为自己的合法权益找政府领导反映的只有 0.7%和 3.1%。

根据主成分因子分析法，笔者对政治参与的 8 个项目进行了因子分析，经过变值精简法旋转，共抽取两个因子，根据因子负载，将两个因子命名为“一般的政治参与因子”和“人大选举参与因子”。一般的政治参与因子包括“为自己或朋友的利益找单位领导反映”“为自己的合法权益找政府领导反映”“与媒体联系表达对社会问题的看法”“与人大、政协委员联系并向其提意见”“写信给政府部门或信访部门投诉”“到政府部门或信访部门上访”，人大选举参与因子包括“在区人大代表或村主任选举中投票”“在区人大代表选举中竞选或帮助候选人竞选”，见表 4－5。

表 4－5　　现实政治参与的因子分析

	一般的政治参与因子	人大选举参与因子	共同度
在区人大代表或村主任选举中投票	0.091	0.814	0.671
在区人大代表选举中竞选或帮助候选人竞选	0.115	0.799	0.652
为自己或朋友的利益找单位领导反映	0.696	0.114	0.498

续前表

	一般的政治参与因子	人大选举参与因子	共同度
为自己的合法权益找政府领导反映	0.798	0.147	0.659
与媒体联系表达对社会问题的看法	0.783	0.105	0.624
与人大、政协委员联系并向其提意见	0.855	0.129	0.748
写信给政府部门或信访部门投诉	0.865	0.082	0.754
到政府部门或信访部门上访	0.838	0.044	0.705
特征值	3.937	1.373	5.310
平均方差	49.218%	17.160%	66.379%

一般的政治参与因子包括“为自己或朋友的利益找单位领导反映”，“为自己合法权益找政府领导反映”，“与传媒联系表达对社会问题的看法”，“与人大、政协委员联系并向其提意见”，“写信给政府部门或信访部门投诉”，“到政府部门或信访部门上访”6个构成变量，人大选举参与因子包括“在区人大代表或村长选举中去投票”，“在区人大代表选举中竞选或帮助候选人竞选”2个构成变量。

二、互联网使用时间

互联网使用时间这一变量采用以下问题来测量：“现在您每天平均每天的上网时间是多少小时?”该次调查结果为M=5.296，SD=2.905，这比上述报告中的平均每天2.93小时要高，仅比“新媒体与我国沿海发达城市市民的媒体选择”课题组在天津、上海和广州三大城市所获得的数据，即平均每天使用互联网4.25小时高一点。[①] 考虑到这两年中国互联网的发展，而且广州是国内经济较为发达的城市之一，本章的数据显示广州网民平均每天的上网

① 李亚好．互联网使用、网络社会交往与网络政治参与——以沿海发达城市网民为例［J］．新闻大学，2011（1）：69-81.

时间为 5.29 小时是合理的。

三、互联网使用方式

本章对互联网使用方式的操作化定义主要集中在出于何种使用目的，即使用与满足理论中的核心概念动机上。祝建华等在使用与满足理论以及其他理论的基础上，提出了六种网民需求（动机的内容）类型，即了解国内外新闻事件、获得有关个人生活的信息、获得有关工作的信息、娱乐、表达个人意见和看法，以及增进人际关系。[①] 本章借鉴祝建华的这一分类，结合本章的现实政治参与概念，提出网民使用互联网的六种动机：上网了解国内外新闻事件，上网进行网络购物或网上支付，上网与朋友、家人或其他人沟通交流，上网发表个人对各种公众事务的看法、意见，上网娱乐或满足个人爱好（如玩游戏、听音乐、看电影等），上网获得有关工作、生活的信息，并形成从极少使用（赋值为 1）到经常使用（赋值为 5）的 5 级李克特量表，最终数据如表 4－6 所示。

表 4－6　互联网使用方式状况

	极少使用（%）	较少使用（%）	有时使用（%）	较多使用（%）	经常使用（%）	均值	标准差
（1）上网了解国内外新闻事件	7.40	16.40	32.70	20.50	23.00	3.35	1.21
（2）上网进行网络购物或网上支付	20.00	17.30	27.40	20.30	15.00	2.93	1.33
（3）上网与朋友、家人或其他人沟通交流	2.70	6.70	17.90	30.50	42.20	4.03	1.06
（4）上网发表个人对各种公众事务的看法、意见	20.50	27.90	29.20	13.90	8.50	2.62	1.20

① ZHU J H，HE Z. Perceived characteristics，perceived needs，and perceived popularity adoption and use of the Internet in China［J］. Communication Research，2002，29（4）：466－495.

续前表

	极少使用（%）	较少使用（%）	有时使用（%）	较多使用（%）	经常使用（%）	均值	标准差
（5）上网娱乐或满足个人爱好（如玩游戏、听音乐、看电影等）	3.20	8.40	19.70	32.80	35.90	3.90	1.08
（6）上网获得有关工作、生活的信息	3.80	13.30	29.70	29.70	23.60	3.56	1.11

数据显示，在广州网民中，其网络使用方式存在着显著的不同。42.20%的网民经常上网与朋友、家人或其他人沟通交流；35.90%的网民经常上网娱乐或满足个人爱好（如玩游戏、听音乐、看电影等）；23.60%的网民经常上网获得有关工作、生活的信息；23.00%的网民经常上网了解国内外新闻事件；15.00%的网民经常上网进行网络购物或网上支付；而仅有8.50%的网民经常上网发表个人对各种公众事务的看法、意见。

四、传播变量

在电视新闻方面，用一个五级量表调查被访者每天看电视新闻的频率，从极少看（赋值为1）到经常看（赋值为5），其每天看电视新闻的频率的变量值为M=3.06，SD=1.236。在报纸新闻方面，用一个五级量表调查被访者每天看报纸新闻的频率，从极少看（赋值为1）到经常看（赋值为5），其每天看报纸新闻的频率的变量值为M=2.91，SD=1.259。在政治讨论方面，测量问题为“你平时与其他人讨论政治问题吗”选项：（1）极少讨论；（2）较少讨论；（3）有时讨论；（4）较多讨论；（5）经常讨论。其每天进行政治讨论的频率的变量值为M=2.50，SD=1.00。

五、控制变量

本章将年龄、性别、教育、政治兴趣和收入这些被发现对因变量有影响的变量作为控制变量。其中，有关政治兴趣的问题是“你对政治感兴趣吗”，从“非常感兴趣”（赋值为 5）到“极不感兴趣”（赋值为 1）分为五个选项。另外将被访者划分为党员（赋值为 1）和非党员（赋值为 0），并作为政治身份变量。其控制变量值的分布如表 4-7 所示。

表 4-7　　控制变量值的分布（N=1 494）

<table>
<tr><th colspan="2" rowspan="2">变量名</th><th colspan="2">变量值分布</th></tr>
<tr><th>1（频数/百分比）</th><th>0（频数/百分比）</th></tr>
<tr><td rowspan="2">控制变量（定类变量）</td><td>性别（男=1，女=0）</td><td>827 人（55.4%）</td><td>667 人（44.6%）</td></tr>
<tr><td>政治身份（党员=1，非党员=0）</td><td>184（12.3%）</td><td>1 310（87.7%）</td></tr>
<tr><td rowspan="2">控制变量（定序变量）</td><td>教育</td><td colspan="2">初中及以下 45 人（3.0%）；高中或中专 267 人（17.9%）；大专 336 人（22.5%）；本科 789 人（52.8%）；研究生及以上 57 人（3.8%）</td></tr>
<tr><td>收入</td><td colspan="2">2 500 元及以下 776 人（51.9%）；2 501～5 000 元 453 人（30.3%）；5 001～7 500 元 169 人（11.3%）；7 501～10 000 元 54 人（3.6%）；10 001 元及以上 42 人（2.8%）</td></tr>
<tr><td colspan="2"></td><td>平均值</td><td>标准差</td></tr>
<tr><td rowspan="2">控制变量（定距变量）</td><td>年龄</td><td>26.63</td><td>7.35</td></tr>
<tr><td>政治兴趣</td><td>2.97</td><td>0.97</td></tr>
</table>

4.4　研究发现

在本章中，由于因变量是连续变量，自变量和控制变量为类别变量（哑变量）或连续变量，同时为了考察多层自变量和控制变量对因变量的影响，因此使用分层线性多元回归分别将政治参与的两个因子——一般的政治参与因变量和地方人大选举参与因变量对自变量及控制变量进行回归，得出表 4-8。

表 4-8　　影响广州市市民政治参与的分层线性多元回归分析

		一般的政治参与		地方人大选举参与	
		贝塔系数 (Beta)	标准误差 (T Value)	贝塔系数 (Beta)	标准误差 (T Value)
控制变量组	年龄	0.039	1.377	0.179***	6.258
	性别	−0.058*	−2.280	−0.021	−0.832
	教育	0.031	1.177	0.015	0.574
	政治身份	0.068**	2.575	0.069**	2.631
	收入	0.052	1.844	0.087**	3.111
	政治兴趣	0.224***	8.560	0.106***	4.066
	R-Square（%）	7.2***		7.7***	
传播变量组	看报纸新闻频率	0.020	0.664	0.021	0.705
	看电视新闻频率	0.064*	2.182	0.044	1.503
	与其他人讨论政治问题	0.133***	4.240	0.054#	1.729
	增加的 R-Square（%）	1.8***		0.5***	
互联网使用时间变量组	平均每天的互联网使用时间	0.018	0.719	0.026	1.017
	增加的 R-Square（%）	0***		0***	
互联网使用方式变量组	上网了解国内外新闻事件	−0.075**	−2.570	−0.006	−0.214
	上网进行网络购物或网上支付	−0.037	−1.352	−0.069	−2.504
	上网与朋友、家人或其他人沟通交流	−0.029	−1.050	−0.042	−1.503
	上网发表个人对各种公众事务的看法、意见	0.166***	6.060	0.069*	2.476

续前表

		一般的政治参与		地方人大选举参与	
		贝塔系数 (Beta)	标准误差 (T Value)	贝塔系数 (Beta)	标准误差 (T Value)
互联网使用方式变量组	上网娱乐或满足个人爱好（如玩游戏、听音乐、看电影等）	−0.040	−1.483	−0.017	−0.636
	上网获得有关工作、生活的信息	0.023	0.857	0.018	0.683
	增加的 R Square（%）	2.7***		1.0***	
最后的 R Square（%）		11.7***		9.2***	

注：#表示 $p<0.1$；*表示 $p<0.05$；**表示 $p<0.01$；***表示 $p<0.001$。

正如表4-8所示，在控制变量组中，政治身份（B=0.068，$p<0.01$）和政治兴趣变量（B=0.224，$p<0.001$）对一般的政治参与有着正面显著影响。也就是说，党员比非党员有着更多的一般的政治参与，而政治兴趣越高的被访者，一般的政治参与就越高。性别（B=−0.058，$p<0.05$）对一般的政治参与有着负面显著影响。也就是说，与一般的理解不同的是，女性比男性有着更多的一般的政治参与。另外，年龄（B=0.179，$p<0.001$）、政治身份（B=0.069，$p<0.01$）、收入（B=0.087，$p<0.01$）、政治兴趣变量（B=0.106，$p<0.001$）对人大选举参与有着正面显著影响。也就是说，年长的被访者的选举参与较多，党员比非党员有着更多的地方人大选举参与，收入高的被访者的地方人大选举参与较多，而政治兴趣越高的被访者，其地方人大选举参与也越多。控制变量模块对一般的政治参与因变量解释了7.2%的方差，对地方人大选举参与因变量解释了7.7%的方差。

在传播变量组中，看电视新闻频率变量（B=0.064，$p<0.05$）和与他人讨论政治问题变量（B=0.133，$p<0.001$）对一般的政治参与有着正面显著影响。也就是说，看电视新闻频率高的被访者有着更多的一般的政治参与，而与他人探讨政治问题较多的被访者，一般的政治参与就越多。另外，对于地方人大选举参与因变量，传播变量组仅有与他人讨论政治问题变量（B=

0.054，$p<0.1$）对其有微弱的影响。传播变量组模块对一般的政治参与因变量增加解释了1.8%的方差，对地方人大选举参与因变量增加解释了0.5%的方差。

在控制了控制变量和传播变量后，在互联网使用时间变量组中，平均每天的互联网使用时间变量对一般的政治参与及地方人大选举参与均无影响，互联网使用时间变量组模块对一般的政治参与因变量及地方人大选举参与因变量都没有增加其解释方差，都为0%。

在控制了其他变量之后，互联网使用方式变量组对一般的政治参与及地方人大选举参与因变量的增加解释方差分别为2.7%与1.0%。上网发表个人对各种公众事务的看法、意见变量对两个政治参与因子都有正面显著影响（对一般的政治参与为B=0.166，对地方人大选举参与为B= 0.069）。此外，上网了解国内外新闻事件对一般的政治参与有负面显著影响（B=−0.075，$p<0.01$）。

4.5 本章的讨论与结论

4.5.1 结论

本章分析了互联网使用时间及使用方式与现实政治参与之间的关系，本章发现**“问题1：就整体网民而言，互联网使用时间与现实政治参与的关系究竟如何”**的答案为：互联网的使用时间对广州网民的现实政治参与没有影响，也就是说，花费更多时间上网的广州网民并不一定就更频繁地进行现实政治参与。然而，上网发表个人对各种公众事务的看法、意见的互联网使用方式却与现实政治参与高度相关，也就是说，互联网使用时间对现实政治参与的影响远远比不上互联网使用方式对它的影响。这表明互联网的时间替代假说或者对互联网使用时间的夸大都不能很好地解释其对现实生活的影响，也就是说，虽然《中国互联网络发展状况统计报告》显示从2005年7月用户平均每周上网14.0小时到2012年用户平均每周上网

20.5 小时，中国网民的互联网使用时间在不断上升，但这并不意味着其对政治参与的影响也在随之上升。

而互联网使用方式中的上网发表个人对各种公众事务的看法、意见对现实政治参与有显著影响，这与国外的研究是一致的。例如，Martin 和 Schmeisser 研究了佛罗里达州立大学的大学生对 SNS 网站的使用以及他们的现实政治认知与现实政治参与情况，发现学生在网络上的政治积极性越强，他们的现实政治参与可能性就越大。① 这一结论的意义并不仅仅在于表明越倾向于上网发表个人对各种公众事务的看法、意见的网民，其现实政治参与就越多；而在于它反映了在网上发表个人对各种公众事务的看法、意见的人虽然是网民中的一部分成员，但却是整体网民中现实政治参与程度最高的一群。因此，掌握网络上的舆论（个人对各种公众事务的看法、意见），实际上就掌握了现实中积极参与政治的网民的主要意见。

互联网使用方式中的上网进行网络购物或网上支付，上网与朋友、家人或其他人沟通交流，上网娱乐或满足个人爱好（如玩游戏、听音乐、看电影等），上网获得有关工作、生活的信息对现实政治参与都无显著影响，而这些使用方式都可被归结为实用或娱乐性的使用方式，对于现实政治参与来说，这些没有明显的实用及娱乐性的行为就难以与之相关了。

互联网使用方式中的上网了解国内外新闻事件对一般的政治参与有负面显著影响，这与国外的同类研究是不同的。例如 Shah 等发现互联网作为一个政治信息的来源和公众表达的空间，其中信息的获得，无论是传统的信息还是网络信息，都对人与人之间的政治讨论和网络政治信息的交流有影响，而这最终促进了社会参与。② 对本章的研究结论的可能解释是，广州网民通过上网了解的国内外新闻事件与传统媒体提供的国内外新闻事件并不相同，而这最终对一般的政治参与产生了负面显著影响。例如，祝建

---

① MARTIN. K D，SCHMEISSER H E. The effects of social networking websites and youth voter participation［J］. Political Science，2008（8）.

② SHAH D V，KWAK N，JR，et al. Information and expression in a digital age：modeling internet effect on civic participation［J］. Communication Research，2005，32：531－565.

华和何舟在 2000 年通过对北京和广州的 2 600 位成年人的调查发现，对互联网的可信度的感知、认知结构以及收看香港电视对人们的特定的价值取向偏好有影响。[①] 这就是说，如果广州网民通过上网了解的国内外新闻事件不同于在传统媒体上了解的新闻，则会对其特定的价值取向偏好产生影响，并将最终影响其现实政治参与的态度和行为。当然，这样的结论还需要未来的研究引入更多的变量、采取更为多样的研究方法来证实或证伪。

上述分析回答了**“问题 2：就整体网民而言，互联网使用方式与现实政治参与的关系究竟如何?”**即不同的互联网使用方式对现实政治参与分别产生正向显著、负向显著、无关的影响。

4.5.2 发展预测

2012 年以来，从全世界来看，互联网中的社交媒体和社交网络快速发展，成为全球消费者重要的使用方式。2012 年 12 月的美国市场研究机构尼尔森的报告显示，消费者花在社交媒体上的时间比花在任何其他网站上的时间都要多——通过个人电脑登录社交媒体的时间大概占了他们上网总时间的 20%，而通过手机登录的则为 30%。而中国互联网的发展也呈现出移动化、网络化、融合化、社交化等特点，新应用、新功能不断涌现，互联网深深“植入”中国的政治、经济、文化、社会等领域。

本章发现互联网使用对现实政治参与有影响，而现实政治参与反过来也影响上网发表个人对各种公众事务的看法、意见。第 31 次《中国互联网络发展状况统计报告》显示，在各种互联网使用方式中，如微博这样的可以促使公众在网上发表个人对各种公众事务的看法、意见的网络工具在不断发展。截至 2012 年 12 月底，我国微博用户规模为 3.09 亿，较 2011 年底增长了 5 873 万，增幅达到 23.5%。网民中的微博用户比例较 2011 年底提升了 6 个百分点，达到 54.7%。虽然只有部分微博用户会在网上发表对各种公众事务

---

① ZHU J H，HE Z. Perceived characteristics，perceived needs，and perceived popularity adoption and use of the Internet in China [J] . Communication Research，2002，29 (4)：466 - 495.

的看法、意见，但是一些公共知识分子如李银河、韩寒、展江等发表的对各种公众事务的看法、意见往往能产生很大的舆论影响力，直接影响着政府的决策和行为。

另外，自 2011 年开始，微博还相继出现了公民个人独立参加人大代表选举的新鲜事。很多微博名人纷纷在各自城市宣布参选，后来还涌现出了大学生和高中生身份的独立候选人，他们不约而同地通过微博发表言论，表示将在所在城市的人大换届选举中参选区级人大代表。这些行为已经从发表对各种公众事务的看法、意见的间接政治参与转向直接政治参与，从发表一般看法转向要求实现被选举权。

在 2012 年，公民还通过互联网发表观点进行舆论监督，进行间接政治参与，并产生了重要的影响。如 2012 年 8 月，陕西省安全生产监督管理局原局长、党组书记杨达才因在延安交通事故现场面含微笑而被人拍照放上网，这引发了争议，有网友还指出杨达才有多块名表。随后，杨达才又被曝出拥有价值十万多元的眼镜和名贵腰带，再次引发热议。后杨达才被“双开”并移交司法机关依法处理。再如 2012 年 11 月，人民监督网发表了调查性报道《重庆市北碚区区委书记雷政富接受性贿赂与少女淫乱视频》，文章和视频发表 66 小时后，重庆市政府新闻办发布消息，证实相关视频中的男性为北碚区区委书记雷政富。11 月 23 日，重庆市委免去雷政富北碚区区委书记职务，并对其立案调查。

可以预测的是，随着网民数量的增加，以及互联网使用工具和方式的发展，不同形态的网络行为和影响将更为复杂，因此必须要用新的思维和方法来研究互联网对政治参与的影响。

4.5.3　对策和建议

首先，本章从实证角度证明了互联网使用时间及使用方式对政治参与的影响，探索了不同的互联网使用对政治参与的正面、负面、无关的影响。研究发现，上网发表个人对各种公众事务的看法、意见与现实政治参与显著相关。网络论坛、博客、聊天室所反映出来的对各种公众事务的看法，实际上也代表了现实生活中的积极政治参与者的看法，因此网上舆论值得相关机构和研究人员进行关注。如果我们要促进现实政治参与，就需从培养互联网的使用方式，尤其是上网发表个人对各种公众事务的看法、意见着手，而不仅仅是增加互联网使用时间或发展别的互联网使用方式。

其次，随着网民数量的增加，传统的抽样调查已难以准确、全面地把握其意见、态度与动向，这就需要使用新的技术工具，如利用大数据工具来分析互联网的论坛、博客、微博等，并从中发现其政治参与的态度和行为趋势。2007 年，雅虎的 Duncan Watts 在《自然》上发表文章《21 世纪的科学》。他发现，得益于计算机技术和海量数据的发展，个人在真实世界的活动得到了准确度前所未有的记录，这些记录为社会科学的定量分析提供了极为丰富的数据。由于能测得更准、计算得更加精确，他认为，社会科学将脱下“准科学”的外衣，在 21 世纪全面迈进科学的殿堂。例如，新闻的跟帖、网站的下载记录、社交平台的互动记录都为政治行为的研究提供了大量的数据。① 2012 年 3 月，美国奥巴马政府发布了“大数据研发计划”。该计划涉及美国国家科学基金会、美国国家卫生研究院、美国能源部、美国国防部、美国国防部高级研究计划局、美国地质勘探局这 6 个联邦政府部门，承诺将投资两亿多美元，大力推动和改善与大数据相关的收集、组织和分析工具及技术，以推进从大量的、复杂的数据集合中获取知识和洞见的能力。2014 年 9 月北京大学成立了社会科学大数据研究院；2014 年 4 月，清华-青岛数据科学研究院正式成立，开展大数据科学研究；2015 年 10 月，复旦大学的大数据学院与大数据研究院成立。国外的情况显示，随着网民数量的增加和互联网使用方式的发展，使用大数据工具进行分析等方法将成为新型的研究办法。香港城市大学的祝建华在 2013 年的一场讲座中指出，大数据可以应用于各种科学中，计算机科学为 27%，工

① WATTS D. A twenty - first century [J]. Nature，2007 (1)：445 - 489.

程学为27%，生物化学为20%，物理数学为11%，商业为8%，而社会科学虽然最低，但也占了7%。[①] 在社会科学的各个学科中，大数据应用已经渗透到语言学研究[②]、政治学研究[③]、经济学研究[④]、教育学研究[⑤]、心理学研究[⑥]、社会学研究[⑦]、历史学研究[⑧]、电影研究[⑨]等各个领域。其中大数据应用于传播学研究的有：分析大数据时代的新闻生产、广告营销、社会舆情[⑩]；利用大数据挖掘并分析技术研究新浪高转发微博[⑪]；对百度搜索关键词数据进行数据价值挖掘，构建反映社会舆情的基本状况[⑫]；等等。这些研究为我们提供了思路和方向。

最后，随着新的互联网使用方式的发展，政治参与也从间接参与走向直接参与。虽然直接参与的作用和影响还不大，但是这样一种趋势值得研究和引导，使其向有序政治参与发展；这种趋势也促使网络政治参与和现实政治参与形成良好的互动与相互影响，促进公民社会的建设和社会主义民主的发展。

---

① ZHU J H. Big data for social science research: hypes, myths, and realities [EB/OL]. (2013-10-24). http://wenku.it168.com/d_001287978.shtml.

② MICHEL J B, SHEN Y K, AIDEN A P. Quantitative analysis of culture using millions of digitized books [J/OL]. (2015-03-09). http://www.sciencemag.o-rg/content/331/6014/176.abstract.

③ CHADEFAUX T. Early warning signals for war in the news [J]. Journal of Peace Research, 2014, 51 (1).

④ 刘涛雄，徐晓飞．大数据与宏观经济分析研究综述 [J]．国外理论动态，2015 (1)：57-64.

⑤ 张燕南，赵中建．大数据时代思维方式对教育的启示 [J]．教育发展研究，2013 (21)：1-5.

⑥ 朱廷劭，汪静莹，赵楠，等．论大数据时代的心理学研究变革 [J]．新疆师范大学学报（哲学社会科学版），2015 (4)：100-107.

⑦ 罗玮，罗教讲．新计算社会学：大数据时代的社会学研究 [J]．社会学研究，2015 (3).

⑧ 梁晨，李中清．大数据、新史实与理论演进：以学籍卡材料的史料价值与研究方法为中心的讨论 [J]．清华大学学报（哲学社会科学版），2014 (5)：104-113，117.

⑨ 刘达，方捷新．电影大数据关键技术与发展策略 [J]．当代电影，2015 (3)：117-121.

⑩ 喻国明，李彪，杨雅，等．新闻传播的大数据时代 [M]．北京：中国人民大学出版社，2014.

⑪ 李彪．微博中热点话题的内容特质及传播机制研究：基于新浪微博6025条高转发微博的数据挖掘分析 [J]．中国人民大学学报，2013 (5)：10-17.

⑫ 喻国明．大数据分析下的中国社会舆情：总体态势与结构性特征——基于百度热搜词（2009—2012）的舆情模型构建 [J]．中国人民大学学报，2013 (5)：2-9.

4.5.4 本章的理论与现实意义

本章对互联网使用对政治参与的影响的分析有着重要的理论与现实意义。首先，从实证角度证明了互联网使用时间及使用方式对政治参与的影响，探索了不同的互联网使用对政治参与的正面、负面、无关的影响。其次，上网发表个人对各种公众事务的看法、意见与现实政治参与呈显著相关，网络论坛、博客、聊天室所反映出来的对各种公众事务的看法，实际上也代表了现实生活中的积极政治参与者的看法，因此网上舆论值得相关机构和研究人员进行关注。最后，如果我们要促进现实政治参与，就需从培养互联网的使用方式，尤其是上网发表个人对各种公众事务的看法、意见着手，而不仅仅是增加互联网使用时间或发展别的互联网使用方式。

4.5.5 本章的研究局限

本章也存在着一定的缺陷：本章是一个横截面式的调查研究，虽然发现了互联网使用中的上网发表个人对各种公众事务的看法、意见与现实政治参与有相关，但我们不能就此推断是互联网使用中的上网发表个人对各种公众事务的看法、意见导致了现实政治参与，也可能是现实政治参与影响了人们上网发表个人对各种公众事务的看法、意见。本章不能提出明确的因果关系的推论，仅能为互联网使用的某些方式与现实政治参与的存在关系提供经验证据而已。而如果要建立这两个变量的因果关系，我们一方面需要面板数据，即包括时间和截面两个维度的数据，当然，这些数据在社会科学中是很少有的①，另一方面还需要进行更多的国际比较研究。

① TARIS T W. A primer in longitudinal data analysis [M]. London: Sage, 2004.

第5章 互联网使用工具与公民的网络政治参与

上一章分析了互联网使用时间、互联网使用方式对中国公民的现实政治参与的影响，接下来本章将分析互联网使用工具与网络政治参与之间的关系。互联网使用工具包括BBS、博客、微博、微信等，由于不同的互联网使用工具所带来的社会网络和话语表达都有所不同，因而也会造成中国公民的不同的网络政治参与。国内外学者在分析互联网政治参与时，并没有详细分析不同的互联网使用工具的发展，如电子邮件、博客、社交网站等在网络政治参与中所起的作用与特点。为此，本章把互联网政治参与使用工具作为研究对象，主要分析的问题是：在中国互联网发展中，公民是如何利用不同的互联网使用工具进行政治参与的？产生了怎样的影响？①

5.1 互联网政治参与使用工具分析

2014年7月发布的第34次《中国互联网络发展状况统计报告》显示，在2014年6月，中国网民对各类网络应用的使用率为：论坛（BBS）使用人数为12 047万，网民使用率为19.6%；博客用户规模为1.22亿，使用率为19.3%；微博使用人数为27 535万，网民使用率为43.6%；即时通讯使用人数为56 423万，网民使用率为89.3%。② 报告显示中国网民的各类网络应用有17种，可分为四大方面：（1）信息获取；（2）商务交易；（3）交流沟通；

① 本章的大部分内容已发表在笔者的相关文章里。

② 中国互联网络信息中心．第34次《中国互联网络发展状况统计报告》（全文）［EB/OL］．（2014－07－23）．http://cn.chinagate.cn/reports/2014－07/23/content_33031944.htm.

（4）网络娱乐。在这四方面中，交流沟通和信息获取这两方面在政治参与中表现突出，下面将分别介绍。另外，有些网络使用工具，如微信、网络签名和个人或机构自己建立的主要进行信息发布的网站虽然没有在中国互联网络信息中心（CNNIC）的调查中直接呈现，但是对于政治参与也有重要的影响，因而本章也将对这些工具予以分析。

5.1.1 交流沟通型的互联网政治参与

一、通过即时通讯获得“弱关系的强度”

即时通讯包括 QQ、MSN、手机短信等工具，截至 2012 年 12 月底，我国即时通讯用户规模达 4.68 亿，比 2011 年底增长 5 265 万，年增长率为 12.7%；即时通讯使用率为 82.9%，较上年底增长了两个百分点。即时通讯的广泛使用，有力地促进了网民的“弱关系的强度”，使陌生的人群联结起来。“弱关系的强度”最早由美国斯坦福大学社会学系教授 Mark Granovetter 提出。[①] 通过普通相识得到信息的人往往可以流动到一个地位较高、收入较为丰富的职位，而通过亲属和朋友得到信息的人向上流动的机会则相对较小。Granovetter 将这一现象解释为“弱关系的强度”，并提出了著名的“弱关系假设”。在 Granovetter 看来，强关系是群体内部的纽带，通过它获得的信息重复性高，而弱关系是群体之间的纽带，它提供的信息重复性低，充当着信息桥的角色。Granovetter 的弱关系假设就是指弱关系发挥着提供非重复性信息的桥梁作用。使用弱关系谋求职位流动的人，正是由于了解非重复的信息更有价值，才获得了向上流动的机会。

目前的即时通讯网络大致可以分为基于熟人之间的和基于陌生人之间的。虽然基于熟人之间的即时通讯网络只不过是复制自己的“强关系”到网络上并予以维持和发展而已，但是通过熟人的熟人扩展出来的“弱关系”以及直

---

① GRANOVETTER M. Getting a job：a study of contacts and careers［M］. Cambridge，MA：Harvard University Press，1974.

接基于陌生人产生的“弱关系”都必将使网民获得大量的“弱关系”资源，从而有利于增进网民之间的“弱关系的强度”。Wellman 和 Giulia 通过研究发现，虚拟社区如果能成功地维系强的、支持性的社区联系，也会增加弱关系的数量和多元性，尤其适合维系不能常见面者之间中级强度的联系。① 这说明，无论是基于熟人还是基于陌生人的即时通讯，都有可能增进其联系，即时通讯中的弱关系的数量和多元性的增加，将会大大扩展不同阶层连接的通道，产生集体行动的可能。例如，从 2007 年 5 月下旬开始，厦门数百万市民间转发一条关于 PX 危害性的短信，其内容是：“翔鹭集团已在海沧区动工投资（苯）项目，这种剧毒化工品一旦生产，意味着厦门全岛放了一颗原子弹，厦门人民以后的生活将在白血病、畸形儿中度过。我们要生活、我们要健康！国际组织规定这类项目要在距离城市 100 公里以外开发，我们厦门距此项目才 16 公里啊！为了我们的子孙后代，见短信群发给厦门所有朋友！”短信的传播，引发了厦门市市民的集体“散步”。在游行当天，网友北风及令狐还利用手机短信及网络，成功地在牛博网上进行了全程的现场报道。在国内传统媒体普遍缺位的情况下，这次直播几乎成为唯一的连续的现场消息来源。②而该事件也在政府承诺重新组织区域规划环境评估后结束。再如，2008 年抵制家乐福超市事件的传导链条主要是即时通讯工具。2008 年 4 月 13 日，在北京白石桥东的家乐福广场外，穿着红色奥运文化衫的水木清华网民小 K 两手侧举，拉开一面中国国旗，对奥运火炬在巴黎的遭遇进行抗议。4 月 14 日，小 K 的照片上了新加坡《联合早报》网站头条，旋即，“抵制家乐福第一中国人”的消息被国内各大网站转载。同一天，包括小 K 在内的大量 MSN 用户，在 MSN 的签名上添加了表情符“红心”+“CHINA”。之后，超过 230 万人使用了这个签名。4 月 15 日，网友杨聪和 7 个大学生在昆明南

---

① WELLMAN B，GIULIA M. Net surfers don't ride alone：virtual community as community [EB/OL]．（1997 - 08 - 01）．http://groups. chass. utoronto. ca/netlab/wp - content/uploads/2012/05/Net - Surfers - Dont - Ride - Alone - Virtual - Community - as - Community. pdf.

② 北风．2007 中国网络事件盘点 [EB/OL]．（2007 - 12 - 29）．http://www. ce. cn/cysc/tech/07hlw/guonei/200712/29/t20071229 _ 14063956 _ 2. shtml.

屏步行街家乐福超市门前进行“五一”抵制活动的预演。他们拉开一条长 20 米的横幅，上面写着：“支持奥运，反对‘藏独’，抵制法货，抵制家乐福。”一些人自发地加入了他们的队伍，使之成为一个 50 多人的团体。此后，杨聪正式在 QQ 上建立了“5·1 抵制家乐福”QQ 群。网络的力量让参与人数呈几何级数增加，不到 3 天，这个群爆满。[①] 手机短信、MSN、QQ 这些即时通讯使得大量陌生的人群聚集在一起，增强了个体之间的弱关系强度，为集体行动以及在其基础上产生的政治参与提供了可能。

二、通过电子邮件进行更为方便、高效的政治参与

电子邮件将人际传播、群体传播、组织传播、大众传播融合了起来，电子邮件的这种功能极大地扩展了传播的范围与传播的功效，电子邮件的大量信息传播使其发挥着大众传播的功能。例如，个人可以制作电子邮件报刊，从而实现大众传播的梦想，而大众传播机构利用电子邮件，则能达到人际传播的功效。电子邮件在多种传播形态中，尤其是在大众传播形态中的表现和特点，使其成为新型的政治参与手段，有效地促进着不同群体之间的信息交流和信息反馈，从而使政治活动更加活跃。

电子邮件是较早的网络使用工具之一，也是较为普遍的网络工具之一。各级政府往往也都通过公布自己的电子邮件地址，如“市长信箱”等，使网民可以直接通过电子邮件的形式对政府工作提出意见和要求。这使公民的政治参与更为方便、高效。自我国广泛发展电子政务后，“市长信箱”在全国普及开来。例如，夏杰等通过对全国 31 个省会城市/直辖市的政府门户网站的“市长信箱”进行调查分析发现，上海市的回复质量是满意度最高的。而“市长信箱”的回复时效、回复质量都影响了人们对其的主观评价。[②] 后来人民网建立了类似于“市长信箱”的全国性的领导干部网络留言系统，普通网民无须注册，就能对

① 杨龙，等．中国新闻周刊：为什么抵制家乐福［EB/OL］．(2008－04－23). http://news.sina.com.cn/c/2008－04－23/090815412532.shtml.

② 夏杰，吴锦芳，徐廉，等．政府门户网站“市长信箱”探析——对全国 31 个省会、直辖市“市长信箱”的调查报告［J］．电子政务，2006 (8)：42－51.

中央领导、代表委员、部委领导以及各省、市政府领导进行留言。截至 2011 年 12 月 5 日，留言板共有来自全国各地的网友留言逾 21 万条，而这一数字还在以每日上百条的速度增加。随着“地方领导留言板”人气的增长以及网络问政在各地的生根发芽，已有 50 位省委书记、省长，310 多位地市级一把手，以及 530 位县委书记对人民网“地方领导留言板”的网友留言做出公开回复，开展留言办理工作，以官方名义回复了近 7 万个网友的问题，涉及全国 30 个省/直辖市/自治区。此外，陆续有 18 个省/直辖市/自治区针对人民网“地方领导留言板”的网民留言出台文件或规定，形成固定工作机制。

与传统意义上的信访途径相比，公民通过电子邮件或类似工具参与政治、表达利益诉求更加方便和直接，效率也更高。因为它减少了许多中间环节，克服了许多人为的障碍，这对于促进政府提高行政效率、促进政府职能变革也都具有积极的意义。

三、通过 BBS（电子论坛）进行意见的表达

BBS（电子论坛），又译为“电子公告牌系统”，既为人们获得信息提供了方便，也为人们表达自己的政治愿望、直接参与政治提供了可能。正如传播学者马歇尔·麦克卢汉在《人的延伸——媒介通论》一书中的预言：“随着信息运动的增加，政治变化的趋向是逐渐偏离选民代表政治，走向全民立即卷入中央决策行为的政治。”而网络作为新的政治参与手段无疑更具威力。当网络应用于政治后，它必然推动公民与官员的直接对话，提高民意在政府运作中的分量。通过在 BBS 上自由地进行意见表达，网民可以超越时空的限制，自由地进行信息交流，自由地发表和传播自己的言论，在互联网上形成强大的网络舆论，从而影响政府在公共决策与公共行为中的选择与偏好，间接地进行政治参与。王艳玲等以人民网“强国论坛”和“天涯杂谈”为例，发现网络论坛为普通公众开辟了一个参政议政的舆论空间，扩展了反映民情民意的渠道，对于我国的民主政治建设具有重要价值和实践意义。[①]

---

① 王艳玲，孙卫华，唐淑倩. 网络论坛：一种全民的民主政治参与新形式——以“强国论坛”和“天涯杂谈”为例 [J]. 新闻与传播研究，2013 (6)：88 - 100.

2003 年六七月间，淮河流域的洪灾引起了民众的广泛关注，不少人通过不同渠道提出治淮建议，新华网、人民网等论坛上更是有数千名网民参与关于治理淮河方案的讨论。安徽省水利厅的领导评论说，“许多观点对实际工作大有裨益”。2005 年 3 月 14 日，温家宝总理在记者招待会上说：“我还要说一下，其实关心‘两会’的是全中国人民。昨天我浏览了一下新华网，他们知道我今天开记者招待会，竟然给我提出了几百个问题，我觉得他们对国事的关心，深深感动了我。他们许多建议和意见是值得我和我们政府认真考虑的。”2008 年 6 月 20 日，人民网“强国论坛”使中国网民首次在网络论坛上实现了与胡锦涛总书记的在线交流；2009 年 2 月，温家宝总理在“两会”期间通过中国政府网和新华网论坛与网友进行在线交流；2009 年 3 月全国人大、政协“两会”召开之际，中新社与人民网共同推出“E 两会”，以网络论坛为载体，让普通公众通过网络参政议政的理想变成现实，把互联网政治参与大大地向前推进。

陈剩勇和杜洁以 2004 年 3 月至 2004 年 7 月为考察期，分别对搜狐网“焦点评论”、人民网“强国论坛”、新华网“发展论坛”、新浪网“时事论坛”这四大论坛在此期间讨论的热门主题进行统计，发现在这段时间内，四个论坛共产生了四千多个热门主题，内容涉及经济建设、民主法治建设、公民道德建设、反腐倡廉、国际时评、国防军事、爱国之情、缅怀领袖、教育和科技、理论争鸣、历史反思、“三农”问题、环境保护和可持续发展、网络现象评论、中日关系、中美关系、关注弱势群体、金融证券、消费者权益维护、社会治安、媒体反馈、体育文娱、和平统一等方面。四个论坛对各方面内容的讨论并不平衡，从统计数据来看，热门主题主要集中在民主法治建设、反腐倡廉和体育文娱三个方面（分别占总帖数的 9.65%、8.2%、8.1%）。[①] 公民在 BBS 中能就共同关心的话题进行直接交流，在参与过程中找到一种掌握权力和受重视的感觉。公民参与 BBS 的交流是无拘束的、自发的，是一种松

---

① 陈剩勇，杜洁．互联网公共论坛：政治参与和协商民主的兴起［J］．浙江大学学报（人文社会科学版），2005（3）：5－12.

散的、非正式的讨论形式，这也有利于促进更多的主动参与，而不是动员参与的形成。

四、通过博客/个人空间进行互联网政治参与

“博客”一词来自于英文Blog，是Weblog的简称。Weblog即web与log的组合词，它有两层含义：首先它是log，也就是日记（日志），以时间顺序来排列每天记录的东西；其次它是以web（网页）的形式显示和发布的。因此，“博客”是网络上的一种流水记录形式，也称为“网络日志”。博客最早于1997年在美国出现，是一种用网页形式来呈现的个人日记，2002年进入中国。根据2007年12月中国互联网络信息中心发布的《2007年中国博客市场调查报告》，博客被定义为“由博客服务托管商提供，网民通过注册获得使用资格的一种网络空间，网民可以在上面发表自己的言论、观点等供他人浏览”①。博客也是一个重要的内容生产平台，方兴东等人认为，“博客完成了内容生产的革命，人人都可以成为内容的创造者和生产者；微博完成了内容传播的革命，真正实现了所有人对所有人即时传播的理想。博客使得每个人都可以成为个人媒体，而微博赋予个人媒体以大众媒体的传播力量”②。

2003年以来，博客技术开始在国内网络中迅速推广，成为建立个人空间的简易平台。《2006年中国博客调查报告》的数据显示，截至2006年8月底，中国注册博客空间数量接近3 400万。而据中国互联网络信息中心第22次调查，截至2008年6月底，中国博客及个人空间数量已超过1亿。截至2012年12月底，我国博客和个人空间用户数量为3.72亿，较上年底增长5 435人。网民中博客和个人空间用户占比为66.1%，较上年底上升了4个百分点。

博客是一种“零门槛”的网上个人写作、出版方式，“零门槛”主要满足“四零”条件（零编辑、零技术、零成本、零形式）。因此，博客对作者是完

---

① 中国互联网络信息中心．2007年中国博客市场调查报告［EB/OL］．（2007－12－31）．http://tech.163.com/special/000915RB/blog2007cnnic.html.

② 方兴东，张静，张笑容．即时网络时代的传播机制与网络治理［J］．现代传播，2011（5）：64－69.

全开放的，只要你手边有台电脑，能上网，会简单的计算机操作，你就能成为一名博主。博客对读者同样是完全开放的，这种全新的网上个人出版方式让传统的“把关人”角色不复存在，博客集信息的接受者、发布者与传播者于一身，各种思想可充分地分流、整合。博客还是一种私人日记和公共发表相结合的表达空间，具有很好的转换灵活性，特别适合发帖频率高、文章质量上乘的舆论领袖。一些被称为公共知识分子的人利用博客发表言论，影响舆论，进行政治参与。

例如，作为在门户网站新浪名人博客中排名第一的韩寒自 2005 年开办博客以来，2007 年 9 月博客访问次数过亿，从 2008 年开始，韩寒发表了较多关注公共事件的博客，在 2008 年的汶川地震中，韩寒到灾区支援并通过博客发布信息，韩寒还在博客评论北川政府采购豪华越野车、央视新大楼失火、在电脑上强制安装过滤软件“绿坝”、“钓鱼执法”等事件。浙江传媒学院黄宏通过对 2009 年韩寒的博客进行分析发现，在韩寒该年发表的 79 篇博文中，公共类话题有 35 篇之多，而这 35 篇又基本都是批判性话题，近七成明示了话题发生地，其中上海占了 11 篇，而这些话题主要取自于传统媒体，以民生为主。① 韩寒的博客阅读量常有十万或数百万，跟帖数也成千上万。在 2010 年 5 月初，韩寒登上美国《时代》周刊全球影响力百人榜。《时代》周刊对韩寒的简介是：“中国最畅销的作家，引发各界对中国僵化教育体制质量的辩论；他还是一个狂热的赛车手，并写了一个超级流行的、以戏谑主流文化为乐的博客，他以调侃口吻针砭文化名人和不称职官员。”

经过统计分析，在韩寒所发表的 316 篇博文中，有 128 篇获得推荐。韩寒的博客除了发表关于自己的生活情况，以及文化娱乐圈的事情外，更多的是对全国范围内的公共事件和现象进行分析和点评，进行着观点表达的政治参与。而即使是文化娱乐圈的话题，也涉及公共关注的问题，比如，关于《建国大业》，韩寒在博客中指出里面很多的明星是外国国籍，引出“为什么

---

① 黄宏．韩寒博客的影响力评析［J］．新闻界，2010（5）：39－40.

中国的许多精英都愿意拿外国的护照”这个严重的现实问题。韩寒还善于利用春秋笔法来进行批判，例如，在《三峡是个好大坝》里，韩寒这样说道：“反对派认为，三峡大坝建成以后，上下游的生态会失衡，我认为在三峡大坝建成以前，生态已经失衡了，所以这个反对意见不成立。”在韩寒关注的公共问题中，有不少在全国都有较强的舆论影响力，如“杭州飙车致死事件”“上海‘钓鱼’事件”“直辖市交通税费”“北川政府采购豪华车”“湖南株洲高架桥垮塌”等。韩寒不仅发表观点，而且还对公共问题进行现实政治参与。如在汶川地震时，韩寒自己驾车到灾区去，通过博客发布信息。正是因为韩寒对公众关注的问题进行观点表达甚至批评，并且积极地参与公共事件，使得他的博客高居新浪博客排行榜前列，也使他成为一个积极参与政治的意见领袖。也有一些媒介从业人员利用新浪博客的平台撰写文章，对社会上的热点问题进行反思、批评。例如，柴静在 2013 年 12 月 9 日撰写了博文《一百年前的医患关系》，对广济医院和苏格兰医生梅藤进行介绍，实际上是在反思现在的医患关系中存在的问题，这也影响着政府的决策和行为。

其他公共知识分子，如李银河、贺卫方、展江等也经常在博客发表对公共事务的看法和观点。公共知识分子强调自身的公共使命，并以积极的姿态随时随地地将自己纳入公共化的现实领域，为建立一种自由公正、合理合法的现代文明秩序而努力。公共知识分子在博客中对公共事件及时、自由地发表意见，与公众产生互动，使其在网络政治参与中产生更大的影响和作用。例如，中国社会科学院研究员李银河以其性学专家的身份、大胆出位的话语成为近几年大众媒体的“话题明星”。她在新浪博客发表的 693 篇博文，其中被推荐的有 369 篇，即超过一半的文章被推荐。她针对政府的决策和行为提出不少批评的意见，例如《广电总局封杀犯错艺人的做法值得商榷》。作为一个专家学者，她不仅进行批评，还从三个方面论证了自己的观点：第一，我国惩罚刑事犯罪和行政错误的相关法律有一个基本精神，就是在这些犯罪、犯错公民受到相应的刑事处罚和行政处罚之后，在就业、工作、生活的各个方面不应当受到歧视；第二，可以提倡公众人物成为道德榜样，但是不应当因其私德瑕疵做出超过对一般公民的惩罚；第三，艺人的私德与他们的作品没有必然联系，所以因私德封杀作品缺乏依据。作为性学家的李银河，她的博客的内容既有就其专业问题对政府决策和行为发表的批判意见，如《国家机器这部巨型压路机》批评政府关闭换偶网站，也有针对公共问题发表的意见，如《从习近平吃包子说开去》。可以说，李银河不仅是一个专家学者，通过新浪博客还成为了一个公共知识分子。而另一个专家学者，北京大学中国语言文学系教授孔庆东发表的一千多篇博文中165篇获得推荐，其博客的内容涉及文学、历史、哲学，也涉及广泛的现实问题和文化现象。他认为，一个好的学者应当具备"人间情怀"，"所谓人间情怀，就是你要看得见生活在你身边的普通群众，体会到他们的欢喜和哀乐，然后写下带着你生命温度的文字，给群众思想。普通群众不是不需要思想，而是需要有人给他们传授思想和思考的方式。知识分子必须与民众相结合，必须深入民众，团结民众，既要学习民众，也要教育民众。学者们应该把这些东西贡献出来"。正是因为孔庆东发言并不局限于某一专门领域，其博客才保持了较高的人气和访问量。

五、通过社交网站进行互联网政治参与

2010年以来，互联网的技术向社交网站拓展。在国外，Facebook和Twitter的出现吸引了上亿的用户，其应用领域得以扩张；在中国，人人网、开心网的迅速普及，也体现了社交网站的扩散能力。社交网站融入了大量的技术元素，其核心是由明确列出朋友名单的简介构成[①]，这一简介是由网民个人输入自己的资料后自动生成的。网民加入社交网站后，会被要求填写包括一系列问题的表格，而网民简介就是利用这些问题的答案生成的。这些问题包括年龄、所在地、兴趣等，很多社交网站鼓励网民上传照片，一些网站

---

① SUNDÉN J. Material virtualities［M］. New York：Peter Lang，2003：3.

还允许网民在简介上加入多媒体内容，如 Facebook 允许网民使用模块来提高其简介的质量。社交网站 SNS 允许用户创造个人页面，列出好友名单和自由发表评论。2011 年，从英国伦敦大骚乱、美国“占领华尔街”运动，到西亚北非“茉莉花运动”，社交网站都起到了重要的社会动员的作用。

社交网站之所以能够促进政治参与，主要在于它扩展了网民的人际关系网络，增加了网民的社会资本，而社会资本的增加，则有利于网民政治参与的发展。哈佛大学心理学教授 Stanley Milgram 在 1967 年创立的六度分隔理论指出，最多通过六个人你就能够认识任何一个陌生人。通过社交网站，每个个体的社交圈都会被不断放大，最后成为一个大型的社会化网络。虽然仍有学者对六度分隔理论有一定疑议，但是不容置疑的是，在社交网站的帮助下，网民可以轻松认识“朋友的朋友”，通过认识的人找到需要的人，扩展自己的人脉，还可以更科学地管理人际资源网络，为自己赢得更多的机会。例如，在 2008 年美国总统选举中，奥巴马在 Myspace 网站上有 41.5 万个朋友，在 Facebook 网站上吸引了 100 万网民。他的官方网站设计了大量利用社交网络和互动元素。到了 2012 年美国总统选举，社交网站更是成了捐赠金钱的场所、选民获取信息和观点的重要平台，作为竞选人与选民，甚至是选民之间的交流平台以及攻击对手和防御对手攻击的平台。

出于种种原因，国外的 Facebook、Myspace 等重要的社交网站在国内都难以访问，但是在国内可以访问的社交网站中，政治参与的现象仍时有出现。例如，2011 年 5 月 30 日，因为对传言牧民因抗议煤矿开采而殒命一事的不满，呼和浩特市发生街头骚乱。虽然各网站对此事件的帖子进行了屏蔽，但大量的信息还是出现在社交网站人人网上。因此，在社交网站等网络媒介随时可成为传播平台的环境下，主流媒体需要对重大突发事件进行及时报道，而不是掩盖，这样才能引导公民进行有序政治参与，而不是产生激烈的政治对抗。

六、通过微博进行互联网政治参与

微博，即微博客（Microblog）的简称，是基于用户关系的信息分享、传播以及获取的平台。用户可以通过 WEB、WAP 等各种客户端组建个人社区，以 140 字以内的文字更新信息，并实现即时分享。与博客相比，微博的优点首先在于它的人际互动，即它能强化和优化“我”“你”“他”之间的交流与沟通。其次，微博具有鲜明的媒体特质，它能够让每一个用户“短”（简短）、“频”（频繁）、“快”（快速）地发布新闻，包括对新闻事件的发生进行“爆料”、对新闻事件的过程进行“现场直播”、对新闻事件的前因后果进行评说。如果后续环节充分，一条微博可以做到核裂变式的广泛传播。再次，微博导致“围观”而形成舆论。最后，尽管微博具有“去中心化”的特点，但也有动员和组织作用。微博以关系建构能力迅速引领风骚，而形成这种强大能力的根本逻辑在于其“嵌套性”①，通过随时随地随意地“关注”“评论”和“转发”，一条看似不起眼的微博能迅速产生效果，影响社会。正是其嵌套性使得微博的使用优势超过博客，微博的图片可上传长文章，又能克服博客信息限制的劣势。

2006 年，美国互联网企业的微博 Twitter 发布公众测试版，随后国内网站提供类似于 Twitter 的服务，但是影响不大；2009 年新浪微博平台上线，使微博在国内的影响迅速壮大起来；2010 年 10 月新浪首次对外宣布微博注册用户数为 5 000 万；2011 年 11 月，新浪宣布微博注册用户已达 2.5 亿，在一年内整整翻了五番。而腾讯在同年 11 月宣布的微博注册用户更高达 3.1 亿。国内提供微博服务的网站已达 103 家，中国互联网络信息中心的统计数据显示，截至 2013 年 12 月，中国微博用户规模为 2.81 亿。② 微博逐步成为社会信息的大信息源之一。中国人民大学舆论研究所发布的《中国社会舆情年度报告（2013）》的数据统计显示，微博占到社会信息来源总体的 1/3。③

2010 年，微博问政成为互联网政治参与最流行的形态，2010 年在人民微博中，网友共发布 12.6 万条有关“两会”的消息，新浪有关“两会”的微博

---

① 张佰明．嵌套性：网络微博发展的根本逻辑［J］．国际新闻界，2010（6）：81－85.

② 刘瑞生．微传播格局中的强媒体——2013 年中国微博发展报告［M］//唐绪军．中国新媒体发展报告（2014）．北京：社会科学文献出版社，2014：53－66.

③ 喻国明．中国社会舆情年度报告 2013［M］．北京：人民日报出版社，2013：20－21，73－75.

数量（不包括转帖和评论）超过 14 万条，其中，房价、财产申报、打黑等成为“两会”微博中最热门的话题。[①] 微博具有新闻发布的特点，这使其成为政治抗争中的首发报道者。如 2010 年 9 月 10 日，江西省抚州市宜黄县的钟如奎一家因拆迁矛盾与拆迁人员发生冲突，同年 9 月 16 日，钟如奎的妹妹钟如九想随姐姐进京申冤，却被宜黄政府控制，悲愤交加晕倒在机场，后躲进女厕，求助记者。《凤凰周刊》记者邓飞闻讯后随即在新浪微博上发出信息，并在此后的 3 个小时里，共发出 20 多条信息，其中 9 条以“昌北机场女厕攻防战直播”为标题，实时直播了当时的状况。该次通过新浪微博进行的信息直播事件引起全国百万网友的关注和全程的“围观”，使得地方政府最终不得不让步妥协。2011 年 1 月 25 日，学者于建嵘在微博上发起的“随手拍照解救乞讨儿童”行动，掀起了一场“微博打拐”的网络热潮，从而促使公安部门启动全国范围的打拐专项行动，并促使一些代表、委员在 2011 年“两会”期间提出相关议案。3 月 9 日，记者邓飞通过微博发起向贫困山区小学生捐助“免费午餐”的“微公益”行动，亦促使国务院 10 月 26 日常务会议决定实施农村义务教育学生营养改善计划。

从 2011 年 5 月开始，微博上相继出现了公民个人独立参加人大代表选举的新鲜事，如五岳散人、李承鹏、梁树新、夏商等微博名人纷纷在各自城市宣布参选，后来，北京、天津、广州、深圳、珠海、武汉还涌现出了大学生和高中生身份的独立候选人，他们不约而同地通过微博发表言论，表示将在所在城市的人大换届选举中参选区级人大代表。

微博与手机相连，手机的便携性使得网民在理论上被称为第一新闻信息的获取者，也可被称为新闻的转发者。另外，微博的关注功能/热词设定/网友推介功能使得信息的传播能够呈指数式增长。此外，如果内容或微博开创者有足够的吸引力，微博随时可以成为一个独立的媒体，并通过关系网络达成社会动员与人员组织的功能，在政治参与中显现出独特的威力。

---

① 陶喜年．“微博”问政［N］．时代周报，2010－03－18．

七、通过微信进行互联网政治参与

2011年，腾讯推出微信。微信是基于手机的即时通讯工具，继承了QQ的即时通讯功能，通过无线移动通讯网络免费发送语音短信、视频、图片和文字，可单聊及群聊，支持主流的手机操作系统。微信融合了文字及图片分享、语音对讲、摇一摇、漂流瓶、视频会话等诸多功能，可导入手机的通讯录，手机好友可看到用户的微信号，同时手机好友群可实现关联。在社交网络建立上，微信以熟悉的好友为主，微信群可用于群体活动的安排和通知。2012年3月，微信注册用户突破1亿，截至2014年1月，微信拥有超过6亿用户。[①] 2014年马年春节，微信“抢红包”功能超越了支付宝功能。2014年3月，微信开放支付功能。2014年，微信已覆盖全球200多个国家和地区。微信通过智能手机的网络发送语音短信、视频、图片和文字，还能支持多人群聊。微信凭借其即时化、社交化成为当今发展速度最快的互联网服务。从技术上，微信与即时通讯工具QQ具有关联，可导入QQ的用户。相较于短信，微信成本低、方便灵活。微信类似于移动运营商介入之前的短信和彩信，但具有免费的特点，即时通讯不需耗费额外费用，这也是微信普及率迅速增长的重要原因。

微信的好友来源包括手机通讯录、QQ好友和陌生人。其中，手机通讯录是微信好友的核心来源，因而微信主要是通讯录好友之间的交流，具有强关系的社会网络属性。微信是基于熟人强关系的新互动沟通方式，有力地推动了移动社交网络环境的改善。从微信的强关系来看，微信最基本的关系网络是基于现实生活的同学、同事、亲戚、朋友等关系，这种关系带有相互关注的特性。当然，从微信的特色创新功能来看，如查找附近的人、摇一摇、漂流瓶等，微信也可以用于构建弱关系链，即陌生人交友。此外，微信也可通过公众账号等方式接收来自于陌生用户发布的信息。在传播范围上，微信

---

① 移动互联网用户总数达8.38亿户［N］. 人民日报，2014-03-14.

主要在微信朋友之间使用，不过也可接受公众账号和朋友圈推送的信息，经过认证后，个人也可以在微信里申请公众账号。因此，微信的传播功能体现在人际传播/群体传播以及大众传播上。

通过微信来进行政治参与的一个重要途径是政务微信。政务微信是政府利用微信平台向公众提供公开信息、进行政务互动、实现实时管理和提供服务的一种电子政务手段。自 2012 年 8 月 30 日广州市白云区区政府应急管理办公室开通政务微信以来，中国的政务微信账号的数量迅速增长。根据中国社会科学院发布的《新媒体蓝皮书 2014》，截至 2014 年 3 月底，微信公众账号增长到 200 多万个，其中政务微信已达 5 043 个。[①] 目前，政务微信账号数量位列前十的部门分别是：公安、共青团、政府办、税务、检察、文物旅游、医疗卫生与计划生育、党政新闻宣传、司法行政、法院。主要集中在向公众提供直接服务的部门和新闻宣传部门。2014 年 7 月 13 日，中国传媒大学媒介与公共事务研究院在北京发布的《中国政务微信发展年度分析报告》显示，全国政务微信总量已近 6 000 家，其中公安微信数量最多。从职能部门看，与民生关系最为密切的公安政务微信总量达 1 094 个，居首位；第二位是共青团微信，总量为 408 个；各级政府直属、下属及派驻的办公室微信有 303 个，居第三位；全国检察院系统的政务微信为 180 个，居第四位；全国文物旅游系统的政务微信有 168 个，居第五位。从行政区划看，政务微信已覆盖全国多个省（自治区、直辖市）和香港、澳门特别行政区。其中，浙江以 438 个政务微信总量居首位，广东以 340 个居第二位，第三位到第十位依次是江苏、山东、福建、新疆、北京、上海、山西、内蒙古。微信公众平台已经覆盖从中央部委到省（自治区、直辖市）、从地县到乡镇的所有行政级别。其中，区县级以下行政级别的政务微信数量最多，占总量的 75.93％。[②]

通过政务微信，公民可和政府机关实现零距离的交流，改善了政府部门

---

① 中国社会科学院新闻与传播研究所．新媒体蓝皮书：中国新媒体发展报告［M］．北京：社会科学文献出版社，2014.

② 《中国政务微信发展年度分析报告》发布［J］．电子政务，2014（8）：109.

在民众心目中的形象，拉近了政民距离。例如，政府部门选取内容，通过微信平台推送给公众。政务微信成为政府部门与公众之间的信息交互纽带，公众可以在政务微信上留言，相关部门可在政务微信后台收集这些数据，然后反映到具体职能部门，处理相关问题，再通过微信或者咨询人的其他联系方式，对具体问题进行回复。

八、通过网络签名活动进行广泛的社会动员及政治抗争

网络签名是指公民到指定的网站或主页上，签署自己的姓名以支持或反对某项政治活动。这种政治活动往往表达了对某一具体政策或政治事件的态度，期待通过动员网民获得更多的支持，从而影响公共政策的走向。中国公民的网络签名活动有：2003 年反对美国对伊拉克战争、抵制京沪高铁采用日本新干线技术、声援侵华日军化学武器受害者、2004 年纪念 9.18 设立国耻日，以及反对日本成为联合国安理会常任理事国的案例。日本于 2004 年针对联合国安理会常任理事国发起新一轮攻势，希望于 2005 年联合国成立 60 周年时达成目标。[①] 2005 年 6 月 30 日，联合国收到一份由 41 个国家的逾 4 200 万人签名的请愿书。请愿者要求日本对其在第二次世界大战中犯下的罪行公开道歉并做出赔偿，否则就反对日本成为联合国安理会常任理事国。据世界抗日战争史实维护联合会（简称史维会）时任副主席兼发言人丁元介绍，有 41 个国家的逾 4 200 万人在请愿书上签名，而来自中国的签名人数为4 150 万，其中上海 536 万、北京 397 万、广东 339 万。[②]

网络签名通过汇集单一事项的广泛民意，使得网络舆论转变为政治力量，进而影响政府的行为与决策，实现政治参与。相比于现实的签名，网络签名可降低积极分子的举办成本，以及一般公众的参与成本，又可降低活动的现

① 金熙德．日本联合国外交的定位与演变［J］．世界经济与政治，2005（5）：20－25；明石康．日本争取成为联合国安理会常任理事国的努力［M］//余华川．联合国改革与发展：欧亚视角国际会议论文集．上海：华东师范大学出版社，2009：138－148.

② 王猛．反对日本人常签名递交过程详情：分三步完成（图）［EB/OL］．（2005－07－02）. http://gb.cri.cn/3821/2005/07/02/106@605684.htm.

实风险，这使得它较容易进行并吸引更多一般公众的参与。当然，网络签名活动所能产生的政治参与的影响的大小，取决于是否得到政府的默许或者支持。例如，在反对日本成为联合国安理会常任理事国的网络签名活动中，外交部发言人对于该活动有两次发言，都没有表达反对的意见。第一次发言表示，“我不认为这是一种反日情绪，相反是要求日方在历史问题上采取正确的、负责任的态度”①。第二次发言表示，“我们注意到众多网民在网上签名，对日本希望成为联合国安理会常任理事国持反对态度。这再次说明，日方应对历史问题持负责任的态度，以取信于包括中国在内的亚洲各国人民”②。政府的默许和支持为这些网络签名活动创造了良好的政治机会，也为扩大传统媒体报道的影响提供了机会与可能。

网络签名活动还能够通过跨地域的传播，超越传统政治参与的范围与广度。例如，在上述反对日本成为联合国安理会常任理事国的网络签名活动中，共有四个国外团体参与，它们分别是：美国加利福尼亚州的“抗日战争史实维护会”、“亚洲二战历史维护同盟”、“立即实现历史正义组织”，以及韩国的“韩国支持日军性奴隶受害者议会”。正是由于参与主体的跨国性，才使得这次活动不仅影响了中国政府的决策和行为，也对联合国安理会的决策和行为产生了影响。

总的来说，网络签名在社会动员方面发挥了前所未有的影响，从而产生巨大的抗争能力。有学者认为：网络签名是中国社会抗议的显著途径，不仅是网络抗议的新类型，也是政治沟通与论争的新模式；此外，某些社会团体预算有限，也无法运用大众传播媒体，但拥有推动社会进步的热忱，新媒体科技特别有助于它们的工作。不过，网络签名活动容易出现“群体极化”(group polarization)。“群体极化”这一概念是美国当代哲学家、芝加哥大学法学院讲座教授凯斯·桑斯坦在《网络共和国——网络社会中的民主问题》

① 刘建超．外交部发言人刘建超在例行记者会上答记者问［EB/OL］．(2005-03-24)．http://www.fmprc.gov.cn/ce/ceun/chn/zgylhg/lhgzyygg/t188843.htm.

② 刘建超．外交部发言人刘建超在例行记者会上答记者问［EB/OL］．(2005-03-24)．http://www.fmprc.gov.cn/ce/ceun/chn/zgylhg/lhgzyygg/t188843.htm.

一书中提出的。[1]“群体极化的定义极其简单：团体成员一开始即有某些偏向，在商议后，人们朝偏向的方向继续移动，最后形成极端的观点。”桑斯坦还指出：“在网络和新的传播技术的领域里，志同道合的团体会彼此进行沟通、讨论，到最后他们的想法和原先一样，只是形式上变得更极端了。”这样的群体在网络民族主义的偏向下形成。“群体极化”可能助长绝对自由主义和无政府主义等极端民主化倾向。许多利益集团出于某种政治目的，不惜采用非正当的手段，利用网络空间的自由言论权制造假信息，从而影响网民的公众舆论；同时，网民们不成熟、非理性的言论同样可能导致“多数人的暴政”。

5.1.2 信息获取型的互联网政治参与

通过搜索引擎来进行互联网舆论监督，中国网民创造了一个非常有中国特色的互联网使用工具——人肉搜索。人肉搜索利用了谷歌、百度等超强的搜索工具，不断变换输入关键词，从被搜索的目标对象入手，搜查其本人及朋友的博客、论坛、QQ 空间等，借以寻找各种线索。人肉搜索最早介入的社会事件多属于旁枝末节的小事，而且颇有执行私法、侵犯个人隐私的嫌疑，后来成为揭露官员腐败的线索和实行互联网舆论监督的方式。

2011 年 4 月，网民在天涯网站上晒出中石化广东石油分公司购买茅台和拉菲的四张发票的复印件，总金额约 168 万元；网友在新浪微博上贴出一张付款单位为“上海卢湾区红十字会”的餐饮发票，消费金额达 9 859 元。在人肉搜索的追寻下，两起事件被彻查，当事人受到严肃处理。2012 年 8 月 26 日，陕西省安全生产监督管理局原局长、党组书记杨达才因在延安交通事故现场面含微笑被人拍照放上网引发争议，继而引发网友进行人肉搜索。网友发现他在不同场合戴有十多块名表，并指证其腰带和眼镜架亦价值不菲。随后，杨达才又被曝出拥有价值十万多元的眼镜和名贵腰带，再次引发热议。2012 年 9 月 21 日，相关部门建议撤销杨达才陕西省第十二届纪委委员、省

---

[1] 桑斯坦．网络共和国——网络社会中的民主问题［M］．黄维明，译．上海：上海人民出版社，2003：47.

安监局党组书记、局长职务。而杨达才被“双规”后的调查显示，杨现金存款超 1 600 万。2013 年 2 月，经陕西省纪委常委会研究并报省委批准，建议给予杨达才开除党籍处分，对其涉嫌犯罪问题移交司法机关依法处理。

人肉搜索虽然有可能危害个体的权益或隐私，但是在公共事件中却发挥了网络舆论监督的作用，从而使公民参与公共生活的领域扩大。在人肉搜索的情况下，没有人或部门能够只手遮天，掩盖真相，封、堵、瞒、蒙的手段只会让政府部门为个别问题付出整体公信力的代价。正如南京师范大学顾理平教授说：“在国家利益、民族命运等大是大非问题上，例如反对‘藏独’、保护奥运圣火、抗震救灾，网友们的态度和表现都让人竖起大拇指。”在这些事件中，人肉搜索发挥了凝聚人心、倡导正义、揭露丑恶的作用，普通大众的情绪和力量由此得以爆发，中国人的团结和爱国热情表达得淋漓尽致。[①]人肉搜索利用网民的集体力量，一方面揭露隐私，另一方面对公职人员以及公权人物实行信息披露。在中国媒体监督力度较弱以及政府监督制度不健全的环境下，互联网监督发挥着重要的作用，而网民“围观”的行为使得政府相关部门对人肉搜索暴露出来的问题不得不及时跟进，以平息社会舆论。

5.1.3　信息发布型的互联网政治参与

通过建立网站来进行政治参与具有强大的影响力，因为网站具有发布新闻、组织志同道合者、建立网上非政府组织等功能。如中国著名独立调查记者朱瑞峰创办了人民监督网，他于 2007 年 9 月 27 日先后在人民监督网上发表了《山西省 3 500 万人民的生命保障权被官员出卖》《山西副厅级高官李书凯捏造的卫生部华卫“大公司”》等十多篇系列文章，在《中国青年报》著名记者刘万永和著名调查记者王克勤的接力报道下，引起中共中央政治局多位常委的关注，温家宝总理、李克强副总理多次对此做出指示。自 2009 年 11 月 20 日起，朱瑞峰采写的《辽宁鞍山：检察长家族霸矿 众

① 人肉搜索——网络舆论的双重性格 [EB/OL]．(2008 - 06 - 26)．[2009 - 12 - 15]．http://news.xinhuanet.com/it/2008 - 06/26/content _ 8443532.htm.

乡亲举报遭殃》《鞍山市检察院常务副检察长赵余龙越活越"年轻"》《中国史上最雷人的检察长赵余龙：拿人钱财替人消灾》发表后的2010年1月4日，辽宁省鞍山市人民检察院原副检察长赵余龙被"双规"。2010年4月28日赵余龙因年龄造假、违规经商被免职。2012年11月20日16点，朱瑞峰在人民监督网上发表了调查性报道《重庆市北碚区委书记雷政富接受性贿赂与少女淫乱视频》，在文章和视频发表66小时后，重庆市政府新闻办发布消息：经重庆市纪委调查核实，近日互联网流传有关不雅视频中的男性为北碚区区委书记雷政富。11月23日，重庆市市委研究建议免去雷政富同志北碚区区委书记职务，并对其立案调查。至此，"雷冠希"——重庆市北碚区区委书记雷政富被"双规"，创下了舆论监督66小时撂倒正厅级高官的历史纪录。

与博客、微博等不同，建设网站需要投入时间、精力，甚至金钱，但网站有发布新闻、评论新闻的能力。长期存在的网站不但能聚集大量志同道合者，还能形成品牌。网站在政治组织与个人之间承担非政府组织的功能，有的时候也被称为网上非政府组织。

5.2 不同网络政治参与工具的对比

互联网发展经历了Web 1.0和Web 2.0两个阶段。Web 1.0以门户网站等技术为代表，强调内容的组织与提供，时间大约在20世纪90年代到2004年；Web 2.0技术以Wiki等自服务模式为主，强调自服务和内容使用都由自己生成，时间大约在2005年之后。十种主要的网络政治参与工具分布于互联网的Web 1.0和Web 2.0的不同阶段，根据其出现时间、参与的特点、方式以及影响力的不同，分成信息的交流沟通工具、信息获取工具、信息发布工具三种类型，具体见表5-1。

表 5-1　十种主要的互联网政治参与工具的特点与影响比较

主要类型	交流沟通工具								信息获取工具	信息发布工具
网络使用工具	即时通讯	电子邮件	论坛/BBS	博客/个人空间	社交网站	微博	微信	网络签名	搜索引擎（主要指人肉搜索）	建立网站
出现的网络时代	Web 1.0	Web 1.0	Web 1.0	Web 2.0	Web 2.0	Web 2.0	Web 2.0	Web 1.0	Web 2.0	Web 1.0
政治参与的特点	促进“弱关系的强度”	更为方便、高效地参与政治	意见的表达，促成公共讨论空间	建立个人空间的简易平台，私人日记和公开发表相结合	扩展了网民的人际关系网络，增加网民的社会资本	新闻信息的首发者和转发者，去中心化，具有动员和组织的作用	信息的及时发送，沟通的及时性，通过政务微信和朋友圈进行参与	广泛的社会动员及网络抗争	隐私的披露与舆论监督	发布新闻，组织志同道合者，承担网上非政府组织功能
政治参与的方法	间接参与	间接参与	直接参与	直接参与	直接参与	直接参与	直接参与	直接参与	直接参与	直接参与
政治参与的影响力	弱	弱	中	中	强	强	强	强	强	强

将网络政治参与的十种主要工具分成这三种类型，主要依据是信息的流向。信息的交流沟通是信息传者和受众的双向互动，也是互联网最主要的传播特征，其中属于 Web 1.0 阶段的有即时通讯、电子邮件、论坛/BBS、网络签名。即时通讯可促进网民的“弱关系的强度”，属于间接参与，其影响力弱；电子邮件使网民更为方便、高效地参与政治，属于间接参与，其影响力弱；论坛/BBS 可使网民更好地表达意见，促成公共讨论空间，属于直接参与，其影响力中；网络签名可促成广泛的社会动员及网络抗争，属于直接参与，其影响力强。属于 Web 2.0 阶段的有博客/个人空间、社交网站、微博。博客/个人空间作为建立个人空间的简易平台，是私人日记和公共发表相结合的场所，属于直接参与，其影响力中；社交网站扩展了网民的人际关系网络，增加网民的社会资本，属于直接参与，其影响力强；微博则是新闻信息的首发者和转发者，由节点上的用户主动推送且信息呈快速弥漫状，去中心化且具有动员和组织的作用，属于直接参与，其影响力强；微信的特点是信息的及时发送、沟通的及时性，通过政务微信和朋友圈进行参与，属于直接参与，其影响力强。信息获取是用户从网络获取信息，其代表为 Web 2.0 阶段的搜索引擎（主要指人肉搜索），该工具的特征为披露隐私与舆论监督，属于直接参与，其影响力强。信息发布是用户在网络上发布信息，其代表为 Web 1.0 阶段的建立网站，其特征为发布新闻、组织志同道合者、承担网上非政府组织功能，属于直接参与，其影响力强。

当然，在实际的互联网政治参与过程中，往往是多种工具交替使用的，如将电子邮件、微博、论坛混合在一起。在 Web 1.0 阶段，电子邮件和论坛曾经发挥了很大的作用，但是在互联网进入 Web 2.0 以后，博客尤其是微博后来居上，连同各种类型的社交网站，在信息扩散、社会动员中都表现突出，在网络政治参与中发挥重要的作用。

5.3　本章的讨论与结论

互联网是技术的产物，不同的互联网使用工具给中国公民带来的互联网政治参与的感受与体验都是不同的。从早期的 Web 1.0 的互动式反馈到现在的 Web 2.0 的分享式参与，中国互联网的政治参与显现出爆发性的增长和出乎意料的威力，这引起了政府部门对其有序发展的关注与重视。

尽管政府部门对互联网的内容进行了适度的管理，如建立防火墙和设立管理机构、配备管理人员等，但还是希望互联网能够起到社会安全阀的作用，在现实矛盾难以被迅速解决的情况下，通过互联网来排解网民的情绪，促进社会的发展。不过，实现这一目标是困难的，一方面要对现实的社会问题、社会矛盾进行治理，另一方面要对中国互联网政治参与的特点与规律形成认识。在中国传统政治参与成本高、收效小的现状下，网民利用网络进行政治参与的成本相对低、收效大。从理性选择的角度来看，这是因为网络政治参与所需要付出的时间和金钱成本比现实政治参与都要低。大多数公众在参与时都符合“理性人”的假设，在决定是否参与、如何参与和参与到什么程度之前，他们往往要对参与行为进行成本收益分析。例如，使用微信、微博比建立网站更省成本、省精力，而达到的效果对普通人来说有时候也差距不大，因此微信、微博就越来越受普通网民的青睐。从这个角度来看，了解人们在进行网络政治参与时使用的不同工具，有利于深入了解网络政治参与的特点与影响，并能更好地对网络政治参与进行正确的引导，使其在民主法制的轨道中实现有序政治参与。

本章从互联网使用工具对政治参与影响的角度出发，分析了中国近十年来的典型的案例，发现互联网在沟通社会不同主体、宣泄社会心理情绪、动员组织和社会抗争、刊发传统媒体没有报道的消息上都有着重要的地位与作用。当然，光是从互联网使用工具来分析互联网使用是不够的，还要从其他方面来探索其对互联网政治参与的影响。同时，虽然在研究方法上本章的案例分析在现象与背景的关系上有着深入的阐释，但是在结论推广上却缺乏更多的统计数据来证明变量之间的相关关系与因果关系，因此未来的研究可在这方面做出努力。

第 6 章　互联网使用对选举政治参与的影响

本章分析互联网使用对现实政治参与的一种重要形式——选举政治参与的影响。选举政治参与是一种制度化、合法化的政治参与。互联网使用在国外，尤其是美国的选举政治参与中有着很大的影响，而我国的选举政治参与还存在着种种问题，现实政治参与的状况和制度仍制约着互联网使用对选举政治参与的影响。

6.1　本章问题的提出

选举政治参与，即政治选举，客观上为广大公民提供了特定的政治参与渠道，使全体公民定期、平等地参与，即“在不可能实现普遍、直接参与的情况下，仍能实现普遍参与”①。因此，政治选举是普通公民重要的政治参与途径之一，正如马克思所说，“选举是市民社会对政治国家的直接的、不是单纯想像的而是实际存在的关系”，“选举构成了真正市民社会的最重要的政治利益”。② 政治选举定期为各种利益表达提供渠道。对普通公民而言，如果执政者施政不当，引发民怨，政治选举则可能实现政权更替，将沉积数年的民怨释放、疏泄。政治选举就像一个安全阀，周期性地释放社会的不满，缓解社会矛盾，避免因利益表达渠道不畅、矛盾郁积而引发的动乱，可能有助于社会稳定。现代意义上的选举，是指“具有选举权的公民，根据自己的意志，

① 科恩．论民主［M］．聂崇信，朱秀贤，译．北京：商务印书馆，1988：83.

② 马克思恩格斯全集：第 1 卷［M］．北京：人民出版社，1956：396.

按照法定程序，选出国家权力机关代表和国家公职人员的行为”①。

在国外的研究中，Tolbert 和 McNeal 通过对 1996 年、1998 年和 2000 年的选举数据的研究发现，一般来说，互联网用户确实更加积极地参与选举以及其他的政治活动，只有 1998 年是个例外。他们解释说，因为 1998 年是中期选举，所以不足以引起民众的兴趣，从而导致互联网使用与选举参与行为之间没有显著的关系。② Hindman 在研究大选候选人霍华德・迪安 2004 年的竞选活动时，发现互联网的潜力在于“创造当地分散的社会网络”，同时，霍华德・迪安的竞选团队建立在线数据库的时候，依靠个人志愿者使用第三方网络平台来招募他们的朋友。③ Herrnson 等指出自 2004 年的美国总统大选之后，相当数量的政治候选人的财务捐款来自于网络捐赠，由此产生对网络竞选更多的关注。④ 在 2008 年的美国总统大选中，尽管民主党和共和党的候选人都建立了他们的网页、社会网络网站并发布在线视频，但是民主党候选人奥巴马的团队通过互联网接触年轻投票者更为有效。⑤ 而美国的一项调查研究显示，在 2008 年的美国总统大选中，80%的被调查者上网去寻找关于大选的信息。⑥

国内对于选举的研究，大体可以分为两大部分。一部分是村民自治选举研究，有代表性的包括中国农村村民自治制度研究课题组的《中国农村村民委员会换届选举制度》(1994)，胡荣的《理性选择与制度实施——中国农村村民委员会选举的个案研究》，魏荣汉的《风风雨雨选村官》，贺雪峰的《遭

---

① 王清秀．人大制度学［M］．北京：中国人民公安大学出版社，2003：105.

② TOLBERT C J，MCNEAL R S. “Unraveling the effects of the Internet on political participation？[J]．Political Research Quarterly，2003，56（2）：175－185.

③ HINDMAN M. The real lessons of Howard Dean：reflections on the first digital campaign［J］．Perspectives on Politics，2005，3（1）：121－128.

④ HERRNSON P，STOKES－BROWN A，HIDMAN M. Campaign politics and the digital divide：constituency characteristics，strategic considerations，and candidate Internet use in state legislative elections［J］．Political Research Quarterly，2007，60（1）：31－42.

⑤ ARSENAULT M. An army of young，motivated voters，cell phone in hand，lines up behind Obama Providence［J］．Journal－Bulletin，2008，8.

⑥ SMITH A. The Internet's role in campaign 2008［EB/OL］．（2009－04－15）．http://www. pewInternet. org/.

遇选举的乡村社会——荆门市第四届村委会选举观察》，王振耀、白钢、王仲田主编的《中国村民自治前沿》（2000），以及白钢主编的《选举与中国政治丛书》（2001）和赖海榕的《中国农村政治体制改革——乡镇半竞争性选举研究》（2009），这些研究对基层村委会选举的各项程序、基层选举中出现的问题进行了深入的探讨，并提出了诸多建议。另一部分是对人民代表大会选举制度的研究，具有代表性的有：《人民代表大会选举制度研究》（1990），对1990 年以前的人民代表大会选举制度的形成和发展进行系统的介绍和分析；蔡定剑的《中国人民代表大会制度》（1998）及《人民代表大会与议会研究丛书》（2002）；史卫民的《公选与直选：乡镇人大选举制度研究》（2000）；刘智等的《数据选举：人大代表选举统计研究》（2001）；史卫民和刘智的《规范选举：2001—2002 年乡级人民代表大会代表选举研究》（2003）；史卫民、郭巍青、刘智的《中国选举进展报告》（2009）。

对于选举的实证研究也有较为丰硕的成果。在定量方面，肖唐镖和邱新有等人以调查问卷等形式对 400 多个村民做了调查并进行深入的分析，最终认为："在村委会选举中，选民的选择行为已趋于理性化，越来越多的选民能积极参与选举，并敢于在选举中公开争取和维护自身的民主权利。"① 在定性方面，徐勇通过对湖北月村选举进行个案研究，揭示出利益和体制是影响选举的两个变数，民主程序并不一定会产生预期的效果，民主的选举机制也有缺陷。② 吴毅通过对四川省东部一个山村第四届村民委员会换届选举的观察，运用布尔迪厄的"场域"概念来分析在选举中村庄治理精英与普通村民的非均衡博弈。③

虽然针对国内选举的专著和论文都很多，但是却少有涉及媒体尤其是互

---

① 肖唐镖，邱新有，唐晓腾，等．中国乡村社会中的村民直选——对江西省 40 个村委会选举观察的一项综合研究［J］．战略与管理，2001（5）．

② 徐勇．论城市社区建设中的社区居民自治［J］．华中师范大学学报（人文社会科学版），2001（3）：5－13.

③ 吴毅．新规则是如何演绎的——一个村庄村委会换届选举的解读［EB/OL］．（2004－07－04）．http://www.aisixiang.com/data/3385.html.

联网作用的。仅有的研究成果是：陈娟指出互联网的发展为基层人大代表选举实现民主性提供了新的渠道，它对积极推动基层选举的民主建设发挥着重要的作用。[①] 刘树雨指出，互联网作为一种新的科学技术，对我国的政治选举产生了广泛而深刻的影响。它增强了选民和候选人之间的互动，促进了政治选举的信息公开化，强化了选举过程中的宣传教育功能。同时，互联网也会给我国的选举工作带来一些不利因素。[②] 但是这些研究都没有系统地分析在何种理论框架中，互联网对选举是如何产生影响的。为此，本章将对这些问题进行分析。

6.2 互联网使用对美国选举政治参与的影响

1992年，比尔·克林顿代表民主党参选时，接受幕僚的建议，突破传统的竞选手法，采用新的竞选方式如上电视吹萨克斯风，在MTV频道和青年聊天，讨论吸毒、堕胎的话题，直接通过互联网与知识分子选民沟通，以及接受电子邮件的投书并答复，直到他胜选入主白宫后，还保留竞选总部网站(http://clinton.hqcampaign92.org)，继续和民众沟通。而2008年和2012年的美国总统大选，奥巴马也充分利用互联网为其选举的胜利打下基础。

6.2.1 2008年美国总统大选

互联网对2008年奥巴马当选美国总统的作用体现在大众传播的广告宣传、组织传播的联系支持者、人际传播的与网民交流上，甚至还体现在政治募款、攻击对手以及防御对手攻击上。[③] 具体看来，表现如下：

一、作为政治募款的主要渠道

早在2000年美国总统大选的时候，美国前副总统戈尔就通过互联网募款

① 陈娟．论互联网对基层人大代表民主选举的作用［J］．法制博览旬刊，2013（2）：106-107.

② 刘树雨．互联网影响下的中国政治选举［J］．新西部月刊，2007（3）：80-94.

③ 本节内容大部分已发表在笔者的相关文章里。

110 万，而在 2004 年美国总统大选的时候，民主党的总统候选人之一霍华德·迪安也利用互联网募集了几百万美元的经费并在互联网上获得了大量的支持者。但是到了 2008 年，根据美国联邦选举委员会的资料，奥巴马拒绝了美国政府无偿提供的 8 000 万美元的竞选资金，自主募得六亿三千九百万美元的资金，超过美国历史上最多的竞选资金数倍。奥巴马的筹款有 87%来自于互联网，并且绝大部分是由不足 100 美元的小额捐款构成。通过互联网建立的巨大的捐款人网络，使奥巴马拥有足够的资金用于竞选。而曾坦承不寄电子邮件、也很少用网络的麦凯恩，则只募得奥巴马竞选资金的约一半——三亿三千五百万美元。

奥巴马主要依赖互联网募集小额捐款，这是由美国的政治生态所决定的。为了防止金钱政治，2002 年美国更改了《联邦募款改革法》，规定个人对单一候选人的捐款上限为 4 600 美元（初选和大选可各捐一次）。奥巴马在初选时就发现，大部分的企业金主早已被希拉里锁住，于是他另想办法，找到美国知名社群网络 Facebook 的创办人之一克里斯·修斯，在网络上做起小额捐款的网站。在每次举办政治活动时，奥巴马团队都会留下会议参与者的电子邮箱。通过电子邮件，奥巴马团队和其支持者密切联系，通过博客内的链接，如一张照片、一个搞笑短片、一行简讯，奥巴马社群紧密地在网络上巩固着阵地，一笔笔小额捐款就这样心甘情愿地进入奥巴马总部。

二、作为重要的广告营销手段

2000 年美国总统大选的时候，戈尔和小布什的个人竞选网站不但把自己每天的竞选行程和照片及时发布在网络上，同时还利用设置好的专门电子邮箱和自己的选民建立起互动联系，这可以说是早期的互联网政治广告。然而，到了 2008 年，互联网已经不再是政治广告的辅助场所，而是仅次于电视的第二大广告平台。比如，奥巴马在竞选中投在互联网政治广告上的支出占了美国 2008 年所有互联网政治广告的 50%，远超其他候选人互联网广告支出的总和。奥巴马在谷歌、雅虎和 Facebook 上也投入了近 800 万美元的广告，还在一些游戏类网站及新闻网站上投入了资金。其中在谷歌上就投入了350万美元，谷歌的关键字广告触及了广大的受众，从而影响舆论并获得了广泛支持。之所以能够做到这样，除了谷歌搜索引擎广泛的影响力外，也因为奥巴马的竞选团队精确地对每个点击的投资回报率进行了测算。奥巴马团队在广告投放上十分精明，主要依赖于按效果付费的广告形式，以提高投资回报率并降低点击成本，这样做比在大流量的网站如CNN上做传统条幅广告要便宜得多。谷歌关键字广告的价格由点击率和关注度决定，这直接影响到奥巴马投放的广告的价格。因为奥巴马在互联网上远比竞争对手麦凯恩更受欢迎，所以关键字“奥巴马”在谷歌关键词广告上投放一天的价格仅为150～240美元，而“麦凯恩”却要花费250～470美元。奥巴马通过谷歌既节省了成本，又达到了广告效果。另外，奥巴马还影响了谷歌关键词广告联盟的成员，包括许多行业的博客、SNS网站或者其他的专业网站，而这些又是各个领域里的官方或者民间的意见领袖，通过影响意见领袖，奥巴马团队影响了更多的人，他们带来了潜在的选票。

奥巴马不仅在互联网上发布付费广告，还充分利用互联网发布免费广告。奥巴马竞选团队通过网络播放不能在电视上播出的内容，在奥巴马网站（www.barackobama.com）上最受欢迎的视频短片不是电视广告，而是传记类和仅通过网络播出的视频。在YouTube网站上，奥巴马的团队就上传了70个有关奥巴马的视频，受到了众多网民的追捧。这些看起来非常草根的视频，实际上是由专业的奥巴马竞选团队量身定做的，看起来平易近人。其中，一个名为“奥巴马女孩”的视频描述了一位年轻的美女歌手表达自己对奥巴马的热爱：“我等不及2008年美国大选，宝贝，你是最好的候选人！你采取了边境安全措施，打破你我之间的界限。全民医疗保险，嗯，这使我感到温暖……”在视频中，身着比基尼的演唱者在奥巴马的照片旁大摆性感热辣造型，毫不掩饰地表达着自己对奥巴马的倾慕之情。据统计，这段视频在YouTube网站点击超过900万次，并且被无数的网站和传统媒体转载。奥巴马充分利用YouTube网站作为免费广告的平台，据统计，奥巴马的团队免费上传在 YouTube 网站上的视频累计被观看 1 450 万小时，而假如这些视频是在电视上播放的话，则需要付给电视台 4 700 万美元。另外，这些免费的网络视频比收费的电视广告的传播效果还好，这是因为用户是以自愿的心态而不是电视那种被强制的方式来选择收看或接收这些网络视频的。

三、作为组织支持者的工具

早在 2004 年美国总统大选的时候，在卡尔·洛夫和肯·梅尔曼的带领之下，布什的竞选团队就开始使用“微目标式”（microtargeting）的模型进行选情分析以及吸引新的潜在的支持者。在 2008 年美国总统选举中，奥巴马在社交网站 Facebook 上开了一个账号。Facebook 是一个社交网络服务网站，Facebook 用户可建立自己的档案页，其中包括照片和个人兴趣等，用户之间可以公开或私下留言。在民主党的党内初选中，奥巴马迅速动员了数十万名支持者；到了 2008 年 5 月初，奥巴马团队开始进行全国性选民登记；6 月末，在希拉里承认落败后，奥巴马又邀请数百万网络支持者在全国范围内举办“团结是为了改变”的家庭派对，以此拉拢希拉里的支持者和摇摆不定的选民。在一些州的初选和“基层党团会议初选”中，奥巴马的网络志愿者还利用网络提前数月，即在竞选工作人员到达之前就自发组织起来做好前期工作，使工作人员节省了不少功夫。奥巴马利用互联网组织起他的支持者，而在过去，这样一种组织是需要一支庞大的志愿者队伍的，并且要在现场付给组织者费用。

四、作为竞选人与选民甚至是选民之间的交流平台

奥巴马善于利用互联网与选民进行互动，获得选民的好感，增强他们的支持“黏度”。奥巴马积极参与网络互动活动，他在 Myspace 网站上有 41.5 万个朋友，在 Facebook 网站上吸引了 100 万网民。他的官方网站设计利用了大量社交网络和互动元素，网民可以在网站上开展讨论、进行筹款、观看视频，还可以在线购买带有奥巴马标记的产品，甚至下载奥巴马的演讲作为手

机铃声。奥巴马团队创建了“我的奥巴马”网站（MyBo），选民可以在这里加入当地团体、举办活动、注册更新，还可以创建个人筹款页面。虽然其他候选人也通过网络与选民接触，但 MyBo 的独特之处在于选民还可以通过此网站与其他选民接触。

五、作为攻击对手以及防御对手攻击的场所

互联网给验证事实带来了便利，如网民可以使用互联网搜集政客们过去的讲话，用以验证他们现在的错误。例如，麦凯恩的竞选团队曾说共和党的副总统候选人佩林反对建立所谓的连接阿拉斯加凯奇坎镇（Ketchikan）和格拉维纳岛（Gravina Island）的臭名昭著的“绝路桥”，但是互联网上马上出现了证明这绝对不是事实的证据，于是，麦凯恩的竞选团队停止对这一点进行宣传。又如，当奥巴马的前“精神导师”、退休牧师赖特昔年指责美国传播恐怖主义招致“9·11”恐怖袭击、鼓动非裔美国人谴责美国等言论被曝光后，网民可以在 YouTube 上反复观看到奥巴马关于种族问题的 37 分钟演讲。奥巴马竞选团队还建立了一个“反诽谤网站”，全面反击针对他的各种谣言，该网站首页用小号黑字列出关于奥巴马的诸多谣言，随后用大号蓝字标示简洁的反驳语。譬如，在“米歇尔·奥巴马说‘白鬼’‘录像诽谤’”条目中列出 4 条“谎言”，对应“真相”则标明“并不存在这类录像”。如果点击链接，网民则可看到“谎言”和“真相”的详细内容。网站列举的谣言细节均被批驳，谣言有视频“为证”，网站就提供“真相”视频。

6.2.2 2012 年美国总统大选

尼尔森市场调研公司发布的《2012 年社交媒体报告》显示，在 2012 年 7 月，美国用户投入到各个社交媒体的总时长超过 1 210 亿分钟。社交媒体俨然已在美国用户的日常生活中占据了支配性地位。[①] 2012 年，由于奥巴马四

① 7 月份美国人投入社交网络时长超 1210 亿分钟［EB/OL］.（2012 - 12 - 10）. http://news.qq.com/a/20121211/000779.htm.

年的政绩不彰，美国进步行动基金中心专家罗森布拉特说："候选人如果不靠网络战来辅助，恐怕赢不了选举。" 2012 年美国总统大选被一些人称为美国历史上首次"社交竞选"，Twitter、Facebook 等社交媒体不仅成为候选人与粉丝互动的平台，还有改变舆论走向的潜力。

除了社会化媒体在 2012 年美国总统大选中大显身手之外，大数据成为新技术应用的热点。大数据（Big Data），指巨大的信息或数据量，是数据的单位，其计量单位已经从 G 和 T 发展到 P、E、Z 等，其中 1TB=1 024GB，而 1ZB=10 亿 TB。大数据主要来源于传感器等自动采集的数据、Web 2.0 等用户生成数据（UGC）、日志等系统自动生成数据。2007 年，雅虎的 Duncan Watts 博士在《自然》上发表文章《21 世纪的科学》。他发现，得益于计算机技术和海量数据的发展，个人在真实世界的活动得到了前所未有的准确记录，这些记录为社会科学的定量分析提供了极为丰富的数据。由于能测得更准、计算得更加精确，他认为，社会科学将脱下"准科学"的外衣，在 21 世纪全面迈进科学的殿堂，例如，新闻的跟帖、网站的下载记录、社交平台的互动记录都为政治行为的研究提供了大量的数据。① 2011 年 2 月，《科学杂志》推出专刊，主要围绕着科学研究中的大数据的问题展开讨论。2012 年 3 月 29 日，我国 863 计划发布指南，支持面向大数据的信息存储系统的研发。2012 年 12 月 15 日到 16 日，863 计划信息领域先进计算主题专家组在北京香山饭店举办了 863 计划信息领域先进计算主题战略研讨会，140 多人与会并发言，大部分发言涉及大数据。在 2012 年美国总统大选中，美国《时代》周刊报道称，大数据驱动下的竞选决策是奥巴马竞选获胜的关键。由数十名数据分析者组成的团队在筹集竞选经费、锁定目标选民、督促选民投票等各个环节的决策中都发挥了重要作用。《时代》周刊最后断言，政治活动的大数据时代已经到来。下面分析社会化媒体和大数据在 2012 年美国总统大选中的作用。

---

① WATTS D. A twenty - first century [J]. Nature，2007 (1)：445 - 489.

一、对选民进行宣传和与其交流

在对选民进行宣传和与其交流的过程中，社会化媒体承担了非常重要的作用。2012年10月10日皮尤研究中心的报告称，有60%的美国成年人使用社会化媒体如Facebook或者Twitter，而在这些使用社会化媒体的人中，又有66%，即共约40%的美国成年人使用社会化媒体进行过社会或政治活动。面对如此庞大的使用社会化媒体的美国成年人群，在社会化媒体上对选民进行宣传和与其交流就成为总统候选人的必然的议程。《洛杉矶时报》的分析指出，Facebook、Twitter和YouTube等社会化媒体将对2012年美国总统选举起关键作用。调查显示，每五个关心政治的美国人当中就有三人是社交网站的活跃网民，他们当中超过70%的人肯定会去投票。因此，若能赢得这些选民的选票，就可说是胜券在握了。

2012年初，奥巴马阵营除了在电视上打广告外，还精心制作了一部长17分钟的网络纪录片《那些年我们走过的路》(*The Road We've Traveled*)，并上传到YouTube。共和党团队如法炮制，把罗姆尼的宣传视频也放上YouTube，而且为了更吸引眼球，在整个竞选期间平均每周都制作和上传两个新视频。

2012年8月奥巴马决定在热门社区Reddit和网友互动，但奥巴马的很多高级助手不解。一名竞选团队人员说："为什么是Reddit？因为这是我们的目标群体。"

在2012年10月，为了提醒社会化媒体Tumblr的用户观看上周三的首轮总统辩论，奥巴马团队采用了喜剧电影《贱女孩》(*Mean Girls*)里一个不太引人注意的片段，让Lindsay Lohan说出"10月3号"。罗姆尼的竞选团队则在Twitter上上传了一张照片，展示辩论前罗姆尼一家在玩叠叠乐。

社会化媒体的普及还有利于选民的交流互动。例如，选民通过候选人的YouTube网页，可以边看视频边把它转发给亲友，同时还能在自己的Facebook上留言、向政党报名当竞选工作志愿者甚至捐款。如此一来，选民从观看影片的被动行为者变成了主动行为者。

二、攻击竞选对手以及防御竞选对手的攻击

由于美国总统大选主要是两党竞选，因此总统候选人除了对普通选民进行宣传和与其交流外，还尤其需要攻击竞选对手以及防御竞选对手的攻击。

早在 2011 年，Twitter 就成为共和党向奥巴马政府发难的平台。当时奥巴马发表了他的预算演讲，呼吁提高税收并驳斥了共和党消减美国联邦医疗保险（Medicare）预算的提议，之后不久共和党议员、众议院前议长纽特·金里奇就在 Twitter 上表示，总统的预算案将减少就业并增加赤字。时任密西西比州州长巴布尔也表示，奥巴马还是不明白，对未来高税率的恐惧将影响到企业的招聘。

克林特·伊斯特伍德在共和党大会上模拟和总统对话的那段表演在互联网上掀起了狂潮。在数分钟内，伊斯特伍德在台上的图片就被附上截取的字幕发布在 Tumblr 上，Twitter 上也遍布诙谐的模仿。奥巴马的竞选团队也加入进来，在 Twitter 上发布了一张照片，照片上的奥巴马坐在一张被标记为“总统”的椅子上，图片的说明是“这个座位有主了”。

在总统辩论后的头一天早上，奥巴马的 Tumblr 账号发布了在 Twitter 上广为流传的一张图片，用来打击罗姆尼提出的削减美国公共电视台（PBS）财政补助的言论，图片上是《芝麻街》（*Sesame Street*）里的大鸟，图片说明是“米特·罗姆尼的减少赤字计划：把这个人辞了”。奥巴马团队尤其喜欢发布由别人制作的 GIF 图片或循环视频短片，内容展示总统和孩子们举手击掌，或是拥抱妻女。其他的视频则嘲弄竞争对手，或是戏仿《公园与游憩》（*Parks and Recreation*）等热门电视剧集中的片段。

相比之下，罗姆尼竞选团队对 Tumblr 的使用更为克制，且在很大程度上一直使用类似海报的照片，上面写着诸如“不，我们不能”的口号，很少能吸引超过 400 条回复。不过，罗姆尼竞选团队有的时候也会在社会化媒体上针锋相对地对奥巴马进行攻击，例如，2012 年 7 月，在谈到公共基础设施

的重要性的时候，奥巴马对一群支持者说："你不是靠自己。"罗姆尼团队立即抓住机会，上传了一系列照片，展示了热狗摊摊主等人举着各式各样的牌子，上面写着："我靠的是自己。"

三、在美国总统大选中筹款

金钱素来在美国竞选政治中发挥着不可忽视的作用。在 2012 年 8 月之前，奥巴马的大选筹款比不上罗姆尼，共和党与消费者分析公司 Buxton Co. 签署合同，通过分析消费者数据找出富有而且尚未被开发的捐款者。美国共和党总统候选人罗姆尼团队以及共和党全国委员会在 2012 年 6 月募得的竞选资金高达 1.06 亿美元（约合人民币 6.76 亿元），远超奥巴马团队及民主党全国委员会的 7 100 万美元（约合人民币 4.5 亿元）。这里还有一个原因是，据美国最高法院 2010 年的一项裁决，个人和机构只要不与某个政党及政客竞选阵营直接协调、不向其直接提供政治献金，其捐款和支出可不设上限，而 2012 年是此项裁决实施后美国首次举行总统选举。而共和党的支持者主要是大资本家，因此他们对共和党的候选人罗姆尼非常支持。例如，共和党的第一大"金主"、时年 79 岁的拉斯维加斯"赌王"谢尔登·阿德尔森就在大选时捐了 3 000 多万美元给罗姆尼团队。

为了摆脱劣势，奥巴马团队通过大数据分析发现更多潜在的捐款者和捐款来源，并进行有针对性的宣传推广，以获得更多的捐款。由大数据驱动的一个电子邮件宣传行动，每天要发出数十封呼吁捐款的邮件。数据收集和分析再次发挥了极为重要的作用。竞选团队会使用不同的邮件标题、发送者和邮件内容，最后发现，春季时以美国第一夫人米歇尔的名义发送的邮件筹款最多，而有时以竞选主管梅西纳的名义发送的邮件表现要好于以副总统拜登的名义发送的。到了 2012 年 9 月，经过大数据的分析和募捐，奥巴马和民主党全国委员会收到 180 多万人的捐款，其中约 567 000 人是第一次捐款，共筹得 1.81 亿美元竞选基金，创下 2012 年美国总统选战开始以来两党最高的单月筹款纪录。[①] 根据美国两大竞选阵营在 2012 年的 10 月 25 日晚向联邦选举委员会提供的最新数据，截至 10 月 17 日，共和党挑战者罗姆尼竞选团队及共和党阵营共筹得 9.54 亿美元；时任民主党总统奥巴马的竞选团队、民主党全国委员会及联合筹款委员会等共筹得 10.6 亿美元。[②]

奥巴马的最终筹款超过罗姆尼，主要依赖奥巴马团队工作人员创建的庞大数据库，该数据库的数据主要来自民意调查者、筹款者、基层工作人员、消费者、社交媒体、移动电话清单的所有信息。该数据不仅能告知竞选团队如何发现选民、得到他们的关注，还允许数据分析人员进行实验，以预测何种类型的选民能够被何种呼吁手段说服。基层办公室的电话清单不仅列有名字和号码，还按照人们的易说服性排列，最重要的优先选民被排在最前边。在排序的决定性因素中，约 75％是基本信息，包括年龄、性别、种族、邻居和投票记录等。有关选民的消费数据也被用于分析完善相关决定性因素。该数据使竞选团队能够筹集到比它最初设想的还要多的资金。

四、大数据提高了广告营销的效率

大数据还提高了美国大选广告营销的效率。传统上美国的电视和广播广告是按照地域来购买的，而尼尔森公司和斯卡伯勒调查公司收集的关于谁看哪个频道或其他有关电视节目的资料往往只包括年龄和性别，这些数据对于特定领域的公司来说是足够的，但是对于需要从政治层次上来区分观众的广告主来说，往往是不够的。奥巴马团队根据大规模的内部数据来决定在哪里投放广告。例如，如果他们发现迈阿密戴德县的 35 岁以下女性是目标人群，竞选团队就会在这些人爱看的节目中投放广告，2012 年电视广告的有效率因此比 2008 年高了 14 个百分点。

奥巴马还充分利用新媒体、社交媒体来争取许多年轻人的选票，如巧妙地利用“网络目标广告”的手法，精确地联络潜在的支持者。实现这个精确

---

① 奥巴马阵营创最高筹款纪录［N］. 联合早报，2012－10－08.

② 美国 2012 总统大选总花费将超 60 亿美元［N］. 北京晚报，2012－11－06.

目标的过程分三个步骤：第一，在热门网络新闻网站埋伏了共 87 个不同的网络行为跟踪软件，访问这些网站用户的电脑；第二，这些软件向选举团队提供目标网民的网络浏览行为信息，然后把这些信息与数据库对比，马上就掌握了网民的基本资料，包括住在何处、性别、族裔、开什么样的汽车、支持哪个政党等，再在此基本资料上加入一层网民的信息并依据公开的选民登记记录识别网民的投票记录和投票行为，选举团队利用复杂的电脑程序，把网民分为不同的类型，如不投票者、摇摆不定的投票者，诸如此类；第三，根据以上的选民分类，对不同种类的选民投放按个人口味量身定做的广告宣传品。2012 年的选举是第一次依据选民的不同立场、政治兴趣、喜好等，把选举信息精确地传递给每一个选民。

五、根据大数据分析每个选民的特征并做出相应决策

了解每个选民的特征和倾向，根据这些特征和倾向采取相应的对策可以说是每个竞选者的理想。但是，以往由于技术的限制，政治家最多只能通过抽样技术获得粗略的资料，更为细致的资料是难以获得的。然而，在 2012 年美国总统大选中，大数据被用于分析每个选民的特征和变化，尤其是关键州的选民情况。奥巴马竞选团队仅在俄亥俄州就掌握了 29 000 人的民意调查数据，这使他们可以在任何时候都能深度分析每一个选民的倾向。例如在奥巴马第一次总统辩论表现不佳时，它帮助竞选团队看到是哪些选民改变了立场，哪些没有改变立场。①

大数据使奥巴马竞选团队分析总体的数据，而不是抽样的数据。奥巴马竞选团队装了一个由西门子企业制作的电话直拨系统，该系统能够每天打出 120 万个电话，用于调查选民的意见。之后，民主党领导人与惠普签署协议，花费 28 万美元获得企业级 Vertica 的列式数据分析平台，该平台不仅能够分析民主党自己的 1.8 亿选民的档案，还能分析志愿者、捐赠者和在网上与奥

① 深度分析．数据驱动奥巴马胜选［EB/OL］．(2012-11-11)．http://news.sina.com.cn/w/sd/2012-11-11/135825555763.shtml.

巴马互动的网民的资料。①

总之，根据大数据做出的决策为奥巴马赢得连任发挥了巨大的作用，它成为 2012 年美国选战值得关注的一个研究部分。

六、促使目标选民投票

奥巴马竞选团队还在线进行了督促选民投票的活动，首次尝试大规模使用社会化媒体 Facebook 来督促选民投票。在竞选的最后几周内，竞选团队向那些下载 APP 的人发送附有他们在摇摆州②的朋友照片的信息，告知他们点击按钮来呼吁朋友们采取行动，例如进行投票登记、提前投票或者参加投票。竞选团队发现，每当潜在投票者联系到 5 个朋友时，他就会成为实际上的投票者，因为他与自己熟悉的人进行接触从而获得信息，而并非依赖电视或电子邮件。③

在 2012 年 11 月 6 日美国总统投票日那天，美国民主党总统奥巴马的幕僚在 Facebook 上张贴了奥巴马与第一夫人米歇尔年轻时的恩爱照片，引来民众称赞。据台湾“中央通讯社”11 月 6 日消息，这张褪了色的照片下面写着：“她投给他的原因，和嫁给他的原因一样——人格。今天请惠赐总统奥巴马一票。”报道称，奥巴马与米歇尔的这张照片已经有超过 2.7 万多人点赞，底下留言也有好几千条。另外，奥巴马的 Facebook 网页有 3 200 万人点赞，而罗姆尼只有 1 200 万人。

奥巴马竞选团队通过大数据分析了目标选民之后，采取各种方法，尤其是建立在关系基础上的社会化媒体来进行说服和敦促工作，为其最后成功奠定了基础。

---

① ISSENBERG S. How president Obama's campaign used big data to rally individual voters [EB/OL]. http://www.technologyreview.com/featuredstory/508836/how-obama-used-big-data-to-rally-voters-part-1/.

② 摇摆州是美国总统大选中的一个特有的说法，指的是竞选双方势均力敌，都无明显优势的州，在历届大选中经常会倒向不同的政党，频频摇摆。——编者注

③ 美国大选，利用好社交媒体新工具 [EB/OL].（2012-11-16）. http://tech.qq.com/a/20121116/000169.htm.

七、精确预测支持奥巴马的投票人数

大数据还用于精确预测支持奥巴马的投票人数。在选举日，奥巴马竞选团队的首席分析师瓦格纳的分析报表就变成了预测器。在美国俄亥俄州的选举结果公布之前，俄亥俄州的第三大县，也是辛辛那提的所在地的汉密尔顿县的权威部门公布了前几个月的 103 508 个早期投票者的名字及其他资料。瓦格纳通过“精确定位”预测工具发现其中 58 379 个选民的个人支持得分超过 50.1 分。也就是说，这些人（共占总人数的 56.4%）很有可能是投票给奥巴马的。通过这样的计算，投票给共和党罗姆尼的人只有 45 129 个，也就是说，奥巴马的票数将超过罗姆尼的票数。在俄亥俄州的选举结束之后，这些早期投票者的投票数是最先被统计出来的。当奥巴马的高级员工聚集在竞选办公室的电视屏幕前看这些最早出来的结果时发现，这些早期投票者的投票数几乎与瓦格纳预测的一样，在俄亥俄州的汉密尔顿县的这些早期投票者共有 56.6% 的投票率，仅比预测的高了 0.2%。

6.2.3 2016 年美国总统大选

在 2016 年美国总统选举中，竞选者特朗普凭借社交媒体 Twitter 发力，赢得大选。尽管民意调查几次都显示希拉里的支持率远远高于特朗普，然而这却不是最终的结果，在新媒体时代，社交媒体对美国总统大选的影响更加突出。对于美国人来说，社交媒体主要是 Facebook 和 Twitter，而其他的社交媒体则包括 YouTube 和 Instagram，Twitter 等社交媒体赋予了公民更多的话语权、更多的言论自由表达的渠道和空间。有学者认为，Twitter 被认为具有巨大的政治参与潜力。因为 Twitter 具有转发这一强大的信息扩散机制，它不仅是传播信息的理想平台，也是政治观点和想法不断得到公众认同和加强的平台。美国学者 Marichal 除就 Facebook 的特征和社交功能进行论述之外，还论述了 Facebook 在技术革命、政治交往、公民的政治参与、社会动员、政治时代的个人权利与隐私等方面带来的深入影响，重点论述了它对政

治、民主进程和政治参与带来的影响，认为 Facebook 深深影响了政治参与的关键因素：动员、深思熟虑、态度形成。① 可见，过去的相关研究显示，社交媒体通过信息的扩散传播，促进了动员和社会认同，最终形成公众舆论，进而影响选举结果。

早在 2008 年和 2012 年的时候，奥巴马就利用社交媒体赢得竞选，而在 2016 年的美国总统大选中，社交媒体更是承担了重要的角色。在 2016 年 1 月，在回答有关 2016 年美国总统大选信息的获取途径时 44％的美国成年人说在过去一星期内通过社交媒体获得 2016 年关于美国总统大选的信息，超过从当地和全国报纸上获得相关信息的人数比例；而到了 7 月，24％的美国成年人说他们通过特朗普或者希拉里的社交媒体的帖子来获得选举的信息，远远超过通过候选人网站和候选人邮件获得相关信息的人数比例的总和（15％）。②

从 2016 年的美国总统大选来看，Facebook 创办人扎克伯格表示不同意希拉里的很多观点，从支持希拉里转向支持特朗普。Facebook 还专门给特朗普创建了一个高清页面，实时播放特朗普的各种集会视频。特朗普在 Facebook 的粉丝数暴涨。③ 而至于 Twitter，特朗普利用"推特之道"为自己赢得了总统之位。Twitter 这一社交媒体也成为攻击对手的场所。特朗普的 Twitter 粉丝量是两党竞选人中最多的，他于 2009 年 3 月 18 日加入 Twitter，截至 2016 年 7 月 18 日粉丝数量接近 1 300 万，遥遥领先于希拉里，这使他在 Twitter 上获得了极高的曝光率。他在 Twitter 上更新频繁，截至 2016 年 7 月 18 日，共发布了 3 万多条推文，平均每天发布 16 条，希拉里当时只发布了 9 800 余条推文。而特朗普每天发布 Twitter 频率最高的时间是凌晨零点前后，而一周之内周末及周二发 Twitter 的频率最高，所占比例均为 16％左右，

---

① MARICHAL J. Facebook democracy：the architecture of disclosure and the threat to public life [M]. Surrey：Ashgate Pub，2012.

② Candidates differ in their use of social media to connect with the public [EB/OL]. (2016-07-18). http://www.journalism.org/2016/07/18/candidates-differ-in-their-use-of-social-media-to-connect-with-the-public/.

③ 谭天. 从美国大选看社会化传播 [J]. 视听界，2016 (11)：56-59.

周一的频率最低，所占比例为11%。由此可以看出，特朗普集中在“半夜”发Twitter攻击对手。从他们发布的内容可以看出，希拉里表现出的是一种亲民的形象，而特朗普则通过社交网络展现出自己的个性。

在2016年美国总统大选中，特朗普在Twitter上不断制造新闻、攻击竞争对手，以此来保持自己的曝光率和媒体关注度，可谓将Twitter运用到了极致。他毫无顾忌的讲话风格受益于社交媒体主导的社会环境，人们不断更新自己的认知，而淡忘了他言论中自相矛盾的地方。除了使用Facebook和Twitter外，特朗普还使用YouTube开设频道订阅，订阅用户数虽然低于民主党的另一个竞选参与者Sanders，却要高于他的竞争对手希拉里。而在Instagram上，特朗普的支持者约954 000个，位列第一。[①]

在2016年美国总统大选中，社交媒体不再是舆论导向的追随者，而成为舆论导向的塑造者。社交媒体已经成为政治工具，对选民产生了非常巨大的影响。特朗普和他的支持者通过社交媒体平台，利用民众的反建制、反精英情绪，成功地把他和希拉里的对决塑造成大众和精英的对决。2016年美国总统大选显示的趋势是，竞选人越来越少地通过传统媒体传递信息，公众也越来越少地把传统媒体作为重要信息源。

客观地说，社交媒体不是特朗普获选的主要原因，但肯定是重要原因，因为在传统媒体不断攻击特朗普的情况下，特朗普的形象宣传和向对手的反击就不得不依靠社交媒体的议题设置，社交媒体使特朗普的言论能未经传统媒体的过滤而直接到达用户手中。更深层次地说，社交媒体的用户主要是年轻人，而这次支持特朗普的人中，年轻人也占了很大的比例，因此，通过社交媒体发表观点，成为特朗普在传统媒体攻击下仍然保持自己的良好形象的重要手段。根据相关学者的研究，社交媒体在18岁到24岁的人群中有着更大的影响力，社交媒体的内容对这一群体的34%的用户的投票产生影响，仅

---

① CRIST R Y，PETRAKOVITZ C. How the 2016 presidential candidates measure up on social media［EB/OL］.（2016－02－08）. https：//www. cnet. com/news/2016－elections－comparing－presidential－candidates－on－social－media/.

次于电视辩论的影响。[①]

6.3　我国选举政治参与的发展与问题

要了解互联网使用对我国选举政治参与的影响，就要先了解我国选举政治参与的发展和存在的问题。选举，作为政治参与最重要的一种，是社会主义民主政治的基础，选举制度是社会主义民主制度的重要组成部分。从我国民主政治建设的实际状况和发展趋势出发，改革和完善选举制度，有利于坚持党的领导、人民当家作主和依法治国的有机统一，有利于发展社会主义民主，建设社会主义政治文明。[②] 我国的社会主义选举可以追溯到 1953 年 2 月 11 日，中央人民政府委员会第二十二次会议通过《中华人民共和国全国人民代表大会及地方各级人民代表大会选举法》(简称《选举法》)，确认了新中国成立初期选举制度的基本原则，为在全国范围内实行普选、逐级召开地方各级人大和全国人大提供了法律基础。其中，《选举法》第三条规定，全国人大代表，省、县和设区的市人大代表，由其下一级人大选举；乡、镇、市辖区和不设区的市的人大代表，由选民直接选举。1953 年《选举法》确定乡、镇、市辖区和不设区的市人民代表大会代表由选民直接选举产生；县以上的各级人民代表大会代表由下一级人民代表大会代表选举产生，即实行间接选举；各级人民委员会（即地方人民政府）由同级人民代表大会选举产生；人大代表候选人一般实行等额选举。在学术上，有研究者把这样的社会主义国家的选举定义为确认性的选举或全民公决式的选举。[③] 在这样的选举活动中，

---

① GREEN R K. The game changer：social media and the 2016 presidential election [EB/OL]. (2017－03－22). http://www.huffingtonpost.com/r－kay－green/the－game－changer－social－m_b_8568432.html.

② 袁达毅. 推进我国选举制度建设的几点思考 [J]. 北京行政学院学报，2016 (3)：32－44.

③ JACOBS E M. Soviet local elections：what they are and what they are not [J]. Soviet Union Studies，1970，22 (7)：61－76.

选民只是对党和政府指定的候选人进行表态。[①] “文化大革命”期间，各级人民代表大会的正常运作受到重创。1979 年后，基层人大选举逐渐恢复。

1979 年重新修订的《选举法》，将直接选举的范围扩大到了县级，确定县（自治县、不设区的市、市辖区）和人民公社、镇（后改乡、民族乡、镇）的人大代表均由选民直接选出，扩大了民主选举的范围。各级人大代表和地方各级国家机关的领导人员，由实行等额选举改为基本实行差额选举。直接选举的另一部分就是村（居）委会选举（这里主要指村委会）。《宪法》规定：村民委员会是农村基层群众性自治组织，村民委员会的主任、副主任和委员由村民选举。

于是，目前我国选举可分为两个层次：一是县、乡级人大代表以及村干部等的直接选举；二是间接选举，包括县以上地方各级人大选举上一级的人大代表和本级人大常委会组成人员，各级人大选举本级人民政府正副职领导人、法院院长和检察院检察长，以及国家（政府）各级领导人的选举。

目前我国人民代表大会制度尚待完善：一是多层次的间接选举不能全面、准确地反映和表达选民的利益诉求和政治意愿，甚至有时候歪曲、违背了选民的意愿；二是多层次的间接选举隔断了人大代表和选民之间的联系，代表不能对选民负责；三是在现实生活中，由于选民与候选人之间缺乏有效沟通，候选人与选民之间隔着一座冰山。[②] 在选民和候选人的沟通上，一方面，选民不了解候选人，只是通过短暂的演讲和介绍，知道候选人的年龄、性别、学历、籍贯、工作经历等一些简单的基本情况，对于候选人的人品如何、参政议政能力如何，选民无从知晓；另一方面，在选举阶段，候选人没有充分地与选民沟通和交流，候选人对自己的职责定位不清、认识不明，在很多情况下候选人当选人大代表后，不知道需要代表选民哪些利益，只是考虑自己

---

① GILISON J M. Soviet elections as a measure of dissent：the missing one present [J] . American Political Review，1968，62：61－76.

② 任媛．论基层人大代表选举制度与公民政治参与 [J] ．中共山西省委党校学报，2009，32 (6)：13.

的小团体的利益。[①]

村干部选举，即村委会选举，是中国目前所具有的竞争性最强、对选民利益最具实质影响、参与人数最多、参与率最高的政治选举。胡荣指出，“中国农村的村民委员会选举在很大程度上不同于其他一些流于形式的选举，在很大程度上是一种有竞争的选举”[②]。村委会选举引发了村民积极参与，民政部对全国一些县（市）第二次村委会换届选举的调查显示，村民投票率一般都在 80%以上。[③] 又据民政部提供的数据，在 2005—2007 年村委会换届选举中，北京、吉林、黑龙江、江苏、福建、湖北、海南、四川、甘肃、青海和新疆这 11 个省级行政区的村民投票率达到 87% ，其中以海南 94.7%为最高，新疆 70.7%为最低。

不过，在村委会换届选举过程中，也存在着这样或那样的问题。一些宗派势力、家族势力为了自身利益会干扰选举过程。受传统政治文化的影响，一些干部重指派、轻选举，甚至内定人选，一些地方选举程序不合法并进行暗箱操作，在选民填写选票时横加干涉，干扰计票过程等，还有一些地方出现了贿选甚至投票后烧毁投票箱等现象。另外，《选举法》自身不够不完善，竞选机制缺乏，选举完成后监督力度不够，没有宣誓步骤且罢免程序也没有运作起来。例如，2005 年 6 月 13 日，在浙江省衢州市衢江区樟潭镇安仁铺村村委会换届选举中，安仁铺村党政干部营私舞弊，暗箱操作并撕毁选票，激发民愤，险些酿成大规模流血冲突。

应该看到的是，与国外的竞争性选举不同，村委会选举是一种半竞争性选举，虽然竞争也比较激烈，但是却较少利用大众媒体进行宣传。村民往往世世代代都居住在同一地域，一般都同候选人保持密切的关系，或为亲戚、或为朋友、或为邻居，总之是一个熟人社会。胡荣认为，村委会选举的高投

① 强舸．基层人大选举中的政治冷漠与利益缺失［J］．人大研究，2012（10）：9.

② 胡荣．村民委员会选举中村民的自主式参与［M］//李连江．村委会选举观察．天津：天津人民出版社，2001：4.

③ 胡荣．村民委员会选举中村民的自主式参与［M］//李连江．村委会选举观察．天津：天津人民出版社，2001：4.

票率与熟人社会有关。“如果在朋友（包括亲戚、邻居等）出来参选的情况下退避三舍而没有出面投票支持，那就会在道义上受到指责。”[①] 也正由于是熟人社会，大众媒体的宣传就显得不那么重要。在互联网的使用上，由于村民的收入、教育平均水平都比较低，于是使用互联网参与选举的比率也不高，因此也难以通过互联网了解更多村委会选举的相关信息或发表意见。

6.4 互联网使用对我国选举政治参与的影响

与国外情况不同，互联网对我国选举政治参与的影响主要是让选民了解选举新闻、立法信息等。如 2000 年 6 月，深圳市市民坐在家里打开电脑，通过上网就进入了正在召开的人民代表大会，既可以聆听市长的政府工作报告，也可以通过“市民之声”向人民代表大会提交电子建议。人们足不出户就可以“参政议政”。[②] 2004 年上海市也开通了人民代表网，主要栏目包括代表议案、代表书面意见、代表园地、代表网上接见等，以加强代表与选民之间的联系。[③] 2010 年 1 月，广东省人大也在电子民主方面迈出了可喜的一步，在广东人大网上推出了“立法专网”“代表专网”等窗口。立法专网主要公开广东省人大常委会立法规划、立法计划和其他立法文件等立法信息，宣传广东省人大常委会的立法工作；代表专网主要提供有关代表履职和代表工作的信息，包括各种通知、公告，以及省人大常委会向代表提供的各种信息资料等。立法专网除了向公众提供免费的广东省地方性法规查询系统，还特别设立了公众互动栏目和地方法规草案征集意见系统，加强常委会及其机关、人大代表、有关部门、立法顾问、社会公众等之间的沟通与互动，迈出了广东省人大常委会科学立法、民主立法的新步伐；代表专网则为代表提出议案建议、

① 胡荣．村民委员会选举中村民的自主式参与［M］//李连江．村委会选举观察．天津：天津人民出版社，2001：15.

② 刘文富．网络政治：网络社会与国家治理［M］．北京：商务印书馆，2002：386－389.

③ 袁峰，顾铮铮，孙珏．网络社会的政府与政治［M］．北京：北京大学出版社，2006：146.

了解议案建议办理情况、反馈议案建议办理情况满意度、报名参加代表活动，以及讨论问题和交流信息提供网络平台，开辟了支持和保障代表履行职责的新途径。另外，系统还专门为人大代表设置了网上提交功能，代表可以将自己的议案初稿发到讨论区里，广泛吸取其他代表的意见和建议，然后对自己的议案进行修改、完善，再点击提交。这样代表们就能集思广益，如果关注度够高，大家讨论得很广泛，还有可能被系统置顶。①

随着社会化媒体如微博的发展，一些网民拥有了颇具影响力的微博账号，他们希望借此来进行选举政治参与。2003 年，北京大学中国经济研究中心研究生殷俊将一篇题为“你我共同的承诺——参选宣言”的帖子发到了北大未名 BBS 的“三角地”上。通过网络发表竞选声明并且寻求支持，是高校中的自荐参选者所采用的最主要手段。2005 年的第一天，一封网上公开信在深圳新一届市人大代表选举中引起了人们的注意。这封被网民们热捧的《自荐直选深圳市第四届人大代表公开信》，是由深圳市市民邹涛发表在深圳新闻网上的。从 2010 年 1 月起，天津网民王忠祥在微博上表达了对于来年新一届人大代表选举的关注，他在微博中提到“天津滨海新区了解第一届人大代表选举情况的朋友请和我联系！滨海新区第一届人大代表选举第 137 选区的朋友请和我联系！第 137 选区开发区逸仙园工业园区各单位的朋友请和我联系！我希望知道你们参与本次选举所知道的情况及你们对选举问题的见解”，并留下了电子邮箱和手机号码。

2011 年 5 月 19 日，华中师范大学国际政治专业大四学生蒋凯在微博中宣布将自荐参选家乡长兴县的人大代表。2011 年 5 月 25 日，拥有 660 多万粉丝的知名网络人士、杂文家、畅销作家李承鹏在微博上发言，提出：“本人将于今年 9 月正式参选人大代表，在户口所在地成都，组成参选班子，严格遵守我国《宪法》参选的相关规定。此想法去年已在微博公布，现思考良久正式参选，本人（是）合法公民，无任何势力操纵，愿为选区人民表达他们

① 刘毅．网络舆情研究概述［M］．天津：天津人民出版社，2007：223.

之合法愿景，监督政府，推动社会。恳请各界人士指点参选路径及办法。同意的举手。”李承鹏于 5 月 25 日下午 5 时 30 分发表的这条微博到当晚 8 时已被转发近 3 000 次，评论 2 700 多条。

2011 年 5 月 27 日，北京新启蒙研究所公民参与立法研究中心负责人熊伟发微博“正式宣布竞选北京海淀区人大代表。作为一名民间智库负责人、独立学者，我已在北京工作 9 年但从未见过非京籍居民参选，竞选口号是：为 900 万非京籍、数亿流动人口争取选举权，探索在现有法律框架内中国走向民主法治的路径；为选区选民服务；代表竞选应成为中国政改的突破口；以民间力量推动人大代表专职化”。在这些知名网民的号召之下，其他网民也纷纷宣布要竞选人大代表，如网友五岳散人、中国政法大学副教授吴丹红、广州知名博主梁树新，还有杭州的徐彦、梁永春等普通市民。通过微博，各种参选人聚合在了一起。类似“人大选举研究”这样的微博 ID 开始搜集、转发每天发生的关于人大代表选举的动态信息或者相关知识，在很多时候，当一名自荐参选人发布或转发微博的时候，往往也会通过“@”功能将其他参选人联系在一起。①

应该看到的是，通过网络进行选举政治参与的网民都是具有较高政治效能感的个体。在政治效能感的两个方面中，内部政治效能感以公民的个人信念为基础，即认为自己可以直接影响国家的政治决策，具有这种态度的人会更乐于参与政治进程，并从这种参与中积累政治知识；外部效能感是指一种个人信念，即认为机构和政治制度的实施者将正面回应公民的参与及其传递的要求。当前，在中国的选举政治参与还处于发展阶段的时候，能够通过互联网来宣布自己参选，尤其是以独立候选人的身份来参选的网民必然是有较高的内部效能感和外部效能感的，但是这些网民由于缺少相应的组织以及制度的支持，大部分人并没有实现参与竞选的目的。

---

① 陈昌凤，虞鑫．微博空间的政治议题：呈现与建构——从自荐参选人大代表的新浪微博客说起［J］．人民论坛，2011（34）．

6.5 互联网使用对选举政治参与的影响的展望

在很多国家，互联网已经成为选举政治参与不可缺少的一部分。候选人建立起他们的网站，越来越多的选民、新闻工作者和积极分子访问网站，获取信息并相互沟通。[①] 候选人的网站提供各种服务和功能。首先，这些网站提供大量有关候选人的背景信息和竞选信息，而且这些信息可以很快地得以更新。通过互联网提供信息比通过电话和邮寄有效多了，候选人的网站也提供过往信息供选民、新闻工作者和研究者访问和研究。其次，互联网可以提供多媒体和互动信息，从而较少受传统媒体的控制，利用新的网络技术（如 cookies），候选人可以通过直接与选民互动来了解更多选民的行为习惯，这些资料有利于候选人针对不同的选民群体来分发信息。最后，多种多样的网站互动功能可以促使更多的资源的出现，如募集捐款、招收志愿者等。论坛、留言板等功能有利于候选人组织内部和外部的讨论，从而引发话题、吸引选民和攻击对手。

西方的民主选举是以多党制为基础的完全竞争性的选举，选民的投票行为是依据不同党派候选人提出的政治与政策主张所做出的选择[②]，因此，西方的民主选举非常重视媒介在其中的作用与影响。中国的选举政治参与和西方国家并不相同，所奉行的差额原则和代表联名提名制在一定程度上使其成为半竞争性选举，尤其是在村委会选举的过程当中。从半竞争性选举向竞争性选举迈进，尤其是反映选民的意见诉求、真正代表选民说话，需要媒介尤其是互联网的介入。当前国内以独立候选人的身份参选的仅是一小部分政治效能感高的网民，并未得到制度的鼓励和支持。可见，互联网在影响中国的

① DRUCKMAN J N，KIFER M J，PARKIN M. Timeless strategy meets new medium：going negative on congressional campaign web sites，2002—2006 [J]. Political Communication，2010，27 (1)：88-103.

② 何俊志. 制度等待利益——中国县级人大制度模式研究 [M]. 重庆：重庆出版社，2005.

选举政治参与的过程中，由于没有现实选举政治参与制度的支持，尽管参与者都是一些具有较高政治效能感的个人，也往往不能成功。

当前中国的人大代表成为一种符号的象征，甚至有人利用人大代表的身份办私事、拉关系或者进行违法犯罪活动。之所以如此，主要是代表职务行为不够公开，选民和原选举单位不了解代表履行职务的情况，选民很难对代表的履职实效性实施监督。要想保持基层代表工作的生机和活力，需要对人大代表进行考评，如此才能对人大代表行使有效监督。比如通过互联网建立人大代表的工作业绩查询平台，将代表的姓名、工作单位、联系电话、电子邮箱等向选民公布，便于选民与代表联系。在人大会议准备阶段，可以在网上公布会议程序，让人大代表通报自己的参会准备情况；在人大会议过程中，可以将开会的过程通过网络视频或网络文字的形式向选民公开；在人大会议后期，人大代表应将自己的履职情况以及履职效果在网上向选民公布。[①] 当前，在中国尚未具备竞争性选举条件的情况下，这可以说是一个很好的利用互联网促进选举政治参与的方法。

---

① 孙浩．浅谈对人大代表的监督［J］．南方论刊，2007（4）：60.

第7章　互联网使用对群体性事件政治参与的影响

本章对互联网对现实政治参与的另一种形态——群体性事件政治参与的影响进行分析。与选举政治参与不同，群体性事件政治参与属于一种非制度化的政治参与，在西方常被称为“集合行为”“集体行动”或“社会运动”。为此，本章从社会运动的相关理论，如资源动员理论、框架理论、政治机会结构理论着手，对国外的互联网在社会运动中的影响进行介绍，并对国内的互联网如何影响三种类型的群体性事件政治参与进行分析，进而分析互联网影响群体性事件政治参与的受制因素。

7.1　本章问题的提出

在互联网对现实政治参与的影响中，有一种政治参与是非常值得关注的，就是群体性事件政治参与。群体性事件政治参与是一种非制度化的政治参与。群体性事件政治参与来源于“群体性事件”（mass incidents），而群体性事件是一个具有中国特色的政治词汇。新中国成立初期，“群体性事件”被称为“群众闹事”“聚众闹事”；到了20世纪80年代，被称为“群众性治安事件”①；20世纪90年代被称为“群体非法事件”“群体冲突事件”②；2000年的《公安机关处置群体性治安事件规定》使用的是“群体性治安事件”，指

① 穆赫．关于突发性治安事件的概念、特点及处置原则［J］．武警学术，1987（2）．

② 白志军．“突发事件”及“群众闹事事件”应称为“群体非法事件”［J］．公安研究，1990（1）．

“聚众共同实施的违反国家法律、法规、规章，扰乱社会秩序，危害公共安全，侵犯公民人身安全和公私财产安全的行为”[①]；2004 年，中共中央办公厅制定的《关于积极预防和妥善处置群体性事件工作的实施意见》首次提出了“群体性事件”的概念，并指出其是“由人民内部矛盾引发、群众认为自身权益受到侵害，通过非法聚集、围堵等方式，向有关机关或单位表达意愿、提出要求等事件及其酝酿、形成过程中的串联、聚集等活动”[②]。

随着市场经济的发展和公民的权利意识的增强，社会矛盾日益突显，各种群体性事件不断增多。从计划经济向市场经济的社会转型中，我国发生的群体性事件呈现出数量增多、规模上升、范围扩大的态势。从数量上看，据有关部门统计，1993 年我国发生社会群体性事件 8 700 件，2005 年上升为 8.7 万件，2006 年超过 9 万件[③]，2007 年上升到 12.7 万件，后中央政府就再也没有公布过相关数字，2008 年和 2009 年的群体性事件的数量及激烈程度都超过以往[④]，而 2011 年，清华大学孙立平教授估计当年发生大约 18 万件群体性事件，由中国社会科学院发布的 2013 年《社会蓝皮书》指出：近年来，每年因各种社会矛盾而发生的群体性事件多达数万起甚至十余万起。[⑤]从规模上看，群体性事件数百人参加的比较常见，千人以上参加的也已发生了多起，并且出现了跨单位、跨地区的串联行动现象，个别地方甚至发生成千上万人的群体性事件。从范围上看，我国近年来发生的群体性事件波及各个地区；涉及建筑、交通等众多行业；参与主体多元化，包括在职和失业职工、农民、农民工、个体业主、复转军人、学生等各阶层人员。研究者对此类现象的兴趣也在提高，并涌现了一批关于这方面的研究文献，这些研究将

① 公安机关处置群体性治安事件规定［EB/OL］.（2000-04-05）. http://wenku.baidu.com/view/e56508d63186bceb19e8bba4.html.

② 魏新文，高峰 . 处置群体性事件的困境与出路［J］. 中共中央党校学报，2007（1）：90-94.

③ 赵鹏 .“典型群体性事件”的警号［J］. 瞭望，2008（36）：30.

④ 人民时评 . 群体事件多发原因是政府与民争利［EB/OL］.（2009-12-22）. http://news.qq.com/a/20091222/000012.htm.

⑤ 汝信，等 . 社会蓝皮书：2013 年中国社会形势分析与预测［M］. 北京：社会科学文献出版社，2013：12-14.

中国群体性事件归结到各种相关的社会经济因素上，例如阶级意识或者申冤意识[①]、规则或权利意识[②]、革命传统或者社会主义文化传统[③]、农民工的相对剥夺感、社会关系网络规模、企业集体宿舍制度[④]，以及行动者的行动能力和行动策略[⑤]，等等。

目前国内对互联网使用在群体性事件政治参与上的影响的研究已经有一些成果。不过，在以往的相关研究中，有的仅分析互联网在报道群体性事件时的特征与负面影响。如徐乃龙认为网络的冲击会增加处置群体性事件的难度，会引起群体性事件的恶性发展，会产生不良社会效应。[⑥] 而吴晓明则指出网络上的自媒体在群体性事件上具有舆论导向、议题设置以及沟通上情和传达民情的功能。[⑦] 有的偏向于谈互联网使用对群体性事件的一方面或几方面影响，缺乏对各种影响因素的关系的系统分析。如黄荣贵等发现在线业主论坛有助于集体抗争事件的发生，并且揭示了互联网作为动员手段的巨大潜力[⑧]，指出在线的公共讨论能够对某个事件进行阐释、达成共识，成为线下直接行动的基础。[⑨] 黄冬娅则发现虚拟社区虽然拓展了人们的现实联系，因其动员的广泛性而推动了公共参与的兴起，但能否转化为现实中有影响力的持续公共参与行动，还与线下的联络和动员机制及其特性密切相关：基于人

---

① 李培林，张翼，赵延东，等．社会冲突与阶级意识：当代中国社会矛盾问题研究［M］．北京：社会科学文献出版社，2005.

② Li L. Rights consciousness and rules consciousness in contemporary China［J］. The China Journal，2010（64）.

③ 佟新．延续的社会主义文化传统——一起国有企业工人集团行动的个案分析［J］．社会学研究，2006（1）：59－76，244.

④ 蔡禾，李超海，冯建华．利益受损农民工的利益抗争行为研究——基于珠三角企业的调查［J］．社会学研究，2009（1）：139－161，245.

⑤ 张磊．业主维权运动：产生原因及动员机制——对北京市几个小区个案的考查［J］．社会学研究，2005（6）：1－39.

⑥ 徐乃龙．群体性事件中网络媒体的负面影响及其对策［J］．江苏警官学院学报，2003，18（6）：11－14.

⑦ 吴晓明．群体性事件中的自媒体作用考察［J］．江海学刊，2009（6）：205－211.

⑧ 黄荣贵，桂勇．互联网与业主集体抗争：一项基于定性比较分析方法的研究［J］．社会学研究，2009（5）：29－56.

⑨ 黄荣贵．互联网与抗争行动：理论模型、中国经验及研究进展［J］．社会，2010（2）：2－10.

际网络的联络和动员推动了公共参与行动的行动力及其持续性，开放的城市空间则为这种现实的参与行动拓展了影响力。① 卜玉梅以反对垃圾站选址的社区集体抗争为例，采用虚拟民族志方法，展现了业主利用互联网进行抗争的行动图景，揭示了基于互联网的集体行动从线上走向线下的过程和影响因素。研究发现，对于浅层行动，在线动员能够实现广泛的离线参与；对于深层行动，在政治弱控制、参与热情高涨的行动初期，在线动员效果较好，但在政治控制介入、行动力弱化的行动维持阶段，则需要通过离线的二次动员或现实网络及组织的生成来保证行动参与并支撑行动的持续性。②

这些研究增进了我们对于互联网使用对群体性事件的影响的理解，但是群体性事件具有不同的类型，不同类型中的信息传播、组织动员和框架整合都不同，必须分清互联网使用在不同类型的群体性事件中的影响，才能更为全面地理解互联网使用对群体性事件的影响。

此外，过去的研究倾向于单一案例分析，如周葆华发现市民通过网络等渠道参与厦门 PX 事件，与朋友谈论或转发相关信息这种网络参与超越了其他体制型的参与方式。③ 袁光锋以番禺反垃圾焚烧为案例，指出互联网使用能够为业主提供信息传递、共识塑造的公共平台，并建构业主之间的关系网络，进行社区的资源动员，从而有助于业主抗争。但互联网业主的抗争受到国家、市场和社会等宏观权力结构的深层次影响，宏观权力会渗透到互联网空间中，并塑造抗争者的行动逻辑和抗争效果。④ 曾繁旭等以番禺民众反对垃圾焚烧炉议题为例，发现一个松散的运动企业家群体通过对互联网的创造性运用，成功地进行“虚拟组织”，实现了抗争内部一定程度的协商、决策和

① 黄冬娅．人们如何卷入公共参与事件基于广州市恩宁路改造中公民行动的分析［J］．社会，2013（3）：131－158.

② 卜玉梅．从在线到离线：基于互联网的集体行动的形成及其影响因素——以反建 X 餐厨垃圾站运动为例［J］．社会，2015（05）：168－195.

③ 周葆华．突发公共事件中的媒体接触、公众参与与政治效能——以“厦门 PX 事件”为例的经验研究［J］．开放时代，2011（5）：123－140.

④ 袁光锋．互联网使用与业主抗争：以番禺反垃圾焚烧维权事件为案例［J］．中国地质大学学报（社会科学版），2012，12（3）：59－65.

框架建构过程的民主化，并成功动员线下的抗争行动。[①] 单一案例分析虽然有利于理解个案背后的背景、起源与发展，但却难以历时性和共时性地将这一案例与其他案例做对比。为此，本章采用多案例综合分析方法，多案例研究可以被看作多个相关实验。此时所进行的归纳是"分析性归纳"[②]，即使用一种事先准备好的理论框架来分析案例，将理论的推论与案例的经验材料进行对比。基于以上认识，本章将问题聚集于：互联网使用在群体性事件政治参与中产生什么样的影响？在不同类型的群体性事件中影响的共同点与不同点在哪里？

7.2　相关理论框架

国外把群体性事件称为"集体运动""社会运动"或者"抗争行为"。Garrett 将互联网对抗争行为的影响区分为三种类型，即互联网作为动员结构、互联网作为框架化工具以及互联网作为政治机会结构。[③] 参考这一观点，本章从资源动员理论、框架理论和政治机会结构理论着手，分析以往的相关文献，并探索文献中的这些理论在群体性事件中的应用价值。

7.2.1　资源动员理论

资源动员理论的基本观点是：社会运动是理性的动员过程，其中，社会运动组织拟订策略以从支持者那里积累资源，并且将这些资源与对手、权力精英进行交换，其最终目标在于实现某种集体利益。[④] 在资源动员理论中，

---

① 曾繁旭，黄广生，刘黎明．运动企业家的虚拟组织：互联网与当代中国社会抗争的新模式［J］．开放时代，2013（3）：169－187.

② 殷．案例研究：设计与方法［M］．周海涛，等译．重庆：重庆大学出版社，2004：36－37.

③ GARRETT R K. Protest in an information society：a review of literature on social movements and new ICTs［J］. Information，Communication & Society，2006，9（2）：202－224.

④ JOHN D，CARTHY M C，MAYER N Z. The trend of social movements in America：professionalization and resource mobilization［M］. Morristown，NJ：General Learning Corporation，1973：1－30.

资源是一种社会资本，包括信任、规范、网络等，它们能够通过促进合作行为来提高社会的效率。在此框架下，集体行动被解释为具有主观思考和行动能力的个体在组织的控制与协调下，将原来分散的社会资源进行整合，以产生积聚效应，即使得原本弱小的个体通过独特的联合机制而发出能够影响社会的声音。因此，集体行动是行动者进行动员与反动员的策略性工具。互联网的动员方式和手段，改善了群体性事件的动员结构。在时间上，互联网的信息即时传输功能，尤其是信息互动机制有益于社会运动的机动性动员和持续性动员；在空间上，互联网跨越国家地域的限制，使在某一地的社会运动能够获得社会资源并产生动员效果。

资源动员理论强调社会运动是一种资源汇集与议价的过程，认为社会运动组织的功能在于对内招募支持者、鼓励参与、维持士气，对外包装诉求、谈判交涉。因此资源动员理论的核心在于组织动员。随着互联网的发展，新的资源成为动员的重要途径，以互联网为基础的交流克服了地理空间的限制，从而有助于维持分布广泛的虚拟社区①，当虚拟社区与现实生活的社区重合的时候，虚拟社区有助于生成大量的弱邻里关系，这种弱邻里关系最终能够成为集体行动动员的工具②，同时，互联网的信息即时传输功能有利于社会运动的随机动员和持续动员，在随机动员方面更是体现了信息即时传播与反馈的优势。因此资源动员理论成为研究互联网使用对群体性事件的影响的一个重要方面。

7.2.2 框架理论

框架作为一种试图去描绘群体性事件的策略，其目的是使行动者的观点合法化及使用大家共同的信念和理解去动员，并获得认同。如果传统媒体对

---

① ELIN，LARRY. The radicalization of zeke spier：how the Internet contributes to civic engagement and new forms of social capital［M］//Cyberactivism：online activism in theory and practice. New York：Routledge，2003：97－114.

② HAMPTON，KEITH N. Grieving for a lost network：collective action in a wired suburb［J］. Information Society，2003，19（5）：417－428.

群体性事件的报道的认知框架不符合当事人的认知框架，则当事人可通过新闻素材的重新组织、话语的重新界定来重塑认知框架。陈力丹和董晨宇通过分析杭州飙车案，试图了解为什么看似普通的某个个人事件会在一夜之间成为全民关注的公共事件。他们认为其中的原因在于媒体报道将个人事件中的人物角色进行了原型沉淀，而沉淀之后的原型恰恰符合人们的社会心理，进而呼唤了人们的集体共鸣。这里的原型沉淀实际上属于报道框架的一种表现方式。[①] 李良荣等通过对 2010 年至 2011 年间发生的 195 个网络群体性事件进行大样本案例量化分析，发现公众共同的利益诉求、事件发生地、首发媒体、首发位置、中央媒体参与报道这 5 大因素是网络群体性事件爆发的关键成因，其中后三个因素就涉及群体性事件的框架建构。[②] 群体性事件的框架建构，可以培养集体共识，建构集体认同，最终促进集体动员。在群体性事件中，参与者常常通过多种形式来表达其利益诉求，例如给政府部门写信，给人大及政协提交议案，或者在对抗性的行动中通过喊口号、举标语和横幅等来表达诉求。这些都需要话语塑造和框架整合。[③] 利用框架来使自己的运动合法化的群体性事件的一个典型例子是反 WTO 和 IMF 的示威。对于主流媒体来说，这些运动的标签是“反全球化”；而对于运动者来说，通过进行再框架化，他们将行动称为“全球正义活动”“反资本主义”“公平贸易”，运动者的每一个口号都隐含着不同的合法性、策略和目标。

7.2.3　政治机会结构理论

政治机会结构就是各种促进或阻止某一政治行动者的集体行动的政权及制度、机构特征[④]，如 2004 年到 2005 年的国际环境为乌克兰持不同政见者

---

① 陈力丹，董晨宇．从个人事件到公共事件——以“杭州飙车案”为例［J］．民主与科学，2009（4）：21－25.

② 李良荣，郑雯，张盛．网络群体性事件爆发机理：“传播属性”与“事件属性”双重建模研究——基于 195 个案例的定性比较分析（QCA）［J］．现代传播（中国传媒大学学报），2013（2）：25－34.

③ SNOW D A，ROCHFORD E B，JR，et al. Frame alignment processes，micro mobilization，and movement participation［J］. American Sociological Review，1986，51（4）：464－481.

④ 蒂利，塔罗．抗争政治［M］．李义中，译．南京：凤凰出版传媒集团，2010：250.

提供了以民主之名呼吁国外支持者的机遇。政治机会结构理论认为群体性事件的出现取决于集体行动者面临的政治机会结构和有利条件，而不是个人对社会或者经济因素的不满，政治机会结构事实上就是群体性事件面临的风险和成本，其状况如何直接影响到事件的成败。相关研究发现要想使群体性事件中的对抗性策略取得成功，必须要有有利的政治环境。[①] 政治环境能够影响政治系统的结构、功能和运行，从而也能影响群体性事件的最终解决。汤志伟和陈萌通过结构方程模型分析网络群体性事件的诱发因素，发现社会控制能力对网络群体性事件的发生起着关键性的作用，在网络群体性事件发生的临界点，如果社会控制能力能及时、有效地发挥作用，也许能阻止网络群体性事件的发生。[②] 这显示了政治机会结构在互联网使用对群体性事件的影响中发挥着重要的作用。

政治机会结构影响社会运动的策略选择。如果政治体制具有开放性，但政策实施能力弱，则社会运动可能采取融入性策略，如游说、请愿、组团参与选举竞争、向法庭提起诉讼等；如果政治体制封闭，并且能化解各种威胁政策施加的压力，则社会运动可能采取对抗性策略，如游行示威、占领交通要道等。政治机会结构同样影响社会运动的结果。在开放性政体下，社会运动常常有程序性效果，即政体为抗争者开放新的参与渠道，相对开放的政体加上政府强有力的政策实施能力，使社会运动拥有实质性效果，即旧政策发生变更或者产生新的政策，当一个政体封闭并且强大时，运动积极分子便会促使精英发动有限的政策改革；在一个比较弱的政体下，不管是开放性的还是封闭性的，抗争都不太可能有实质性收获，最可能的结果是造成政治僵局，新旧政策都不可能成功实施，当一个政治体制不能带来程序性的或实质性的改革时，运动要求就可能会扩大，包括彻底改变现行政治体制，这样就会带来结构性压力。

---

① SCHUMAKER，PAUL D. The scope of political conflict and the effectiveness of constraints in contemporary urban protest [J]. The Sociological Quarterly，1978，19 (2)：168－184.

② 汤志伟，陈萌. 基于结构方程模型的网络群体性事件诱发因素的实证研究 [J]. 中共四川省委省级机关党校学报，2012 (2)：79－83.

7.3　互联网使用对国外社会运动政治参与的影响

互联网使用对国外社会运动（群体性事件）政治参与的影响可以追溯到 21 世纪初。2001 年，在菲律宾首都马尼拉，一百多万市民上街进行抗议，其主要的动员、协调手段就是短信。[①] 2007 年，缅甸爆发“番红花革命”，十多万人参与游行。这次运动最引人注目的是网络公民记者的出现，他们通过廉价的数码相机，通过即时通讯等互联网工具传播消息，最终由英国广播公司（BBC）进行报道。2009 年 4 月，摩尔多瓦首都发生社会运动，美国《纽约时报》和《外交政策》很快用“推特革命”[②] 而不是“颜色革命”来命名这次由网络技术推动的广场抗议活动。2009 年，伊朗的反政府活动充分体现了互联网的动员能力。当年夏天，由于许多人认为总统大选中存在舞弊行为，于是爆发群众抗议活动，并引来政府镇压，但是这些消息最终还是通过社会化媒体如 Facebook、YouTube 和 Twitter 传播到全世界。可以看出，互联网在国外社会运动政治参与中显示出社会动员、新闻报道、突破封锁等多重作用，给参与者以赋权和抗争的可能，从而推动了事件的发展。本节将对最近这几年具有代表性的阿拉伯革命进行探讨。

以 2010 年底发生的突尼斯运动为开端，在之后的一段时间里，除了沙特阿拉伯等海湾君主国暂时稳定外，其余大多数阿拉伯国家都笼罩在民众激烈的抗议情绪下。抗议群众提出的重大政治要求包括总统或国王下台、政府改组并公平选举、实行民众参政、保障民权与改善民生等。这被国内外学术界称为阿拉伯革命，其中又以突尼斯和埃及的动荡和政权颠覆最为突出。

2010 年 12 月 17 日，突尼斯一名失业大学生在街头售卖水果和蔬菜时，

---

① RHEINGOLD，HOWARD. Smart mobs：the next social revolution［M］. MA：Perseus Publishing，2002：157－182.

② BARRYE E. Protests in Moldova Explode，with help of twitter［N］. The NewYork Times，2009－04－08.

遭到执法人员粗暴对待并在自焚抗议后身亡。这名失业大学生的自焚，在激起突尼斯人同情心的同时，也激起了突尼斯人长期以来潜藏的对失业率高涨、物价上涨以及政府腐败的怒火。另外，国外维基解密（Wikileaks）网站的大量公开文件，暴露出本·阿里家族腐败的具体细节。民众的反政府情绪迅速蔓延，最终促使他们走上街头，呼吁推翻本·阿里统治。突尼斯警方采取暴力方式来对付示威者，向示威民众开枪，双方之间发生冲突，导致数十人伤亡。①

突尼斯警察对人民采取暴力行动的同时，官方有关此次事件的报道极少，报道内容主要涉及一些骚乱与恐怖事件。突尼斯政府对抗议事件采取严厉的新闻封锁措施，包括阻止国内外记者就示威与游行进行采访和拍摄。但突尼斯政府采取的封锁措施未能阻碍当地人拍摄相关照片和视频，人们在Facebook和其他网络社区发布有关示威真实情况的照片和视频。青年们通过社交网站24小时不间断地联系，他们上传了大量用手机、相机及DV拍摄的游行现场画面到Facebook等社交网站上。互联网在这起事件中起到了宣传、联络和社会动员的作用。

2010年12月28日，本·阿里在讲话中将示威者称为“暴徒和恐怖分子”，并坚决地说：“我们要使用最严厉的方式来制裁他们。”本·阿里的讲话引起了突尼斯人民更大的不满，人民继续示威。突尼斯政府对示威的镇压也变本加厉，新闻的自由表达越来越受到限制。此后，突尼斯政府采取更严厉的新闻和网络封锁来控制手机视频和照片，防止其泄漏到国外媒体，警察逮捕了有反政府倾向的记者、博客作者和反政府说唱歌手。突尼斯政府网络监督局封锁所有视频分享网站、博客、网络社区和某些国外新闻网如半岛新闻网，并入侵示威者的Facebook账号。2011年1月13日，本·阿里再次发表讲话，再三承诺不当“终身总统”，并承诺要进行政治改革，取消媒体与网络封锁，保证个人的表达自由。然而，本·阿里已完全失去了人民的信任，最终倒台。

---

① 刘滢．突尼斯“变天”的缘由［N］．工人日报，2011-01-18.

2009 年 6 月，在埃及年轻商人哈立德·赛义德被害的视频播出后，人权活动者在 Facebook 上创立了“我们都是哈立德·赛义德”的网页，在 Facebook、YouTube 和 Twitter 上的拥护者多达数十万。他们号召埃及民众于 2011 年 1 月 25 日在开罗解放广场开展示威活动。很多人通过 Facebook 和 Twitter 传递这一消息，超过 9 万埃及网民在 Facebook 上留言表示，“为了终结贫穷、腐败、失业和折磨，拼了”。1 月 25 日，当地居民开始在埃及各地走上街头，抗议高食品价格、高贫富差距以及高失业率，要求总统穆巴拉克下台，并与警察发生冲突。埃及政府当夜禁止国内用户访问 Twitter 服务器。26 日，示威发起人又通过 Facebook 等渠道，号召民众 28 日在清真寺礼拜后举行最大型示威，还提供了一张列有 30 间清真寺及教堂的清单，告知示威者聚集地点。短短一天，召集示威活动的 Facebook 页面就已有 8 万人表态支持。网络聚集越来越多的民众，这也使得抗议规模不断扩大，暴力随之升级。为了阻止民众示威，埃及政府于 1 月 27 日采用极端的封锁消息的手段，一度全面中断国内所有移动电话网络和互联网连接。但是这一“街头革命”依然愈演愈烈，持续了 18 天，直到 2 月 11 日执政 30 年的穆巴拉克宣布辞职。

突尼斯事件和埃及事件能够在较短时间内引发政局突变，可以说，互联网在其中发挥了不可替代的关键性作用。

7.4　互联网使用对国内群体性事件政治参与的影响

在以往的研究中，于建嵘从群体性事件的标准和类型划分入手，将中国国内当前的群体性事件划分为维权行为、社会泄愤事件、社会骚乱、社会纠纷和有组织犯罪五类。他还指出关于社会纠纷和有组织犯罪的特征比较明显，也不是转型社会特有的现象。[①] 曾庆香和李蔚认为群体性事件分为发泄型群

---

① 于建嵘．当前我国群体性事件的主要类型及其基本特征［J］．中国政法大学学报，2009（6）：114－120.

体性事件和目标型群体性事件。发泄型群体性事件具有突发性，没有具体的抗争目标，其群体一般为偶遇群体，具有情境性突发因素，即其导火索往往是偶然的，其过程中往往出现打、砸、抢、烧，其群体也往往容易丧失理智。而目标型群体性事件往往是为了实现某一具体的目标而有计划、有组织地进行的事件，其群体是由具有共同利益的人组成的，其过程一般比较理智。[①]综合这些研究，本节将分析利益维权型、无利益泄愤型、社会骚乱型这三种类型的群体性事件。

所谓利益维权型群体性事件主要是利益之争，不是权力之争，经济性大于政治性。它是由处于社会弱势地位的公民的合法利益受损而引发的，是一种反应性的抗争行动。维权者一般都会以现行的法律和法规作为其行为框架和底线，都企求政府公平、公正地调查处理，行为相对克制，但有的时候由于群体极化也会出现一些极端行为。如 2007 年的厦门 PX 事件和 2011 年的广东乌坎事件。

所谓无利益泄愤型群体性事件，是由偶然事件引起的，一般都没有个人上访、行政诉讼等过程，突发性极强，从意外事件升级到一定规模的冲突事件的过程非常短，有打、砸、抢、烧等违法犯罪的行为，会给国家、集体和个人造成财产方面的损失。与社会骚乱型群体性事件不同的是，无利益泄愤型群体性事件往往没有背后的组织者，是自发出现的。无利益泄愤型群体性事件的特点包括群体的临时性、利益的非直接性，即参与者与事件本身没有太多的利益瓜葛。[②] 刘勇将“无直接利益冲突”事件界定为群体事件的一种，认为它是在复杂的群体心理支配下的非理性的、严重破坏社会正常秩序的重大社会泄愤事件。它的特殊性在于“社会冲突的众多参与者与引发冲突的事件本身并无直接的利益关系，只是借助这一偶然事件，来发泄郁积在心中的强烈不满和压抑的怨气”。[③] 熊友华认为，“无直接利益冲突”事件的众多参

① 曾庆香，李蔚．群体性事件：信息传播与政府应对［M］．北京：中国书籍出版社，2010：52－54.

② 陈月生．群体性突发事件与舆情［M］．天津：天津社会科学院出版社，2005：13－15.

③ 刘勇．“无直接利益冲突”的群体心理分析及应对策略［J］．理论前沿，2009（19）：29－31.

与者与事件本身无关，或者本身并没有直接利益诉求，而是因曾经遭受过不公平对待，长期积累下不满情绪，感觉到自己是显在或潜在的被权力迫害者，于是借机表达、发泄不满情绪，使得小的矛盾纠纷引发大规模冲突，个案演变为群体性事件。“无直接利益冲突”从本质上说还是一种利益冲突，它绝对不是表面上显示的一种情绪表达和发泄，而是一种源于终极意义的利益冲突，具有根本利益追求的性质。这种冲突的焦点主要集中于权力部门，大多是官民之间的对立和冲突，冲突的对象往往是党政干部、人民警察、政府公务人员或者是代表公共权力的政府部门。[①] 如 2008 年的瓮安事件、万州事件、石首事件，2012 年的反日游行事件。

所谓社会骚乱型群体性事件，是由偶然事件引起的，一般都没有个人上访、行政诉讼等过程，突发性极强，从意外事件升级到一定规模的冲突事件的过程非常短，有打、砸、抢、烧等违法犯罪的行为，不仅给国家、集体和个人造成财产方面的损失，而且会产生较大的社会影响，背后有可能有组织和个人煽动。如 2009 年的新疆“7・5 事件”。

接下来从信息传播、组织动员、再框架化三方面来对互联网使用在三种类型群体性事件中的表现进行分析。

7.4.1　信息传播

互联网上传播的信息本身对政治参与有重要的影响，有学者甚至认为信息流才是理解互联网的政治含义的关键：首先，从虚拟空间中获取信息的成本相对较低；其次，网络中的信息流较难被控制。[②] 这两点在很大程度上可以解释为何互联网被看作政治参与的重要工具。通过互联网，用户能够制造一个同类型的信息环境，例如，电子邮件列表使得具有相同思想的个人可以在各种信息源中分享相同的问题和相同意识形态的新闻。网络新闻能够提高用

① 熊友华．我国“无直接利益冲突”研究的批判性分析［J］．科学社会主义，2010（6）：117－120.

② BIMBER B. The study of information technology and civic engagement［J］. Political Communication，2000，17（4）：329－333.

户选择新闻的能力，而且这种能力在不断地增强。[①] Bimber 认为信息传播能力的增加并不意味着政治参与的增加，他观察到自 1950 年以来，虽然美国的电视技术有所发展、教育水平有所提高，但是其政治参与水平并没有显著的提高。[②] 1996 年至 1999 年的调查数据显示，并没有足够的证据证明通过互联网使用获得政治信息与任何一种政治活动相关。[③] 根据政治心理学的研究，Bimber 强调人们吸收信息的能力有限，因此低成本地获得信息并不意味着政治参与水平的提高。

Shah 等指出，信息流的影响是有条件性的，因为用户在使用互联网的时候具有不同的动机，而不同的动机对政治参与则具有不同的影响。并且，基于对 DDB 数据的分析，他们发现，只有以信息获取为目的的互联网使用才会正面影响信任和政治参与。[④] 后来的研究者基于对网页内容的分析发现，互联网中存在着不同类型的信息流，而不同的信息流能够服务于不同的目的。[⑤] 进一步的研究显示，互联网的信息流必须与用户的性情偏好产生共鸣，才会促进用户的政治参与。换言之，在信息流与用户之间具有交互效应。Tolbert 和 Mcneal 通过对 1996 年、1998 年和 2000 年的选举数据的研究发现，一般来说，互联网用户确实更加积极地参与选举以及其他的政治活动，只有 1998 年是个例外。他们解释说，因为 1998 年是中期选举，所以不足以引起民众的

---

① KOHUT A，DOHERTY C，KEETER S，et al. "Online news audience larger，more diverse"，pew research center for the people and the press［EB/OL］.（2004－06－08）. http://people-press.org/reports/pdf/215. pdf.

② BIMBER B. The Internet and political mobilization-research note on the 1996 election season［J］. Social Science Computer Review，1998，16（4）：391－401.

③ BIMBER B. Information and political engagement in America：the search for effects of information technology at the individual level［J］. Political Research Quarterly，2001，54（1）：53－67.

④ SHAH D V，MCLEOD J M，YOOH S H. Communication，context，and community：an exploration of print，broadcast，and Internet influences［J］. Communication Research，2001，28（4）：464－406.

⑤ ROSENKRANDS，JACOB. Politicizing homo economicus：analysis of anti-corporate websites.［M］//LOADER B D，et al. Cyberprotest：new media，citizens and social movements. NY：Routledge，2004.

兴趣，从而导致了互联网使用与参与行为之间没有显著的关系。[①] Xenos 和 Moy 则发现，互联网普遍促进了人们的信息获取，但是互联网对市民参与、政治参与的影响取决于用户的政治兴趣。[②]

在利益维权型群体性事件中，如果信息传播出现真空，谣言同样也会在互联网中产生。如乌坎事件中的村民薛锦波死后，另外被抓的四人“十指被钉”“遭刑讯逼供死亡”等流言也开始在网上流传。Ayres 等人在研究跨国社会运动时指出，由于互联网中信息的准确度比传统媒体低，信息的不准确性可能激化冲突的剧烈程度。实际上，互联网上相当多的信息来自个人，并没有编辑对信息的准确度进行质量控制，这将导致信息质量的低下。他甚至认为，不可靠的信息可能将集体行动变成全球性的数字动乱。[③] 又如，2007 年 5 月末，反对 PX 项目污染的短信开始在厦门市市民中间流传，短信称：“已在海沧区动工投资（苯）项目，这种剧毒化工品一旦生产，意味着厦门全岛放了一颗原子弹，厦门人民以后的生活将在白血病、畸形儿中度过。我们要生活，我们要健康！国际组织要求这类项目要在距离城市 100 公里以外开发，我们厦门距离此项目才 16 公里啊！为了我们的子孙后代，见短信后群发给厦门所有朋友!”通过大规模的人际网络渠道，这一信息设置了厦门市市民讨论的议题，并推动事件的发展。

在无利益泄愤型群体性事件中，如瓮安事件，从 6 月 22 日当事人溺亡至 28 日瓮安事件发生这一周内，从中央到贵州省内的主流媒体都没有报道。与此形成鲜明对比的是，互联网上的消息却铺天盖地，事件发生不到 1 小时，便有人把对事件的描述和现场的视频、照片传到网上。在瓮安事件发生的一周内，各类谣言包括“受害人李树芬被奸杀说”“当事人与县里

---

① TOLBERT C J，MCNEAL R S. Unraveling the effects of the Internet on political participation? [J]. Political Research Quarterly，2003，56 (2)：175 - 185.

② XENOS M，MOY P. Direct and differential effects of the Internet on political and civic engagement [J]. Journal of Communication，2007，57 (4)：704 - 718.

③ AYRES，JEFFREY M. From the streets to the Internet：the cyber-diffusion of contention [J]. The Annals of The American Academy of Political and Social Science，1999，566 (1)：132 - 143.

主要领导是亲戚，公安局包庇说”“李树芬未答应帮人高考作弊被报复杀害说”等等，同时关于李树芬之死的各类谣言轻而易举地进入了互联网这个虚拟社会，数天内变得境内外皆知。① 据不完全统计，在石首事件发生后的约 80 个小时内，百度贴吧“石首吧”中出现了近 500 个与此案有关的帖子，在一些播客网站，出现了不止一段网友用手机拍摄的酒店起火和警民冲突的视频。②

在社会骚乱型群体性事件中，当信息传播出现真空时，互联网的影响就很强，然而由于传播者传播的互联网信息本身具有高度不确定性，就容易产生大量的谣言。如在新疆“7·5 事件”中，分裂分子通过网络广泛散布“移花接木”的视频，妄称汉人殴打维吾尔族女孩，大肆煽动民族仇恨情绪，鼓动维吾尔族群众组织游行抗议活动，进行“暴力反抗”。

信息传播不仅发挥信息传递的作用，还承担着情感传递的责任。在这个过程中，如果媒体不能及时、全面地报道，互联网等新传播技术就将成为新的信息传播平台，并在多次传播中及缺乏权威信息源的情况下催化谣言，从而导致事件的加剧。

7.4.2 组织动员

群体性事件的政治参与主要来源于动员。群体性事件中的一小部分积极分子是自发参与的，大部分参与的人其实来源于动员。Mccarthy 和 Zald 于 1973 年发表了一篇著名的文章《社会运动在美国的发展趋势：专业化与资源动员》，1977 年他们又在《美国社会学杂志》上发表了同一主题的论文。在这两篇文章里，他们提出了著名的资源动员理论。Mccarthy 和 Zald 试图说明的是，为什么社会运动在 20 世纪 60 年代的美国增多了。他们认为，社会运动在 20 世纪 60 年代的美国增多，并不是因为社会矛盾加大了或者是人们

① 周忠伟．瓮安事件对处置群体性事件的启示［J］．江西公安专科学校学报，2008（11）：22－25．

② 人民网．（访谈记录）展江、单光鼎、于建嵘、胡泳谭石首事件：政府如何面对“麦克风时代”［EB/OL］．（2009－06－02）．http://yq.peop le.com.cn /Forum /postDetail.aspx? ID= 000012695.

的相对剥夺感增强了，而是社会上可供社会运动参与者利用的资源增加了。与奥尔森一样，他们也承认集体行动的问题是客观存在的（如何解决集体行动的“搭便车”问题，以及如何动员那些缺乏行动动机的人参与集体行动），但是，他们主张，扩大的个人资源、专业化发展与运动获得的外部财政支持为集体行动的问题提供了解决办法——专业的运动组织。①

互联网技术还可以通过集体的认同来提高政治参与的水平。互联网这样的信息和通信技术（ICT）能够使分散的人群形成集体认同，而这样的一种认同，组织者能够将其用于动员人们参加集体行动。② 例如，Roscigno 和 Danaher 发现在 20 世纪 30 年代，电台与罢工工人的地理位置非常接近，而这些电台经常播放有关工人穷苦的内容，研究者因此认为电台这样的信息和通信技术能够导致集体认同的发展，因而使得工人了解整个区域的工人的类似的斗争。③ 研究者也发现类似的事情出现在互联网上，例如，Gurak ④ 和 Leizerov ⑤的个案研究显示抗争人群通过互联网进行沟通，分享共识，从而形成集体行动。

对于互联网来说，互动的信息交流不仅带来了信息和情感，也带来了人际关系的资源的增加和集体认同的增强，从而为群体性事件的发生带来可能。以互联网为基础的交流克服了地理空间的限制，从而有助于维持一个分布广泛的虚拟社区。⑥ 当虚拟社区与现实生活的社区重合的时候，虚拟社区有助

---

① MCCARTHY J D，ZALD M N. The trend of social movements in America：professionalization and resource mobilization [M]. Morristown，NJ：General Learning Corporation，1973.

② ARQUILLA J，RONFELDT D. The advent of netwar [EB/OL]. (2001-01-25). http://www.rand.org/publications/MR/MR1382/.

③ ROSCIGNO V J，DANAHER W F. Media and mobilization：the case of radio and southern textile worker insurgency，1929 to 1934 [J]. American Sociological Review，2001 (66)：21-48.

④ GURAK L J. Persuasion and privacy in cyberspace：the online protests over lotus marketplace and the clipper chip [M]. New Haven：Yale University Press，1997.

⑤ LEIZEROV S. Privacy advocacy groups versus Intel：a case study of how social movements are tactically using the Internet to fight corporations [J]. Social Science，2000.

⑥ ELIN，LARRY. The radicalization of zeke spier：how the Internet contributes to civic engagement and new forms of social capital [M] //Cyber activism：online activism in theory and practice. London：Routledge，2003.

于生成大量的弱邻里关系，这种弱邻里关系最终能够成为集体行动动员的工具。①

在中国，许多群体性事件的发展呈现出弱组织化的倾向②，但是，随着互联网的发展，有一批没有注册的草根组织开始通过网络进行组织、协调联络和动员工作并快速发展。如在2006年度央视《感动中国》候选人中，就曾出现了“格桑花西部助学网”这样的通过网络组织起来的草根助学组织。③

无利益泄愤型群体性事件，如2012年9月10日，日本宣布“购买”钓鱼岛本岛、北小岛、南小岛，正式将三岛“收归国有”，由此引发中国民间新一轮反日浪潮。在这次群体性事件中，新兴媒体，特别是微博、微信等的介入，起到了推波助澜的作用，促使事件不断升温。日本“购岛”行为先是在网络上遭到网民的强烈谴责，引起了网上大规模的群体性抗议，而博客、微博、微信等自媒体，因其特有的功能，在短时间内迅速传播舆论，并集合、发动周边的人群，促使更多的人从虚拟走向现实的游行示威中去。④

在利益维权型群体性事件中，会出现一些非政府组织进行组织动员，且组织动员力度较强。如借助互联网，乌坎村建立了一个“乌坎热血青年团”网络组织，他们通过印制并散发传单，制作和乌坎维权有关的歌曲、短片来动员村民，并在线讨论村里土地流失的问题，商量如何采取行动要回土地。组织成立后便伴随着集体行动，2011年9月21日的5 000多名村民的集会游行行动就是由“乌坎热血青年团”组织的。不过，在利益维权型群体性事件中，部分运动参与者故意采取非组织化或者弱组织化形式，降低组织程度从而降低参与的成本和风险。但是，作为一种集体活动，活动的推进也需要一

① HAMPTON，KEITH N. Grieving for a lost network：collective action in a wired suburb [J]. Information Society，2003，19 (5)：417 - 428.

② 童志锋. 历程与特点：社会转型期下的环境抗争研究 [J]. 甘肃理论学刊，2008 (6)：85 - 90.

③ 张雷. 我国网络草根 NGO 发展现状与管理论析 [J]. 政治学研究，2009 (4)：82 - 88.

④ 夏亮. 网络群体事件中民粹主义兴起的成因分析 [J]. 湖南大众传媒职业技术学院学报，2012 (7)：35 - 38.

定的组织，以便进行长期的斗争，因而属于弱组织化形式。无利益泄愤型群体事件由于参与人群是临时集结的，因此虽然有一定的动员，但组织化程度很弱，可称为非组织化形式。

社会骚乱型群体性事件的背后往往有组织团体进行组织动员，煽动群众暴乱，组织动员力度很强。例如，在“7·5 事件”发生前，分裂分子向维吾尔族群众发送大量的谣言短信，蛊惑不明真相的维吾尔族群众在乌鲁木齐聚集游行。7 月 5 日，闹事分子在“我们的维吾尔”QQ 群内开会，商定当日到人民广场进行非法聚会的暗号。

7.4.3　再框架化

在群体性事件中，行动者可以对议题进行再框架化。再框架化过程通过叙述（narrative）的方式，能够形成“什么是问题”的共识，同时为“找出问题的原因”以及“如何解决问题”创造条件。通过这种方式，再框架化过程有助于加强参与者的共识。此外，它建立了抗争事件及抗争行动者的公众形象，将抗争和公众联系起来。

随着互联网时代的到来，行动者在在线媒体中获得编辑权。① 所谓编辑权，是指参与者不经过审查就可以发布自己的信息或者对现有信息进行再阐释。同时，互联网构建的网络使得这些框架能够很快地被传播出去，从而改变了传统媒体在政治传播中的角色。公民通过使用互联网，模仿媒体报道的各种技巧，包括宣传说服，使得局部讨论的议题变得当代化和社会化。② 在群体性事件中，媒体的倾向往往显现出固有的偏见，有利于权力组织或者权威人物，这些倾向导致群体性事件中的行动者难以准确、全面地在新闻报道中呈现出来。③ 互联网对传统媒体的这些歪曲倾向进行了挑战。

在无利益泄愤型群体性事件中，如石首事件，由于政府相关部门不能及

① SCOTT A，STREET J. From media politics to e-protest [J]. Information，Communication & Society，2000，3 (2)：215 - 240.

② CASTELLS M. The power of identity [M]. Cambridge：Blackwell Publishers，1997.

③ RYAN C. Prime time activism [M]. Boston：South End Press，1999.

时给出受害人死亡原因的权威说法，警方的结论难免遭受公众的怀疑，在普遍的怀疑和焦虑之中关于受害人死因的各种猜测必然在网络中大肆传播，各种版本的说法都无法被证明为可信或是不可信。但是，公众对政府的不信任使他们坚信受害人肯定不是死于自杀，而是另有原因。网络流行语“被××”自然就被套用到该事件之中。网友“情绪稳定的散户”在天涯评论道：“又被自杀了。”网友“黑白影子”说：“他们说自杀就是自杀，说是被外星人杀死就是被外星人杀死，反正他们掌握着一切，什么结果都是嘴皮子翻翻的事件。”①

在利益维权型群体性事件中，如厦门PX事件，公民利用互联网发表自己的言论，对事件进行再框架化，从而赢得媒体和公众的支持。如参与者发的短信极具煽动性，“意味着厦门全岛放了一颗原子弹，厦门人民以后的生活将在白血病、畸形儿中度过”，在没有确凿事实依据的情况下，这无疑是一种情绪感染力超强的非理性表达。限于中国的舆论环境，游行的组织和传播都是通过短信、网络等载体完成的。在游行当天，甚至还有人进行了现场报道，然后传到网上。② 在乌坎事件中，村民张建兴负责媒体中心的工作，担任媒体中心的发言人。他通过新浪微博实时更新乌坎动态。在第一次冲突事件发生后，汕尾市市政府发布的官方稿件引起了村民的极大不满，为此，张建兴特意以十余名村民受伤住院的照片作为对官方报道的回应。而其他村民也在微博上发布信息，向公众提供除地方政府的通稿以外的消息，在网络上形成舆论压力，从而进一步扩大了事件的影响力。互联网使用在这些事件中为参与者提供了再框架的可能。

在社会骚乱型群体性事件中，引发“7·5事件”的谣言借助网络力量不断升温，直至衍生出现实的暴力事件。从6月16日韶关某网民发了题为“旭日真垃圾”的帖子开始，“六名新疆维吾尔族员工强奸了两名汉族女工”的谣言被多家网站转载，矛盾不断激化，最终引发了汉族和维吾尔族员工的集体

---

① http://www.tianya.cn/publicforum/content/free/1/1602556.shtml.

② 张晓娟．厦门PX危机中的新媒体力量［J］．国际公关，2007（5）：46-47.

斗殴。同时，一些不法分子借机通过网络广泛散布“移花接木”的视频，妄称汉人殴打维吾尔族女孩，大肆煽动民族仇恨情绪，鼓动维吾尔族群众组织游行抗议活动，进行“暴力反抗”。

总的来说，互联网使用对群体性事件的直接影响是信息传播、组织动员和再框架化。公民互联网使用能力的大小能够影响群体性事件的发展，例如，在乌坎事件中，公民使用互联网的能力充分显现出来：在信息传播中，虽然也曾产生一些谣言，但大多数情况下不仅传递了信息，也传递了情感；在组织动员中，通过互联网形成的组织一直在事件中发挥作用；在再框架化上，为事件的合法性做出了阐释，最终引起海外媒体的关注，导致政府态度的转变以及国内传统媒体的充分报道，最终使得事件顺利解决。而厦门 PX 事件的顺利解决，离不开参与者积极使用互联网和手机传播信息及再框架化。在新疆“7・5 事件”和瓮安事件中，互联网成了谣言的发源地，因而加剧了事件的发生。其他的相关研究显示，在线业主论坛有助于集体抗争事件的发生①；在线的公共讨论能够对某个事件进行阐释，达成共识，成为线下直接行动的基础②；互联网使用能够为业主提供信息传递、共识塑造的公共平台，并建构业主之间的关系网络，进行社区的资源动员，从而有助于业主抗争③。以上显示，互联网使用使公民获得赋权，拥有了发布信息的“自媒体”，公民通过“自媒体”获得的权力的大小直接影响其抗争的能力和群体性事件的发展。

7.5　互联网使用对群体性事件政治参与的影响的受制因素

互联网使用对群体性事件的直接影响是信息传播、组织动员和再框架化。

---

① 黄荣贵，桂勇．互联网与业主集体抗争：一项基于定性比较分析方法的研究 [J]．社会学研究，2009 (5)：29－56.

② 黄荣贵．互联网与抗争行动：理论模型、中国经验及研究进展 [J]．社会，2010 (2)：2－10.

③ 袁光锋．互联网使用与业主抗争：以番禺反垃圾焚烧维权事件为案例 [J]．中国地质大学学报（社会科学版），2012，12 (3)：59－65.

不过互联网对事件发展的影响还受制于传统媒体的报道以及政府的态度和行为，也就是互联网使用对群体性事件政治参与的影响受制于现实的政治制度。

7.5.1 传统媒体的报道

媒体具有赋予地位的功能。从数量上看，有关部门统计显示，1993 年我国发生社会群体性事件 8 700 件，2005 年上升为 8.7 万件，2006 年超过 9 万件[①]，2007 年上升到 12.7 万件。即使政策允许，由于版面和时间的限制，媒体也不可能报道所有的群体性事件，而当媒体报道某一群体性事件的时候，这一事件就能引起公众的关注，就能通过舆论的力量影响群体性事件的发展。

党的十六大以来，我国政府在生产事故、公共卫生、自然灾害的信息公开方面有了长足进步，如 2005 年的《关于因自然灾害导致的死亡人员总数及相关资料解密的通知》和 2006 年的《国家突发公共事件总体应急预案》为这些事件的信息公开提供了一定的制度支持。然而，对群体性事件报道的相关法律制度或者语焉不详，或者缺乏配套的法律保障。如 2007 年实行的《中华人民共和国突发事件应对法》虽然强化了媒体发布突发事件信息的自主权，但该法的相关规定，如有关信息传播等的规定，并没有更细致的解释，这可能会导致某些地方政府钻法律的空子，对上级政府及中央搞信息封锁。

2008 年 5 月 1 日实施的《中华人民共和国政府信息公开条例》（简称《政府信息公开条例》）虽然规定“行政机关应当及时、准确地公开政府信息”“行政机关应当将主动公开的政府信息，通过政府公报、政府网站、新闻发布会以及报刊、广播、电视等便于公众知晓的方式公开”，但是《政府信息公开条例》是国务院根据《行政法规制定程序条例》的规定制定的，其法律位阶是行政法规，于是，如果《政府信息公开条例》所做的政府信息公开范围的规定与处于其上位的《中华人民共和国保守国家秘密法》（简称《保守国家秘密法》）、《中华人民共和国档案法》（简称《档案法》）相抵触的话，则属无

---

① 赵鹏．“典型群体性事件”的警号［J］．瞭望，2008（36）：30.

效。《保守国家秘密法》的立法要旨在于对所持有的档案进行保密，《档案法》的立法要旨在于保存档案，但它们的立法指导思想都是以不公开为原则的，这与《政府信息公开条例》的立法理念是相悖的。因而，在当下的法律体系中，《政府信息公开条例》可能为上位法所否定而沦于空转。事实上，在《政府信息公开条例》实施之后，面对公民的各种信息公开诉求，不少问题立显。“信息不存在”“属于内部信息”“影响社会稳定”成为不少政府部门推托信息公开最常用的理由。① 法律制度的不完善，导致了中国的群体性事件报道的不积极或不充分。

面对群体性事件，以往传媒由于与地方存在政商合谋而往往遭到信息机会主义的阻碍。一方面，传媒作为党和政府的喉舌与政策宣传手段而存在，坚持以党性原则作为自己的最高政治原则，并在制度博弈的过程中小心翼翼地沿着制度框架的边缘进行利益的最大化运作。另一方面，社会利益的多元化转型也迫使媒体自身不断调整自己的角色和社会定位，把坚持公共利益作为一种新的职业操守和伦理标准。这种原则体系的贯彻体现出很强的现实性考虑，尤其在面对群体性事件时，宣传纪律规定一般不准许媒体自行采访报道，而是经有关部门同意后，由新华社统一发布新闻通稿，其他媒体才可以加以转载。② 于是，不违反宣传纪律的规定就成为传媒在群体性事件中失语的重要原因之一。

在群体性事件中，以往国内传统媒体往往不报道，或者是有偏向地报道。如在瓮安事件中，新华社于 2008 年 6 月 29 日凌晨在新华网发布消息《贵州省瓮安县发生一起打砸抢烧事件》，只是非常简略地描述了一些人围攻和冲击政府的行为，对造成这一事件的导火索——某个女学生死亡，并没有详细说明。与此同时，政府部门又限制和干扰贵州省外的媒体进行采访报道，这减弱了在突发事件中媒体引导舆论作用的发挥。国内传统媒体的偏向报道并没

① 苏永通．实施信息公开新法遭遇开头难［N］．南方周末，2008－07－10.

② 王伟亮．群体性突发公共事件与危机传播——以贵州瓮安“6·28”事件为例［J］．新闻记者，2008 (8)：15－19.

有起到平息事件的作用，反而进一步激化矛盾，促使群体性事件扩大。6月30日，贵州省省委书记石宗源赶到瓮安县指挥工作，并对随行的新闻单位提出要求，“大意是说要从群众的角度、客观的角度，把瓮安事件的真相报道出来”。7月1日召开首次新闻发布会，这一事件的详细情况被公布，全国媒体广泛报道，包括“警察打死死者叔叔”在内的一些传言迅速得到澄清。① 在乌坎事件中，由于前期出现了暴力冲突，国内的传统媒体并没有充分地报道，从2011年9月到12月21日，国内的传统媒体对于“乌坎事件”的报道仅限于转载汕尾党政信息网发布的新闻通稿。在事件的前期和中期，珠江台和陆丰台是仅有的两家能够进入乌坎拍摄、采访的电视媒体，在珠江台的报道中村民是“暴民，砸东西”，陆丰台也报道村民是“暴民”，即使到了12月还在播报中称村民是“违法分子”。

在贵州瓮安事件发生以后，媒体对群体性事件的报道趋向公开化、透明化，群体性事件报道开始大量进入公众的视野，这标志着“群体性事件报道的政策转向”②。在新疆“7·5事件”中，央视在新闻联播中对乌鲁木齐发生的打、砸、抢、烧严重暴力事件进行了报道，并以国家的声音对此事件做了定性，如乌鲁木齐通缉参与“7·5事件”的嫌疑犯的通告、乌鲁木齐市生活秩序恢复、新疆经济发展，以及各民族团结和睦相处的多则消息。而在一些群体性事件中，国内传统媒体往往担任平息事件的角色，并进行宣传报道。如在厦门PX事件中，由厦门市科学技术协会和厦门日报社合编，首批印数近25万册的市民科普读本《PX知多少》随《厦门日报》一起发行，同时由厦门市市委文明办、市科协等部门组织发放。

2009年8月28日，云南省省委宣传部针对陆良县警民冲突事件发出紧急通知，要求新闻媒体在报道类似事件时禁用“刁民”“恶势力”等称谓，不得随意给群众贴“不明真相”“别有用心”“一小撮”等标签，引起社会舆论

---

① 平客．进两步，退一步？2008年中国互联网回顾［N］．南方周末，2009-01-21.

② 安同．群体性事件报道政策转向［EB/OL］．(2009-01-16)．http://www.fec.com.cn/hotspot/hotspot.php3?id=4302.

的极大关注，好评如潮。此前，针对吉林通钢集团通化钢铁股份公司发生的一起群体性事件，新华社于 2009 年 7 月 28 日发表文章《群体性事件中少用“不明真相”》，文章指出当群体性事件发生时，轻易地称群众“不明真相”，是传统思维模式在作祟。新华社的文章与云南省省委宣传部的通知表明：新闻宣传主管部门对于群体性事件处理过程中的信息发布与新闻报道，已经有了不同于以往的新思路、新要求。

从上面的分析可以看出，互联网在群体性事件中究竟是社会稳定的“安全阀”还是“高压锅”，在很大程度上取决于国内传统媒体的报道。如果国内传统媒体早于互联网报道，并且报道充分、全面，那么互联网在群体性事件中就是社会稳定的“安全阀”；如果国内传统媒体落后于互联网报道，并且报道有偏向，那么互联网就成了社会稳定的“高压锅”。互联网和国内传统媒体的相互配合和互动在群体性事件中有着重要的作用。首先，群体性事件需要快速、全面、准确的信息来降低公众对外部环境认知的不确定性，滞后的报道和虚假的谣言都会恶化事件的发展。其次，群体性事件的传播离不开话语塑造和框架建构，这是因为群体性事件的参与者在话语策略和框架建构方面需要媒体的配合。群体性事件在话语塑造和框架设计方面的定位越清晰，同时也并未对主流价值意识形态产生太大的挑战，就越容易被媒体报道；而如果媒体不报道或偏向报道，参与者则会通过其他媒体如互联网传播自己的话语策略和框架。再次，媒体对群体性事件进行报道，可以促进公众对议题的认知，从而影响舆论的形成和导向，而舆论又会对政治环境产生一定的影响力，从而影响群体性事件的发展，进而避免群体性事件的失控或暴力化。为此，在群体性事件发生之后，政府控制的传统媒体需要把权力意图与目的及时、有效地传播给公众，但同时也要将群体性事件的参与者的诉求和话语传递给政府和公众，实现不同主体之间的良性互动。因此，全面、客观、及时、良性的信息传播既是夯实政府合法性的重要途径之一，也是正确引导公民进行有序政治参与、避免群体性事件扩大的重要手段。譬如，在媒体的报道中要破除“蛊惑和教唆”的报道框架，采取详细、全面报道的方法，这样才能防止激化矛盾，有利于事件的缓和及消退。

7.5.2 政府的态度和行为

政治机会结构制约着群体性事件的规则与资源。在中国，政治机会结构的一个重要影响因素是政府的态度和行为。随着中国社会的转型，中国的政治特征也从新权威主义转向国家权威主义的碎裂化。所谓国家权威主义的碎裂化，指的是在中国现代化进程中，中国的国家权威正受到越来越大的威胁，这个威胁主要不是来自于体制外的异己力量的挑战，而是来自于体制内部的权力持有者们对国家权威的分割和交易，国家权威正经历着碎裂化的过程。① 在这样的状况下，政府不再是铁板一块，而是分为中央政府、省政府、地方政府。在厦门 PX 事件中，中央政府与福建省政府的态度和行为不统一；在乌坎事件中，广东省政府与汕尾政府的态度和行为也不统一。

国外的相关研究发现，在美国禁酒运动中，运动领导人策略性地放弃在联邦层面的活动，转向在地方层面的组织活动，这种策略的灵活性为社会抗争提供了重要的发展机遇，从而为其提供了较为广阔的政治机会结构。在中国，如果事件的性质导致互联网的信息和观点直接危害到国家的安全，那么国家甚至会采取断网的方法防止这种状况的发生，例如，在新疆的“7·5 事件”后，新疆维吾尔自治区人民政府为了防控暴力犯罪活动，利用互联网、手机等对散布有害信息的行为采取了前所未有的通信管制。在这种情况下，即使公民互联网使用的方法再多能力再大，也无济于事。不过，当事件并未危害到国家的安全或直接指向中央政府的时候，地方政府是没有能力去采取断网行为的，如乌坎事件。需要指出的是，政府的态度也受国内传统媒体和海外媒体的报道的影响，因为媒体的报道会对政府产生压力，这种压力不仅仅是舆论带来的社会压力，还有来自其上级政府的压力。

---

① LIEBERTHAL K G. Introduction：the “fragmented authoritarianism” model and its limitations [M] //Kenneth G L，David M L. Bureaucracy，politics，and decision making in post-Mao China. Berkley：University of California Press，1992：1－32.

特别是，海外媒体的报道有时候会形成对政府的压力，改变事件的进程。例如乌坎事件，在 2011 年 12 月 19 日的检索结果中，对于乌坎事件的中文报道有 58 篇，其中 37 篇来自香港，6 篇来自台湾，14 篇来自马来西亚，1 篇来自新加坡[①]，而非中文的报道媒体有英国广播公司、《华尔街日报》和《纽约时报》。乌坎事件由于西方媒体的介入迅速升级为敏感事件，也使得广东省政府采取开明的态度和策略来对待这一问题，并最终促使事件顺利解决。

这些案例显示，互联网作为一种媒介，其是否能影响、能多大程度地影响群体性事件的发展，很大程度上依赖于政府的态度和行为这一重要的政治机会结构因素。

① BANDURSKI D. Chinese-language coverage of Wukan［EB/OL］.（2011－12－22）. http://cmp.hku.hk/2011/12/19/17650/.

第 8 章　网络舆论监督型政治参与分析

本章将分析互联网对舆论监督型政治参与的影响，本章也将其称为网络舆论监督型政治参与。网络舆论监督型政治参与通过舆论，也就是话语，对政府的决策和行为形成压力，政府为了追求自身的合法性形象，就不得不考虑和调整其政策和行为，公民就可通过网络舆论实现一定程度的政治参与。

8.1　网络舆论监督型政治参与的概念与发展

网络舆论监督型政治参与的权利来源于《宪法》第四十一条的规定："中华人民共和国公民对于任何国家机关和国家工作人员，有提出批评和建议的权利"，也来源于《宪法》第三十五条的规定："中华人民共和国公民有言论、出版、集会、结社、游行、示威的自由。"所谓网络舆论监督，刘召成称之为"社会公众利用互联网的舆论表达方式，对国家事务、社会现象以及一切社会成员的行为所实施的检查评定和督促"①。周可达则认为"网络舆论监督，是民众以互联网为平台，通过网络技术，对国家政治、经济、法律、文化、教育、行政等活动进行褒贬评价，对社会管理者行使管理权力的行为进行监督的过程"②。

对于传统报纸的监督功能，恩格斯早在 1849 年为《新莱茵报》辩护时就曾指出：报刊的"首要职责——保护公民不受官员逞凶肆虐之害"③。而对于

---

① 刘召成．网络舆论监督的异化与人格权保护［J］．信息网络安全，2008（7）：68－69.

② 周可达．网络舆论监督及其规范［J］．学术论坛，2009（7）：45－48.

③ 马克思恩格斯全集：第 6 卷［M］．北京：人民出版社，1961：280.

报刊的社会监督的特点，马克思也多次做过形象的比喻，在《莱茵报》工作的时候他说："自由出版物是人民精神的慧眼。"[①] 在《新莱茵报》工作期间，他再次指出，报刊按其使命来说，是社会的捍卫者，是针对当权者的孜孜不倦的揭露者，是无处不在的耳目。[②] 马克思和恩格斯还将报刊的社会监督归结为两种基本表现，第一，再现社会状况，尤其是令人不满意的部分，反映人民的呼声，就此马克思指出："报界不仅要撇开个别人的特殊意见来表达人民的信念，而且要证明这种信念的实质是合理的，难道这不是报界对政府的责任吗?"[③] 第二，评论（主要是批评和揭露）权力组织和社会活动家（主要是当权政治家）的言行。特别是第二点，马克思又把它称为报刊的揭露职责[④]，他比恩格斯论述得多一些[⑤]。

网络舆论监督型政治参与通过一些针对某些新闻事件或社会事件产生的网络舆论显示出来。所谓舆论，马克思强调其公众的特点，认为它是"广泛的无名的社会舆论的工具"[⑥]，虽然舆论不能替代实际权力，但是不同舆论的力量的对比，会对政府的决策和行为产生重要影响，从而实现公民的政治参与。马克思和恩格斯从三个方面说明舆论的力量，首先，舆论是对权力组织和政治活动家的制约力量。例如，1860 年奥地利实行新的议会选举，一些反对党、匈牙利的代表进入议会，便是舆论压力的结果，马克思对此做出评论："皇帝的恩诏没有骗住任何人，各德意志省的舆论立即迫使旧的市议会（革命后皇帝所任命的）为目前人民投票选举的新人敞开了自己的大门。"[⑦] 其次，舆论对立法是一种推动力量。早在 1843 年，马克思就意识到舆论是"国家立法的最丰富、可靠的和生气勃勃的源泉"[⑧]。最后，舆论能实现普遍的社会监

① 马克思恩格斯全集：第 1 卷［M］. 北京：人民出版社：1956：74.
② 马克思恩格斯全集：第 6 卷［M］. 北京：人民出版社，1961：275.
③ 马克思恩格斯全集：第 40 卷［M］. 北京：人民出版社，1982：307.
④ 马克思恩格斯全集：第 6 卷［M］. 北京：人民出版社，1961：275.
⑤ 陈力丹. 精神交往论［M］. 北京：开明出版社，1993：348－349.
⑥ 马克思恩格斯全集：第 7 卷［M］. 北京：人民出版社，1959：523.
⑦ 马克思恩格斯全集：第 15 卷［M］. 北京：人民出版社，1965：250.
⑧ 马克思恩格斯全集：第 50 卷［M］. 北京：人民出版社，1985：509.

督，舆论能够实现社会监督的前提是公开，公开本身就会使当事者感受到一种无形的监督力量。1845 年，恩格斯参与创办《社会明镜》月刊，即有把舆论监督比喻为“明镜”，他宣布：“我们将无情地把每一个压迫工人的事件提交舆论谴责。”[①] 从马克思和恩格斯的论述来看，舆论可以对权力组织、政治活动家、立法机关这些制定政府政策的行为主体产生精神上的影响和监督作用。

早期的网络舆论监督型政治参与有以下几个特点：（1）事件的报道往往由传统媒体挑起；（2）网络舆论监督型政治参与在 BBS、聊天室中发展；（3）针对一些个人的司法事件。早期的网络舆论监督型政治参与出现在 2003 年，因此 2003 年也被称为网络舆论年，其中具有代表性的是孙志刚事件。2003 年 3 月 17 日晚，大学生孙志刚因未携带任何证件，在天河区被当地派出所民警带回询问，随后被错误地作为“三无”人员转送广州市收容遣送中转站。18 日晚，孙志刚称自己有病，被送往广州市收容人员救治站诊治。3 月 20 日凌晨，孙志刚遭到同病房的 8 名被收治人员的两度轮番殴打，并于当日上午死亡。4 月 25 日，《南方都市报》首次披露了孙志刚惨死事件，在社会上引起极大的反响和轰动，互联网上抗议声浪此起彼伏。

刘涌，辽宁省沈阳市嘉阳集团原董事长，以他为首的特大黑社会性质犯罪集团案在 2000 年公开后受到公众的广泛关注。2002 年 4 月 17 日，铁岭市中级人民法院一审判处刘涌等人死刑。2003 年 8 月 15 日，辽宁省高级人民法院以“鉴于本案的具体情况”为由，终审改判刘涌死刑，缓期两年执行。但何谓“本案的具体情况”，语焉不详。终审判决结果公布之后，舆论四起，仅在搜狐评论栏目中，有关刘涌案件的网友留言就超过 8 万条，打破了中国互联网历史上的纪录。[②] 在网络舆论和传统媒体的评论之下，2003 年 12 月

---

① 马克思恩格斯全集：第 42 卷［M］. 北京：人民出版社，1979：415.

② 周海燕. 重读刘涌案：公共领域视野中的司法与传媒之争［J］. 新闻大学，2006（4）：73－79.

22 日，最高人民法院对刘涌案再审后做出判决：以故意伤害罪判处刘涌死刑。刘涌案的改判事件显示了网络舆论影响政府包括司法决策的重大威力。

2007 年之后，网络舆论监督型政治参与出现了一个又一个的典型案例，并且体现在对政府部门的决策和行为的直接评论与讨论上。2007 年 6 月 5 日，《孩子被卖山西黑砖窑 400 位父亲泣血呼救》的帖子被发在河南的“大河论坛”上。帖子以 400 位河南籍父亲的口吻陈述：他们的孩子大多在郑州火车站、汽车站等地方被人贩子或诱骗或强行拉上车，以 500 元一个的价格卖到山西的黑砖窑做苦工。对这一事件，不少网友直指这和“包身工”无异，而黑砖窑更是当代的“奴隶主庄园”。[①] 其他论坛均以“紧急呼救”和“全国网友都在转发”为标题将此帖置顶，迅速将此事传播到全国。

2008 年，深圳海事局原党组书记林嘉祥因在餐馆中涉嫌猥亵女孩和以官员身份压人的视频在网上曝光而被停职；网民在上海地铁站捡到的温州官员的多张海外旅行费用报告和收据导致有官员被开除或受到纪律处分；因网民从南京市房管局官员周久耕在网上的一张照片中辨认出其价值不菲的江诗丹顿手表及每包 150 元的香烟，一周后，周久耕被免职；辽宁西丰县原县委书记张志国因派人进京拘押女记者在网上曝光被免职；2008 年 2 月，徐州市泉山区原区委书记董锋“一夫二妻”的劣行被网络论坛以“全国最荒淫无耻的区委书记和全国最牛的黑恶势力”为题的文章曝光，遭到网上举报后，董锋先被免职，后因情妇受贿案遭逮捕。

2009 年 1 月，云南省青年李乔明因盗伐林木被刑拘并关押，16 天后，李乔明因重度颅脑损伤身亡。随后警方称其死于狱友间的“躲猫猫”游戏。李乔明家属和广大网民表示怀疑，后网友组成调查委员会对事件真相开展调查。2 月 27 日，云南省政府新闻办召开新闻发布会，公布检察机关的调查结论：2 月 8 日，张涛、普华永等人以玩游戏为名，用布条将李乔明的眼睛蒙上，对其进行殴打，其间，普华永猛击李乔明头部一拳，致其头部撞击墙面后倒

---

① 400 父亲呼吁：娃娃被卖山西黑砖窑 救救他们［EB/OL］．（2007－06－14）．http://www.sina.com.cn.

地昏迷，经送医院抢救无效死亡。这些网络事件通过网民的舆论，影响着政府的决策和行为，也取得了令人满意的结果。在此过程中，政府也认识到了网络舆论的强大影响，“第一次把网民意见纳入民意重点考虑”①。

2009 年 2 月 12 日，王帅在“天涯论坛”发出《河南灵宝老农的抗旱绝招》的帖子，用来影射当地政府征用土地的事情。这个帖子上传后，新浪、搜狐、网易等立刻转帖并将其置于首页，帖子一时间红遍网络，也很快惊动了当地相关部门。2009 年 3 月 6 日，王帅被上海市公安局的警察带走，后被带到河南，关押在灵宝市看守所并被迫写悔过书。之后，2009 年 4 月 8 日，《中国青年报》发出报道《一篇帖子换来被囚八日》，这件事才得到了河南省政府以信息中心的名义发布的回复，事件的影响进一步扩大。之后，人民网发表了《政府的“名声”要靠什么来维护》《如何面对网络批评》两篇时评，各家媒体都开始对此事进行报道，中央电视台《新闻 1+1》栏目更是对王帅进行了专访，并最终形成了强大的网络舆论。4 月 17 日，灵宝市公安局局长宋中奎等向王帅道歉，表示已对这起案件做出了撤案处理。

2010 年 11 月 23 日，王鹏在网上发帖举报“官二代”大学同学公务员考试作弊，经吴忠市公检法部门协调、讨论并获得领导批示，警方以“公诉”程序对王鹏实施跨省刑拘，案由为“发帖行为损害了公务员考试的秩序和声誉”“严重危害国家利益和社会秩序”②。由于社会民众的强烈关注、舆论质疑压力及上级部门的介入，12 月 1 日，警方解除对王鹏的刑事拘留，撤销错案，承认该案执法存在过错，并对当事人进行刑事赔偿。12 月 2 日，新华社一天两次播发评论文章，批评警方公权私用、执法无度，使刑惩沦为权力压制民意表达的“禁声器”。③

2009 年 5 月 7 日，杭州青年男子胡斌驾驶三菱跑车撞飞横过马路的男青年谭卓，致谭卓当场死亡。随后，交警部门仓促召开新闻发布会，称肇事者

---

① 吴庆．中国青年网络公共参与的历史发展、本质及启示［J］．中国青年研究，2011（3）：5－10.

② 举报“官二代”同学公考作弊江苏籍小伙遭跨省追捕［N］．现代快报，2010－12－01.

③ 查清王鹏错案背后的种种；遏制滥用警力迫在眉睫［N］．南京晨报，2010－12－07.

车辆不存在改装问题，死者是否走在斑马线上不详，案发时肇事车辆的车速被认定为“每小时 70 码（原文如此，实际应为‘70 公里’）左右”。而目击群众称，事故发生时死者被撞飞 5 米多高，撞离斑马线有 20 米，车速至少在每小时 120～150 公里。而某都市报报道，肇事者在事故发生后特别傲慢，完全不在乎撞人，其同伴声称可以用钱捞人。交警部门含糊的态度、肇事者傲慢的形象、谭卓“阳光学子”和胡斌“富二代”的身份对比，引发网络热议，围绕车速、罪名、审判时是否存在胡斌的替身三大问题，舆情沸腾达三个月之久，矛头直指执法、司法机关的公信力。

2010 年 2 月 28 日，广西烟草系统干部韩峰的日记在网上广为流传。该日记记载了韩峰与多名女下属、同事淫乱，收受贿赂的内容，被称为新的“官场现形记”。2010 年 3 月 13 日，广西壮族自治区检察院批准对韩峰进行逮捕。

2010 年 9 月 10 日，江西宜黄县政府工作人员到钟如奎家里就拆迁问题做工作，结果引发钟母等人“自焚”，导致两人严重烧伤、一人死亡。9 月 16 日，自焚者家属钟如九姐妹欲赴京接受媒体采访，却在机场被原县委书记邱建国等工作人员劝堵，最后躲进厕所。有媒体记者根据钟如九打来的电话和拍摄的手机图片，以“女厕攻防战”为题进行了持续 40 分钟的微博直播，直至两姐妹离开机场。这次直播引发大量网友“围观”，使宜黄事件在网上急剧升温，大批记者、学者、律师、其他拆迁户和网民纷纷回复、转发，声援钟如九，声讨围堵行为。9 月 18 日自焚者中有一人死亡，为避免家属闹事，宜黄县原县委书记邱建国带人欲将遗体送回宜黄，遇到家属阻拦。钟如九用手机发起第二场微博直播，内容包括抢尸、被软禁、手机被没收等。在手机被没收期间，其在北京的哥哥用她的微博账号继续发博。9 月 18 日，宜黄县县委书记、县长被立案调查，10 月 10 日两人被宣布免职。①

2011 年 7 月 23 日，北京开往福州的 D301 次动车组列车运行至永嘉至温

① 微博渐成突发事件的舆论传播中心［EB/OL］. http://news.ifeng.com/mainland/detail_2010_11/08/3033852_0.shtml.

州南间，与前行的杭州开往福州南的D3115次动车组列车发生追尾事故。事故造成40人死亡、近200人受伤。7月23日，网友们通过微博、网上论坛等形式对事故的发生原因、救援措施、伤亡人数及善后，中国高铁安全及动车事故责任追查等做出讨论。7月23日，事故引起温家宝总理的高度关注，温总理誓言一定要彻查事故。

2012年，网络舆论监督越来越多，众多官员在网民的爆料后经纪委监察部门调查、核实，因情况属实而下台。2012年11月23日到26日，三天时间，63小时，重庆市北碚区原区委书记雷政富即因微博曝光其“不雅视频”被免职、查处。2012年10月，天涯网友曝光广州城市管理综合执法局番禺分局原政委蔡彬及其家庭成员名下拥有21处房产的帖子在微博上被广泛传播，经调查，已对其停职。

2012年11月，黑龙江双城市电视台播音员、女主持人王德春微博实名举报该市人大代表、双城市工业总公司总经理孙德江要挟她与其保持不正当关系，并称孙德江存在以权谋私、变相转卖公家资产等违法乱纪行为。双城市随后对此事展开调查。

2012年12月6日上午11点，罗昌平连发三条微博，举报时任国家发改委副主任、国家能源局局长的刘铁男。到了2013年5月12日，监察部网站发布了一条非常简短的消息，国家发改委副主任刘铁男涉嫌严重违纪，正接受组织调查。

网络舆论监督型政治参与借助互联网人多力量大的特点和方便快捷、低成本、低风险的技术优势，更容易形成舆论热点，成为行政监督和司法监督的有力补充。

在2014年的反腐风暴中，中共中央对周永康、徐才厚等一批党内、军内高层的查办，对中国共产党的执政前途来说具有决定性的意义。中纪委的作为有口皆碑，其中，监察部网站发挥了重要作用。该网站由原来系统内的五个网站整合而来，2013年9月2日全新亮相，成为权威的第一信息源，“周一拍苍蝇、周五打老虎”成为各方关注甚至期待的发布规律。网站亦成为公众举报的快速通道，一年多的时间里，反腐举报量平均每天达 800 件，是网站开通前的 4 倍。2014 年 12 月 9 日，网站又开通专栏，接受海内外人士对逃往国（境）外的党员和国家工作人员，及其涉嫌向国（境）外转移违法违纪资产等线索的举报。

2015 年以来，我国发生了一些影响面大、社会关注度高的网络舆论监督热点事件。这些热点事件引发不少网民“围观”，使一些区域性热点事件迅速发展为全国范围内的热点事件，如上海外滩踩踏事件、“东方之星”客船翻沉事件、天津港特大火灾爆炸事件、深圳堆土滑坡事件、黑龙江庆安枪击案，以及多地持续严重雾霾等。① 2016 年，涉及人身安全、财产安全、人格尊严和法治保障的网络舆论监督事件如雷洋事件、如家酒店事件等，成为人们尤其是中间阶层特别关注的领域。

中国网络舆论监督型政治参与从早期的网络舆论审判、网络民族主义，发展到对政府部门及相关权力机构的直接评论与监督，这既反映了中国互联网的发展，也反映出中国社会结构转型所出现的种种问题和网民心态的变化。

8.2　中国网络舆论监督型政治参与的影响

麦克卢汉曾经预言，“随着信息运动的增加，政治变化趋向是逐渐偏离选民代表政治，走向全民立即卷入中央决策行为的政治”②。中国网络舆论监督型政治参与的影响如下。

8.2.1　有利于公共领域的培育，促进政府合法性的形成

1962 年，哈贝马斯在《公共领域的结构转型》一书中首次从正面详尽地描述并分析了资产阶级公共领域的演化和消亡的历史。他认为资产阶级公共

---

① 李国祥，东鸟. 2015 年网络舆论场观察［J］. 中国党政干部论坛，2016（1）：109－112.

② 麦克卢汉. 人的延伸——媒介通论［M］. 成都：四川人民出版社，1992：234.

领域是一种特殊的历史形态，最先出现于17、18世纪的英国和法国，后来与现代民族国家一起传遍19世纪的欧洲和美国。它最突出的特征是私人在阅读报刊的过程中自发地聚集在一起，形成一种松散且开放的弹性社团，他们以俱乐部、咖啡馆、沙龙甚至报刊本身为媒介，在市场经济与行政国家之间展开调节。随着资本主义和国家科层化的发展，国家建立并控制社会生活的权力日益膨胀，自由的程度日益下降，而解决这些问题的出路就在于振兴公共领域。公共领域的目的在于限制权力的非法扩张，从而保持合理的治理。尽管学者们对公共领域的概念众说纷纭，但是公共领域不能缺少以下三个要素：(1)（同质或异质的）参与者；(2)（沟通或非沟通的）媒介；(3)（辩论或非辩论的）共识。它们的协同作用决定着公共领域的性质和类型。[①] 公共领域的构成包括三个要件：由私人组成的具有独立人格的公众；拥有自由交流、充分沟通的媒介；能够就普遍利益问题进行自由批判、辩论，并在此基础上达成共识，形成一定的公共舆论，从而促进公共权力的正常运行。[②]

哈贝马斯进一步指出，“公共领域是介于国家与社会之间的一个进行调节的领域，在这个领域中，作为公共意见的载体的公众形成了，就这样一种公共领域而言，它涉及公共性的原则——这种公共性一度是在与君主的秘密斗争中获得的，自那以后，这种公共性使得公众能够对国家活动实施民主控制”[③]。公共领域的建构“第一次将一般群众凸显在历史之中，使民主政治正当化”[④]。同时，媒介革命是促使公共领域发生转型的主要动力。信息技术革命尤其是网络的出现为公共领域的重构提供了极大的可能性。

在传统社会里，大众媒介虽然曾经担任过公共领域的角色，然而，随着大众媒介受到国家公权力与市场经济力量的侵蚀，它的权力已逐渐地从公民

---

① 许英，马广海．关于公共领域与信息时代的若干思考［J］．青岛海洋大学学报（社会科学版），2002（1）：89－96．

② 哈贝马斯．公共领域的结构转型［M］．曹卫东，等译．上海：学林出版社，1999：187－203．

③ 哈贝马斯．公共领域［M］//汪晖，陈燕谷．文化与公共性．北京：三联书店，2005：125－126．

④ 夏铸九．建构改革空间——理论的反省［J］．台湾社会研究季刊，1994（16）：21－54．

社会中被剥夺，随着数字化、网络时代的来临，权力开始重新分配。尼葛洛庞帝认为数字化世界的四个特质是“分散权力、全球化、追求和谐和赋予权力”[①]，对信息的了解与掌握就成了民主政治的生命线，互联网对打破信息垄断和由此衍生的集权控制具有潜在的颠覆作用，它扩大公众的选择机会也自然符合民主精神。按哈贝马斯的构想，公共领域的理想模式应是建立一个民主的、平等参与的、自由讨论的整合社会。对此，哈贝马斯是这样解释的：“我想把‘民主’理解为制度上得到保障的普遍的公开的交往形式，而普遍的公开的交往涉及的是这样一个实践问题：在人们支配‘自然的’力量不断扩大的客观条件下，如何能够和愿望彼此生活在一起。”[②] 从深层次来说，权力是政治的核心内容，互联网重构的公共领域在公共舆论的形成、网络虚拟社团的形成中有着至关重要的作用，从而在不同的群体中重新分配了政治权力。

互联网通过舆论监督，对政府的决策和行为形成一定的压力，这得益于话语的力量。话语是政治参与的一个重要手段。哈贝马斯认为，民主不是一套现成的制度，它不过是一个制度化的相互协商和对话的交往实践。因此根据舆论做出政策和政府行为调整，是任何一个国家谋求合法性的重要手段。在西方国家，通过互联网提高政府的透明度和民主是保持政府合法性的重要手段，相反，不开放网络公共讨论空间会导致公民对政府合法性的怀疑[③]；在非西方国家，如中国和沙特阿拉伯，允许一定程度的网络空间讨论，可帮助政府建立合法性。[④] 因此，在国家的允许下，网络舆论监督通过话语的生

---

① 尼葛洛庞帝．数字化生存［M］．海口：海南出版社，1997：213.

② 哈贝马斯．作为“意识形态”的技术与科学［M］．李黎，郭官仪，译．上海：学林出版社，1999：91.

③ SCHESSER S D. A new domain for public speech：opening public spaces online［J］. California Law Review，2006，94（6）：1791－1826.

④ BOAS T C. Weaving the authoritarian web：the control of Internet use in nondemocratic regimes［M］//Zysman J，Newman A. How revolutionary was the digital revolution? national responses，market transitions，and global technology. Stanford，CA：Stanford Business Books，2006：361－378；JIANG M. Authoritarian deliberation on Chinese Internet［J］. Electronic Journal of Communication，2010（20）：3－4；LAGERKVIST J. After the Internet，before democracy：competing norms in Chinese media and society［M］. Bern：Peter Lang，2010.

成，成为影响政府，尤其是地方政府决策和行为的一种权力。中央政府可以通过改正地方政府的决策和行为，促进自身形象的改善，最终促进政府，特别是中央政府的合法性的形成。

8.2.2 促进专门监察网络舆论的专业机构的诞生与发展

舆论调查又称民意测验或民意调查，是一种了解公众对某些政治、经济、社会问题的意见和态度的调查方法，其目的在于通过对大量样本的问卷调查来精确反映社会舆论或一般民意动向。著名的舆论调查机构有 1930 年创立的盖洛普民意测验、1996 年创立的美国皮尤研究中心，其中的“皮尤民众与媒介研究中心”调查公众对于媒介、政治和公共政策问题的态度。项目以直接针对公众的全国性调查为手段，观察公众对于主要媒介事件、社会和政治议题的反应，衡量公众的价值观倾向和基本的政治与社会态度，对公众舆论和社会生活产生巨大的影响。

在我国，舆论调查处于起步阶段，虽然早在 1982 年，北京市新闻学会联合调查组就已经组织了“北京市读者、听众、观众调查”，但是后来由于受到政治运动的冲击，舆论调查一度停滞。随着互联网的出现以及网络舆论的兴起，专门监察网络舆论的专业机构诞生并发展起来，如中国人民大学舆论研究所、2008 年 7 月创建的人民网舆情监测室、2007 年底建立的中国传媒大学网络舆情（口碑）研究所等。

8.3 中国网络舆论监督型政治参与存在的问题

8.3.1 存在虚假的网络谣言

在网络舆论监督型政治参与中存在相当多的网络谣言。谣言是一种不真实的信息，谣言的广泛传播会对社会产生恶劣的影响，从而影响政府的权威与运作。默顿认为：“谣言是一种社会情境，它一旦被很多人相信，就会进一步增加相信者的人数，进而对社会结构和社会功能造成影响。”[①]

例如，2009 年 5 月 7 日晚，富二代胡斌开着三菱跑车在杭州闹市区飙车，撞死正在过斑马线的谭卓，这起惨剧经杭州本地媒体报道以及网络传播，立刻引起网民的非议。7 月 20 日，法庭一审判决胡斌入狱 3 年。正当人们质疑法院量刑是否过轻的时候，一则“受审胡斌是替身”的传闻迅速在互联网上蔓延，网民通过图像对比和人肉搜索等手段，进行一系列猜想，并引发对杭州市市政府和司法机关的公信力的质疑。7 月 31 日，胡斌服刑第一天，杭州检方安排其老师和同学在媒体记者的陪同下前往探监，以回应网民的疑问，澄清胡斌不是替身。8 月 21 日，在天涯上首发“替身”帖的湖北鄂州人熊忠俊（网名刘逸明）因“捏造、散布谣言”被当地警方行政拘留。

又如 2011 年 3 月 15 日，浙江省杭州市某数码市场的一名员工在几个 QQ 群上发布了一条“据可靠信息，日本核电站爆炸对山东海域有影响，并不断地产生污染，请转告周边的家人和朋友储备些盐、干海带，在一年内不要吃海产品”的消息。超乎想象的是，此后在短短的几小时内，这条消息不胫而走。3 月 16 日浙江省部分地区出现集中购盐现象，并迅速向周边省市蔓延。3 月 17 日扩散到全国大部分地区，演变为全国范围内的核辐射恐慌和抢盐事件。该事件传播之快、面积之广、规模之大，是前所未有的。

从深层次分析，这些网络谣言的出现一定程度上反映了对政府的不信任。《环球》杂志联合某门户网站的调查显示，截至 2011 年 3 月 6 日晚 6 时，在参与投票的 24 743 名网民中，有 62.33% 的人表示明显感受到压力的存在，并正在为此而焦虑不安。[②] 一方面社会竞争压力过大引发群体性焦虑，另一方面民生问题突出也会引发人们的焦虑情绪。当代社会，虽然人们的收入快速增长，生活水平大幅度提高，然而人们抵御风险的能力却在降低，同时，人们遭遇风险的可能性却大大增加。目前，人们的不安全感主要源于社会风气败坏。社会风气败坏、公众道德水准下降，使人们产生强烈的安全无保障

① 默顿．社会理论与社会结构［M］．唐少杰，等译．南京：译林出版社，2006：633.

② 我们为何群体焦虑［EB/OL］．（2012－08－20）．http：/ /news. sina. com.

的感觉，焦虑心态带来对政府的不信任。当前不少中国社会民众对权威公权力部门的合法性、公正性缺乏社会认同，在很多事情上都有强烈的福利受损感、社会不公平感，充满对公权力的质疑，而一些政府部门信息发布不及时、措辞不恰当更降低了这种信任度，特别是个别部门为了自身利益隐瞒事实真相，发布虚假信息，使政府公信力进一步受损。公众在质疑权威部门的舆论引导和社会动员的同时，却对谣言、流言等虚假信息敞开了大门。在各种负面信息暴增后，受此误导易被煽动的网民不满情绪会急剧增长，致使政府公信力丧失，对政府工作的实施也带来极大的困扰。

8.3.2 存在情绪化的非理性的网络舆论

网络舆论成为社会热点，正是中国处于社会转型加速期的背景下各种社会矛盾与冲突的一种显现形式。我国社会转型导致了利益格局的调整，引起了社会阶层结构的重组和变迁，社会客观状况的变化必然反映到社会心理层面，尤其是负面或突发性事件更容易吸引民众的注意和热议，激发非理性情绪和非理性舆情。过去，民众的舆情表达仅限于报纸、杂志、图书、电视等传统媒体，一些社会舆论常以民谣、顺口溜等形式流传，作为民众情绪发泄的一种方式，一般不会对社会秩序造成太大影响。但随着互联网的快速发展，网络给舆论表达和舆情汇集提供了一个非常便捷的平台，社会舆情越来越多地以网络舆论的形式表现出来，而这些舆论多是情绪化的非理性的网络舆论。

情绪化的非理性的舆论还以网络暴力的形式呈现。网络暴力是社会现实压力的一种表现，人们在一些事件中表现的暴力行为，看上去是针对某些特定的当事人的，但实际上是人们针对普遍社会压力的一种泄压行为，特定事件或人物只是一个启动阀门，而网络表达的相对自由性为这种压力的释放提供了可能。

非理性的网络舆论的形成，是因为网民的意见表达往往不是在一个孤立的环境中进行的，而是在一个复杂的互动环境中完成的，而网络中的社区空间中容易形成各种群体。社会心理学的研究表明，群体互动环境会对个体心理如态度、意见的形成带来很大的影响。例如，有关群体极化的研究指出：群体讨论往往会强化其成员的最初的意向，使偏激者更偏激。而法国心理学家古斯塔夫·勒庞指出："群体是冲动、易变和急躁的，群体易受暗示、轻信，群体情绪夸张、单纯，群体偏执、专横、保守，群体既可能表现出极低的道德水平，也可以表现出个体根本达不到的崇高。"①

8.3.3　存在着大量的操作舆论的网络公关公司和网络水军

网络公关公司是除大众传媒外，能够从事社会舆论活动、发挥舆论功能的第二舆论机构。它们具有特定的舆论行为和目标，从网民的心理出发炮制符合客户需求的营销服务。例如，"中国代骂旗舰网"曾在网上大肆招揽代骂生意，并称可以提供"职业骂手"，通过各种手段用下流语言对他人进行诽谤和攻击。② 又如，2010 年 10 月内蒙古警方破获的蒙牛商业诽谤案，实际上是由一家受雇的网络公关公司通过在网站论坛密集发帖、将搜索引擎的相关关键词置顶等手段制造的一起商业诽谤案。

一些网络公关公司打着网络营销的幌子，公开招募"网络水军"。"水军"实为网络公关公司花钱雇的"托儿"，在集中的时间节点内，高频次、高密度地活跃于网络的各个角落，为雇佣者的发帖、回帖造势。网络公关公司联系点击量较高的个人博客博主撰写文章发表在博客上，将文章推荐到门户网站首页、置顶或加精，雇用水军在同时段频繁往返于各大论坛，借发帖、回帖造势，煽动网民情绪。水军就某话题发表意见，促成意见的交流和碰撞，营造意见的虚假繁荣，网民不断地被裹挟进议论，舆论的聚议量迅速扩大，大量的网民被卷入其中，个人意见升级为网络议题。水军通过营造虚假的意见环境来影响和制约舆论。如蒙牛、伊利公司之间的黑公关事件，360 与 QQ 互相攻击等都是由网络水军、网络公关公司作为幕后推手策划的。

---

① 勒庞．乌合之众［M］．北京：中央编译出版社，2005：21－41.

② 徐盛楠：专业代骂公司在各地现身 收费 30 元就可代骂一天［N］．南京周末，2005－09－08.

8.4 中国网络舆论监督型政治参与存在问题的原因

8.4.1 传统媒体监督功能的缺失

在成熟的法治国家，媒体监督是除立法权、司法权和行政权之外的“第四种权力”，通过媒体监督政府、预防腐败一直被视为民主制度的基石。在我国，媒体监督也被称为舆论监督。1988 年 4 月，经中央同意，中共中央办公厅转发了《新闻改革座谈会纪要》。《纪要》指出，“正确开展批评，发挥舆论监督作用”，“是反对官僚主义，纠正各种不正之风，密切联系群众，加强舆论监督作用所必需的”。新闻改革座谈会提到的“发挥舆论监督作用”实际上是发挥媒体的监督作用，尤其是发挥媒体的批评性报道的作用。1992 年中共十四大报告更是指出：“强化法律监督机关和行政监察机关的职能，重视传播媒介的舆论监督，逐步完善监督机制，使各级国家机关及其工作人员置于有效的监督之下。”

我国的媒体监督主要表现为：(1) 在较小的问题上进行监督；(2) 偏重于指向经济利益团体；(3) 监督司法。[①] 另外，早在 1953 年，中宣部就确定了同级媒体不能批评同级党委的原则，因而，传统媒体既不能监督同级党委，也不能监督自己的上级，跨越地区实施监督也被禁止，即使对下一级权力部门进行监督，在具体操作过程中也要大打折扣。例如，相关调查显示，《焦点访谈》的批评指向可以归结为几个方面：国家官员和垄断行业的权力滥用、对上和对下的弄虚作假、各种形式的违法乱纪、社会阴暗面和社会问题等。批评的主要机构集中在企业（占 36.4%）、事业单位和政法系统（27.5%）以及政府机关（包括村委会这样的准权力机构，26.6%），三者相加共

① 陈力丹，闫伊默．论我国舆论监督的制度困境［J］．南通大学学报（社会科学版），2007，23 (2)：130－134.

90.5%。在企业中，小型国有企业、集体企业、乡镇企业和私营企业是被批评的大头，占 69.6%。对事业单位和政法单位批评的焦点集中于三类系统，即工商、税务、财经等垄断部门和要害部门，文化教育卫生系统，公检法系统，三者共占总量的 83.9%。对事业单位的批评显著增加，一是因为事业机构与人民生活密切相关，易受关注，二是因为与同为公共机构的政府权力部门相比，事业单位是较易触动的地方。对权力的监督是体现舆论监督程度最重要的指标，在政府机关或准权力机构中，处于基层的县一级机构和农村基层机构是批评的主要指向，合计占总量的 73.8%。政府机构受批评的多寡与政府机构的级别高低呈负相关，政府机构的工作人员受批评的频次也与工作人员的级别高低呈负相关。在现实的操作中，传统媒体的监督要获得授权才能进行，这样的制度设置使得传统媒体监督功能缺失。

事实上，受众对传统媒体监督功能也表示不太满意。河北大学乔云霞主持的国家社会科学基金项目“舆论监督研究”课题组对全国新闻媒介实施舆论监督的状况、经验和问题的调查显示，受众对舆论监督报道的满意程度一般，认为舆论监督力度还不够。新闻舆论监督从业人员中有 43.56%的人认为舆论监督的力度“一般”，有 58.48%的人认为成效“一般”。他们中有 70.01%的人认为所存在的主要问题是“只打‘苍蝇’，不打‘老虎’”，有 50.08%的人认为“对重大问题、重大事件的批评报道不充分”。受众也批评了少数记者的畏惧权贵、缩手缩脚等不良作风。① 从社会结构上来看，正是传统媒体监督功能的缺失，才导致网络舆论监督的兴起和繁荣。

8.4.2　现实中缺乏完善的利益表达政治参与渠道

网络舆论监督型政治参与的繁荣恰恰反映了中国信访、举报等政治参与的高成本及高风险性。信访、举报、上访等方式危险性大、成本高、效率低下。第一，各级信访机构，无论是中央的还是地方的，从党委到人大，再到

① 乔云霞，胡连利，王俊杰．中国新闻舆论监督现状调查分析［J］．新闻与传播研究，2002(4)：36-46，95.

政府、法院和检察院，地位低下，缺乏解决问题的有效资源和实际权力。本来信访的指向是掌握党政司法权力的官员，却让没有权力的信访部门出面处理，把信访部门当成了解决问题的责任主体，出现权责错位。整个系统缺乏统一协调的机制，缺乏统一的计算机联网，信息不共享，信访者一个问题可能要同时找几个机构，得到的答复和解决方案可能不一样。各机构推来推去，信访人投诉无门，只能在各信访机构之间来回跑动。因为信访机构分散，每个机构的工作人员非常有限，面对大量的信访案件，无力件件亲自处理，致使信访部门对群众信访转多办少。2005 年，国务院通过了新的《信访条例》，虽然新《信访条例》在保障信访人权利等方面有所进步，但也只是应急之作，没有体现信访制度改革的方向，不仅不能有效地化解目前存在的信访洪峰问题，还产生了一系列新的问题：其一，新《信访条例》的主旨还是“束民”而不“约官”，虽然把保障信访人的权利作为重要的原则确定了下来，但同时又为各级政府打击、压迫信访人预设了各种理由和借口。其二，信访制度中的压力体制仍然没有改变，反而因赋予了政府信访机构调查、直接移交和办权的权力而有所加强，这种自上而下的压力体制有可能诱发更多问题，造成更大的信访洪峰。① 第二，部分办案人员责任心不强，致使很多举报和信访案件石沉大海，而打击报复举报人的行为时有发生。如举报鞍山市国税局的李文娟被劳教一年，耗时 8 年举报程维高的郭光允被开除党籍，举报阜阳“白宫书记”的李国福蹊跷死于狱中。改革开放以来评出的 10 个反腐名人中有 9 人遭到打击报复。② 在《中国青年报》的一次网络调查中，在公众认为阻碍举报的诸多因素中，“担心举报石沉大海，得不到反馈”的占 36.4%，“担心举报后遭到打击报复”的占 34.9%，这两项因素被认可的程度位居所有因素的前两位。③

① 于建嵘，单光鼐，祝华新．群体性事件应对与社会和谐［EB/OL］．http://www. sociology. cass. cn/shxw/shwt/t20090107_19965. htm.

② 反腐败调查！你认为目前阻碍网络举报的因素主要有哪些方面？［EB/OL］．http：//bbs. tiexue. net/post 2_3695386_1html.

③ 专家呼吁尽快制定举报法，民调认同此乃当务之急［N］．中国青年报，2009-03-17.

网络舆论监督型政治参与的繁荣还反映了其他政治参与渠道的缺失。目前，我国建立了诸如人民代表大会制度、共产党领导的多党合作和政治协商制度、基层群众自治制度等，同时还有各级党组、工会、青年团、妇联等政治参与渠道。虽然这些为公民参与国家政治生活、实现自身政治权利提供了制度保障和参与渠道，但这些公民政治社会化的机制和渠道却在不同程度上存在需要完善的地方，其利益表达的功能不能充分发挥，也没有真实地反映出普通公民的利益诉求。而出现这种情况的原因则是一些政府机构在相当程度上漠视社会利益冲突和利益表达，不能正确对待社会利益冲突。在日常的利益表达中，虽然《宪法》规定公民有游行、示威等的自由，但实际上受到各种各样的限制，即使是最为合法和理性的听证制度，也存在着不少的问题，主要表现在听证会代表的遴选缺乏科学性上。要想让听证会在政策制定中真正成为政府和群众沟通的桥梁，就需要听证会的代表具有广泛性和代表性。目前，遴选听证会代表的程序不太明确，在保证代表的公正性、代表性上缺乏严格的操作规范，这就很难保证与群众利益相关的代表被选出参加听证会。此外，政策的制定者在制定政策前进行了大量的调查研究，充分掌握了制度方案的背景，是掌握大量信息的强势主导方，与之相对应的则是信息匮乏的公众参与者。这样，即使听证会召开的程序是公正的，但信息不对称也会导致结果的不公正。

8.5 中国网络舆论监督型政治参与的展望

中国网络舆论监督型政治参与的未来发展应朝以下方向发展。

8.5.1 发挥传统媒体的监督功能

在社会主义中国，媒体的舆论监督作为权力制约体系的有机组成部分，与司法监督、行政监督、党内监督和群众监督一起，构成了有中国特色的社会主义监督体系。党的十三大把舆论监督写进了党的政治报告，将其作为政治体制改革的重要内容，提出："要通过各种现代化的新闻和宣传工具，增加对政务和党务活动的报道，发挥舆论监督的作用，支持群众批评工作的缺点错误，反对官僚主义，同各种不正之风作斗争。"2007 年，十七大报告提出"四权"（知情权、参与权、表达权、监督权），表示"人民当家作主是社会主义民主政治的本质和核心。要建立民主制度，丰富民主形式，拓宽民主渠道，依法实行民主选举、民主决策、民主管理、民主监督，保障人民的知情权、参与权、表达权、监督权"①。2012 年，十八大报告进一步提出"四种监督"，其内容是："健全权力运行制约和监督体系。坚持用制度管权管事管人，保障人民知情权、参与权、表达权、监督权，是权力正确运行的重要保证。……推进权力运行公开化、规范化，完善党务公开、政务公开、司法公开和各领域办事公开制度，健全质询、问责、经济责任审计、引咎辞职、罢免等制度，加强党内监督、民主监督、法律监督、舆论监督，让人民监督权力，让权力在阳光下运行。"②

目前，党和政府要求媒体用正面宣传来发挥舆论的导向作用，并且通过一定的传媒管理方式加以落实。在中国，党和政府对于大众传媒的管制主要是通过各级宣传管理部门的工作来实现的，依托于党和政府行政权力的级别划分，中共中央委员会所属的中宣部负责管理中央级的新闻机构，如中央电视台、人民日报等，各省党委所属的省委宣传部门负责管理省级新闻机构，依次类推，也就形成了中央、省、市、县四级的宣传管理部门分别负责管理四级新闻机构的格局。

在美国新闻史上，20 世纪初，反垄断、反腐败的进步主义运动之所以取得成功，很大程度上是因为一批被称为"耙粪者"（muckrakers）的调查类记者。③ 借鉴美国的相关情况，我国在社会转型期遇到的各种各样的问题，都

---

① 胡锦涛．高举中国特色社会主义伟大旗帜　为夺取全面建设小康社会新胜利而奋斗——在中国共产党第十七次全国代表大会上的报告［M］．北京：人民出版社，2007：29.

② 胡锦涛．坚定不移沿着中国特色社会主义道路前进　为全面建成小康社会而奋斗——在中国共产党第十八次全国代表大会上的报告［M］．北京：人民出版社，2012：28－29.

③ 刘瑜．民主的细节［M］．上海：上海三联书店，2009：9.

需要传统媒体发挥监督功能，并承担“安全阀”的社会功能。而要做到这些，就必须废除各种对传统媒体发挥监督功能的不合理限制，让中国公民掌握合理的举报监督渠道，如此才能真正地规范网络舆论监督型政治参与的发展。

8.5.2　加强其他制度化政治参与的建设

在加强其他制度化政治参与的建设、从实际上保障公民的利益方面，国外有相关的制度设置。加拿大公民向立法机构和政府部门反映意愿，提出诉求、意见、建议的途径主要有三种：一是通过所在地区的各级议员代为反映；二是通过联邦政府各部门、各地方政府部门专设的投诉机构，就这些部门职权范围内的事项进行投诉；三是通过联邦和各地方政府分别设立的专门受理公民对政府及其公务员进行投诉的机构进行投诉。① 法国总统府通信局是总统府办公厅下属的机构，具有相对独立性，专门负责处理公民给总统的来信、来电。法国总统十分重视公民的来信、来电，每两个月要看一次有关公民来信、来电的书面综合报告，重大案件由总统顾问直接出面处理。② 韩国于 1994 年成立了民愿委员会，旨在保护公民权益免受不良行政的侵犯。该委员会管辖权广泛，除了受理公民对非法或失当的行政措施以及玩忽职守（无论是故意还是过失）的投诉外，还受理对不合理行政管理制度和政策的投诉。③ 日本有所谓的苦情制度，即行政苦情申诉与处理制度，简称苦情制度或怨情制度，在广义上是指行政机关受理有关国民对行政的不满、不服等的苦情申诉，并为谋求对此的解决而采取必要措施。这是面向国民窗口的各行政机关的日常事务。狭义上的苦情处理，是指特别设立的苦情处理机关根据来自国民的苦情申诉，在进行必要的调查的基础上，将苦情内容告知有关机关，为谋求其解决而采取劝告、调停等必要的措施。④ 国（海）外的这些制度设置，赋予相关机构更大的权力来接受公民的投诉监督，从而减少了非制度化的监

---

① 胡冰．国外民愿表达机制与我国信访制度改革［J］．特区理论与实践，2003（12）：60－61.

② 钱先发．法国信访工作概览［J］．楚天主人，2006（Z1）：49.

③ 胡冰．国外民愿表达机制与我国信访制度改革［J］．特区理论与实践，2003（12）：60－61.

④ 章晓可．中日信访法规比较研究［J］．中国行政管理，2006（12）：70－74.

督的出现。

对于国外的这些制度设置，我们可适当借鉴，建立起符合我国国情的相关制度。

8.5.3 规范网络舆论监督型政治参与的发展

搭建网络监督的制度化平台，收集民声民意，安排专门机构、专人对网络监督信息线索进行及时汇总，经过查实的给予及时查处和反馈。2008 年初，杭州市纪委已建立了四条收集渠道：一是市纪委在该市媒体中聘请了 13 名一线记者，收集党风政风和党员干部廉政建设情况。二是市纪委与市外宣办网络处、市公安局一同建立了网络监督信息传递机制，市外宣办网络处和市公安局为市纪委提供从网上监控的相关信息。三是市纪委自己有一支网络信息搜集队伍，来自委局（即市纪委和市公安局）各个室（厅），被称为反腐倡廉舆情监控小组。“每个委局都有一名宣传信息员，他们经常上网，负责收集相关信息，及时报告。每个月都有一次例会，进行研究和分析，并制定下一步计划。”① 四是市纪委宣教室也有专人浏览网页。这四条渠道的信息都汇流到快速反应机制领导小组办公室，领导小组根据网上舆情走向，决定是否启动快速反应机制。如果有信息涉及重大事件、某个领导干部，将建立调查处理小组和新闻发布小组。在调查处理小组调查后，提出处理意见和建议。与此同时，新闻发布小组据此通过发新闻通稿、召开新闻通报会或网上跟帖等方式，及时发布相关信息，有针对性地解疑释惑，澄清事实，批驳谣言，引导舆论。

2008 年 7 月出现的“株洲模式”② 也值得推广。其主要内容包括：市纪委、市监察局依托红网株洲站建立“株洲廉政”网页，在网页上设立举报信箱；以单位实名参与“红网论坛”株洲版互动，开辟“反腐倡廉网络信息中

---

① 徐秀勇，杨嘉．网络监督：成因、局限及政府应对［J］．天津行政学院学报，2010，12(1)：21-25.

② 湖南株洲市纪委，市监察局．关于建立网络反腐倡廉工作机制的暂行办法[EB/OL]．http://www.zznews.gov.cn/news/zzlzw.

心”，设立实名 ID“纪检监察信访”，授予其独立处理该中心所有文帖的权力。纪检监察机关在三日内向网络信访人做出受理反馈。为推动网络反腐工作进一步深化，市纪委要求所属各县、市、区纪委、监察局都在红网实名注册，安排专人受理和处理网络信访件，形成上下联动的工作机制和格局。2008 年 7 月试运行一个月，8 月正式出台办法，到 2008 年年底，共受理网络举报 207 件，查实办结 100 余件，在网上发布查实结果 50 余件，其中有不少重大案件，可以说初见成效。①

广东省信访局在网络问政平台建设方面进行了大胆的探索，2010 年 7 月设立网上信访办理处以来，网上信访影响力不断增强，网络信访办理处成为群众反映问题的新通道。2011 年 9 月在 15 个厅局建立“网络发言人”制度后，初步形成了经常性、制度化的网上沟通机制，有效推动了一批群众关心的热点、难点问题的解决。

积极探索网络监督的制度化应对措施。网络公民社会的重要功能之一就是网络监督，在当前的社会背景下，以网络公共舆论为代表的网络监督发挥着越来越大的作用。然而，面对网络监督的洪流，政府并没有真正形成一套制度化的应对机制，更没有最终形成积极主动的应对机制。一般情况下，网络事件的爆发及政府的应对措施如下：某一事件的媒体报道——互联网上的传播——平面媒体的跟进报道——互联网与平面媒体的互动——热点事件的形成——政府的被动应对。在网络舆论的形成以及网络事件的处理中，政府基本上处于被动的地位，基本的模式是：网络事件的矛头指向政府，政府被动应对。政府应该积极采取措施，改变应对网络监督的被动局面，探索应对网络事件的制度模式，寻求处理网络事件的主动权。这就要求相关政府部门尽快建立网络舆情的监控体系，通过对网络信息快速、有效地筛查、甄别，及时发现网络事件的苗头，密切跟踪网络事件的发展演变。同时，根据实际情况进行调查取证，了解事实真相，通过权威媒体及时发布相关的真实信息，

① 徐秀勇，杨嘉．网络监督：成因、局限及政府应对［J］．天津行政学院学报，2010，12（1）：21－25.

借助于互联网传播真实信息，让广大网民在第一时间了解事实真相，避免谣言及虚假信息的传播。只有能够确立“网络信息收集——真相调查——权威信息发布”这样一套网络信息处理机制，相关政府部门才能够更加主动地应对网络监督，改变被动应对的局面。

8.5.4 对合法的网络舆论监督型政治参与进行保障

第一，要建立和完善政府信息公开制度。政府信息公开，可以保障公民的知情权，这也是接受人民监督的前提。只有信息公开，公众才能及时了解政府的作为、官员的情况。公众了解了事实真相，不仅可以实时地监督政府的工作，而且可以有效地遏制网上虚假信息的散布与传播。2008 年 5 月 1 日正式颁布的《中华人民共和国政府信息公开条例》存在需要完善的地方：一方面是公众不知道自己到底有什么知情权，应该要求政府公开什么；另一方面是缺乏明确的规定，导致了职责界定的模糊。在政府职能部门存在着能轻松逃避公开政府信息责任的问题。更重要的是，该条例并不具有最高的法律效力，不能与《保守国家秘密法》《档案法》相提并论，它只是国务院的相关规定，这就为某些政府部门拒绝公开信息提供了借口。所以要尽快完善《中华人民共和国政府信息公开条例》。政府部门依法公开信息，是为了让人民群众依法监督政府工作。如果政府能及时、全面、准确地公开公众所关心的信息，让人民群众充分行使监督权利，那么，就很容易辨别合法的网络言论与造谣滋事的网络言论之间的界限，用法律手段既保护网络言论自由，又限制不法网络言论。因此，与其采取封堵方法制止不法网络言论，不如做好信息公开工作，让不法网络言论没有逃遁之地。

第二，慎用法律尤其是《刑法》，追究网络言论的责任。网络言论归根到底是言论，美国宪法第一修正案以“不得制定任何法律来限制言论自由”来保障言论自由，虽然我国国情与美国有很大不同，但我们也要尽力保障言论自由，强调所处罚的行为必须具有实际的危害后果。在“主观恶意”要件之外，特别要求“后果犯”，如言论已经导致某种已然的“行动”，确实产生了危害结果。批评性言论中含有不实、虚假成分，并非言论处罪的决定条件，可以教育、警告或以其他手段替代。

第三，中华人民共和国《宪法》第四十一条规定，“中华人民共和国公民对于任何国家机关和国家工作人员，有提出批评和建议的权利；对于任何国家机关和国家工作人员的违法失职行为，有向有关国家机关提出申诉、控告或者检举的权利，但是不得捏造或者歪曲事实进行诬告陷害。”公民对政府的批评可能有不准确的情况，但是这种不准确并不能被定义为“诽谤”，更不能随意被认定为“犯罪”。公民有言论自由，有批评政府的自由，只要不是恶意捏造事实，就不应该被追究责任。

第四，对网络舆论监督型政治参与进行立法保障。我国互联网发展迅速，但与迅猛发展的网络相比，网络舆论的立法明显滞后。我国自 1994 年以来已经设立了部分规范网络舆论方面的法规，如《互联网信息服务管理办法》《互联网电子公告服务管理规定》《互联网站从事登载新闻业务管理暂行规定》等。《互联网信息服务管理办法》把互联网信息服务分为经营性和非经营性两类，并明确对经营性互联网信息服务实行许可制度，对非经营性互联网信息服务实行备案制度。《互联网电子公告服务管理规定》为规范电子布告牌、电子白板、电子论坛、网络聊天室、留言板等提供了比较具体的法律依据。但是，这些规定或者没有对如何规范网络舆论进行明确规定，或者虽然规定得非常详细，但贯彻落实的情况差。特别是网络舆论的引导，需要对政府与网络媒体的关系从制度上、法律上进行规范和明确。因此，完善网络立法，形成系统、有序地调整网络关系的法律体系，特别是通过立法将政府、网络媒体、公众等网络主体的权利、义务和责任以法规形式加以明确规定，是引导网络舆论发展的重中之重。

第9章　网络建言献策型政治参与分析

第8章分析了网络舆论监督型政治参与，接下来分析网络建言献策型政治参与，也就是互联网对建言献策型政治参与的影响研究。网络建言献策型政治参与可以通过集思广益，获得公共政策的合法性和相关利益主体的理解和认同，而为中国政府所推崇和支持，但是网络建言献策型政治参与的相关制度和建设尚未完善，未来还有很大的发展空间。

9.1　网络建言献策型政治参与的发展概况

网络建言献策型政治参与就是指网民通过网络向政府及其官员表达利益诉求，建言献策。互联网对建议型政治参与的影响研究主要表现在网络建言献策型政治参与上。网络建言献策型政治参与的权利来源于《宪法》第四十一条的规定：中华人民共和国公民对于任何国家机关和国家工作人员，有提出批评和建议的权利。网络建言献策型政治参与的指向是公共决策。公共政策指广义而合法的政府在一定历史时期和环境条件下，为能够解决某种公共问题而做出的一种“为”或“不为”的法律和合法的命令、准则等规范。[①]对于公共政策的制定，一般人把注意力集中在决策过程本身，而忽略了政府议程这一关键环节。从经济学的角度来看，任何决策都需要资源，而资源是有限的，换句话来说，在做具体决策之前，政府不得不决定在有限的资源条件下，将哪些事情提上议事日程，而哪些暂时不提。美国政治学家 Bachrach

---

① 卢坤建．公共政策释义［J］．中山大学学报（社会科学版），2001，41（4）：81－86.

和 Baratz 指出，能否影响决策过程固然是权力的一面，能否影响议事日程的设置则是权力的更重要的另一面。① 议程设置是指对各种议题重要性的排序，不同的主体有不同的议程，如传媒议程、公众议程和政府议程。传媒议程指传媒报道和讨论各种议题重要性的排序，而公众议程则是社会大众讨论各种议题的重要性的排序，政府议程指政府认为的各种议题的重要性的排序。在传播学上，传媒议程通过议程设置影响公众议程，这方面已有相当多的研究了，本章主要探索公众议程是如何影响政府议程的。在西方国家里，公众议程的挖掘往往通过民意调查来实现，但是在中国目前的环境下，尚没有成熟的民意调查机构扮演这样的角色，目前，中国的公众议程常常通过网络民意反映出来，在各种网络民意中，网络建言献策型政治参与是其中重要的一种。基于此，本章想探索的问题是：网络建言献策型政治参与能在多大程度上代表公众议程？它能够影响中国的政府议程吗？如果能，影响的机制是什么？如果不能，原因是什么？

中国的网络建言献策型政治参与经历了一个从个别化、碎片化到初步制度化的过程。在中国互联网发展的早期，网民数量还比较少，虽然在 1999 年 5 月，为声讨中国驻南大使馆遇袭，《人民日报》网络版开通了“抗议北约暴行 BBS 论坛”，使得网友可以通过上网发帖来表达自己的愤怒之情，但是在当时，网民仅把网络当作一种聊天和宣泄的工具，还没有真正认识到其力量所在，因而并没有提出多少有价值的网络建议。

到了 2002 年 11 月 16 日，出现了一个典型的网络建言献策型政治参与的例子。网友“我为伊狂”（真名：呙中校）在人民网“强国论坛”和新华网“发展论坛”上贴出近两万字的长文《深圳，你被谁抛弃?》。该文对深圳的竞争力表示忧虑，对深圳政府的效率、治安、二线关口、交通、城市管理、外来人口、生活压力、诚信、人情、文化等多方面提出意见。② 这篇文章吸引

① BACHRACH P，BARATZ M. Two faces of power［J］. American Political Science Review，1962，56 (4)：947－952.

② 我为伊狂. 深圳，你被谁抛弃［EB/OL］. http://www.douban.com/note/158482846/.

了很多网友，包括深圳市相关官员。2003 年 1 月 19 日，深圳市市长与文章作者“我为伊狂”会面，对谈两个半小时。而这一年的 12 月，以网络建议和舆论为主要内容的湖南红网“百姓呼声”栏目也获得第 12 届湖南新闻奖名牌栏目奖。

2003 年 5 月，山东省烟台市在其官网“胶东在线”上开办了网络问政平台——“网上民声”。网民借助这一平台反映切身问题，表达利益诉求。“2003 年至 2010 年 6 月，‘网上民声’共收到网民留言 365 000 余条，其中投诉类留言 111 084 条、咨询类留言 195 152 条、建议类留言 42 159 条、反馈类留言 16 701 条，越来越多的网民参与到这一平台中来。”①

到了 2006 年，在中央层面上，“两会”期间，单是对人民网、新华网、搜狐网、新浪网和央视国际网的不完全统计，给政府提出的意见和针对总理本人提出的问题就多达几十万条。在地方上，2006 年 2 月，宁波网“对话”栏目连续举办了八场“对话”直播“解难创优”，引起社会强烈反响，进一步加强了公民与政府的互动。对话内容包括缓解就业保障难、缓解住房难、缓解就医难、缓解出行难、优化就学环境、优化人居环境、优化服务环境、优化人文环境等。

2006 年，人民网通过开办“地方领导留言板”栏目，建立起覆盖全国、影响广泛的政府官员与网民的互联网互动平台。人民网将该栏目努力打造成“社情民意的集散地，亲民爱民的回音壁”。各地网民可通过“快速留言”专栏对各省、市，或下辖区、县领导就贪污腐败、拆迁、“三农”等问题直接留言，或者提出政策建议；通过“回复查询”专栏对相关领导和机构的回复情况进行查询；还可通过“网友反馈”专栏对回复情况和所反映问题的办结情况进行意见反馈。

2008 年，一种名叫“网络问政”的建言献策型政治参与出现。广东省河源市市委书记陈建华在 2008 年 8 月上网时发现有网友建议他在河源网开个信

① 邓兆安，张涛．中国式网络问政：“胶东在线”的标本意义［M］．广州：南方日报出版社，2010：95-96.

箱，方便网友直接向他反映问题，还取了一个信箱名，叫“华哥信箱”。陈建华接受了建议。信箱开通后，很快火爆，开始几个月，他平均每天亲自回复约 20 封信件，最高纪录达 100 多封。到了 2009 年，来信实在太多，陈建华书记将“华哥信箱”更名为“公仆信箱”。河源市的党政主要领导，各区、县党政领导，市直属部门领导都建信箱，共有 186 个，“公仆信箱”在河源遍地开花。每一个领导每天都要开信箱，看来信，抽时间回信。从 2008 年 12 月 1 日到 2009 年 12 月 1 日，“公仆信箱”共收到有效信件 10 906 件，平均每天 30 件，处理了 10 512 件，所处理的问题涉及方方面面。2009 年 12 月 1 日，“公仆信箱”再延伸到乡镇，截止到 2010 年 2 月 1 日，已有 1 020 个信箱。①

2008 年 6 月，广东省一名普通小学代课教师龙剑喜，在网上给广东省省委书记汪洋留言，描述了农村代课老师的清贫与困窘。2009 年 5 月，省委书记汪洋委托有关部门正式回复网友留言，他表示，网友提出的一些意见和建议，将会在省委的决策部署以及各项工作中有所体现，网友反映的具体问题，将要求相关部门及时核实，妥善处理。②

2009 年“两会”期间，人民网“强国论坛”推出了大型互动社区“E 两会”，直接把“两会”从人民大会堂搬到了网络上。2009 年 5 月 9 日，“强国论坛”应网民的强烈要求，在“E 两会”的基础上推出常态化版本“E 政广场”，功能更为全面，细节更为人性化，不仅为网民提供了一个全方位的参政议政平台，同时也为国家各级机关提供了一个倾听民意的空间。③

2009 年 11 月 8 日，中华全国新闻工作者协会在北京举行隆重的中国新闻奖和优秀新闻工作者颁奖仪式。在该年度（第 19 届）中国新闻奖的评选中，人民网的“地方领导留言板”和烟台胶东在线的“网上民声”获得获新闻名专栏一等奖。

自 2008 年后，网络建言献策型政治参与由网民自发的建议型政治参与转

---

① 张尚仁．网络问政——公共管理的创新形式［J］．云南社会科学，2010（3）：28－32.

② 张尚仁．网络问政——公共管理的创新形式［J］．云南社会科学，2010（3）：28－32.

③ 刘红，肖红，申宁．“强国论坛”的创新之路［J］．新闻战线，2010（4）：19－21.

向由政府主导的动员建议型政治参与。2008 年 4 月，全国人大常委会委员长会议做出决定，此后全国人大常委会审议的法律草案，原则上都通过中国人大网公开，面向社会征求意见。国务院法制办网站设立法规规章草案意见征集系统，将国务院及其职能部门制定的法规规章进行公示并进行民意征集。2010 年 1 月 29 日，国务院法制办在其官方网站上公布《国有土地上房屋征收与补偿条例（征求意见稿）》全文，征求社会各界的意见。《国有土地上房屋征收与补偿条例（征求意见稿）》共五章，四十一条，分别就适用范围、征收程序、征收补偿、非因公共利益的需要实施的拆迁等问题予以了明确规定，并设置了提出意见的方式：在 2 月 12 日之前可通过国务院法制办网站的意见征集系统提出意见、发送电子邮件或信函。意见征集公告发布之后，新华社第一时间向社会公布，中央政府门户网站、国土资源部网站第一时间对公告全文进行转载。随后新华网、人民网、新浪网等各大主流网络媒体纷纷将公告转载至显著位置。网民也开始发表意见，展开讨论。“强国论坛”开设专题讨论帖，两天内，网友提出的建议超过 110 条。同时各大媒体开始对政府官员、专家学者进行专访，邀请他们发表对拆迁条例的看法。

2010 年 10 月，《中华人民共和国车船税法（草案）》在中国人大网上公布并公开征求意见，在短短 1 个月内，就收到了 2 万多名网友的近 10 万条意见。2011 年 2 月 25 日，重新修改后的《中华人民共和国车船税法》通过。通过网络获取建议，政府的立法工作得以顺利进行。2010 年 12 月 15 日，国务院法制办在其网站上公布《国有土地上房屋征收与补偿条例（第二次公开征求意见稿）》，公开征求意见的通知和关于该意见稿的说明。通知指出，2010 年 1 月 29 日，《国有土地上房屋征收与补偿条例（征求意见稿）》向社会公开征求意见，截至 3 月 3 日，共收到意见和建议 65 601 条，根据各方面的意见，相关部门对稿件做了进一步修改。网民可以在 2010 年 12 月 30 日前，通过国务院法制办网站的意见征集系统、电子邮件或信函继续提出意见。

2011 年 7 月 8 日，民政部在其官方网站上发布《中国慈善事业发展指导纲要》(简称《纲要》)并在网上公开征求意见。《纲要》提出了“十二五”期间加快发展慈善事业的指导思想、基本原则和主要目标，明确了“十二五”期间慈善事业的重点任务。8月23日，《公益慈善捐助信息披露指引(征求意见稿)》(简称《指引》)在民政部官网公示，向社会公开征求意见。《指引》中提到“日常性捐助信息应在捐赠接受机构收到捐赠后的7个工作日内披露捐赠款物接收信息；重大事件专项信息应在捐赠接受机构收到捐赠后的24小时内披露捐赠款物接受信息或按有关重大事件处置部门要求的时限披露”等规定，引发各界关注。捐赠人、专家、基金会、社团、民间非营利组织等相关方发表了各自的观点。如南京民间公益机构“天下公”的负责人向民政部寄出一封建议信，提出五点修改建议：提升《指引》的法律层级，与国务院的《政府信息公开条例》合理衔接；将“指引”变更为“规定”；将“信息披露”改为“信息公开”；明确信息公开主体；建议删除因“国家安全”不予公开的例外条款，规定除捐赠人及受益人有要求外，捐助信息完全公开，不公开捐赠人或受益人信息的，需要公开相关证据等。①

对于公民个体而言，利益诉求很难传达到政府高层，更不用说去影响政府的决策，这样很容易造成公民的政治冷漠。而借助网络这个具有开放性、平等性、互动性、隐匿性的政治传播渠道，诉求和意见可以真实、直白地呈现在网络上，并能够得到政府部门的反馈和解答。通过各种各样的网络建议平台和渠道，中国的网民们为决策者提供切实的建议，这为参政议政提供了一个重要的渠道。

9.2 网络建言献策型政治参与的典型案例：人民网“E政广场”

2009年的“两会”期间，人民网“强国论坛”推出了大型互动社区“E

---

① 万静．民间公益机构向慈善捐助信息披露指引提修改意见[EB/OL]．http://finance.ifeng.com/roll/20110902/4521950.shtml.

两会”，直接把“两会”从人民大会堂搬到了网络上。2009 年 5 月 9 日，“强国论坛”应网民的强烈要求，在“E 两会”的基础上推出常态化版本“E 政广场”。“E 政广场”获得第 21 届中国新闻奖一等奖。

截至 2014 年 7 月 5 日，人民网“E 政广场”的注册用户数为 157 008 人，提案数为 14 032 件，最高点击量为 1 834 398 次，最高回复数为 2 620 条，最高联署（联名签署）人数为 12 171 人，最高支持票数为 610 734 票。可以说，人民网“E 政广场”是网络建言献策型政治参与的一个典型案例。谁参与其中？里面的提案包括什么样的内容？这些提案对政府议程产生什么样的影响？本章对人民网“E 政广场”进行案例分析，具体探索网络建言献策型政治参与的特点、影响与局限。

9.2.1 谁参与了“E 政广场”

2014 年 7 月 21 日的数据显示，在“E 政广场”上提建议的人数为 95 509 人。在排行中，第一位为群众，人数为 71 061 人，占 74.40%；第二位是中共党员，人数为 20 387 人，占 21.35%；其他的无党派人士 1 713 人，占 1.79%；共青团员 1 470 人，占 1.54%；致公党党员 878 人，占 0.92%。这些参与者之间进行着良性的互动：他们通过浏览网站内容得知时事发展，同时在平台上发出他们的政治声音；政府官员和各党派人员在了解和收集群众的政治声音后，通过回复提案的方式进行互动。他们属于积极的政治参与者。“E 政广场”参与者的政治素质普遍较高，政治参与度也较高，他们发挥自身的能动性，利用自身经历和政治思考对时事进行积极反馈。如《毒品问题为何不能完全根治》的作者通过自身的经历和感悟，提交政治提案，表明毒品问题不能根治的根源是在法律和机制的方向上存在错误。又如《为何医改越深化，医患关系更紧张?》一文，虽然作者在相关领域的专业性不强，但是也敢于把自己观点和想法说出来，有很强的参与意识。

不过，有数据显示，“E 政广场”的网络建议人与全国网民的统计数据差别很大，并不代表一般民众。潘聪聪根据 2012 年“E 政广场”的数据，发现：当时网友的人均提案数仅为 0.089 个，并且在 131 份网友建议中，网名为“张奋”的网友共有 15 篇提案入选；在 1 331 份网络提案中，建议数超过 15 个的网友有 8 位，最多的建议数达到了 41 份。而整体网民的实际活跃度是很低的。[①] 也就是说，参与网络建议的网民仅是全体网民中的一小部分。

9.2.2 “E 政广场”的提案包括什么样的内容

截至 2014 年 7 月，在“E 政广场”的提案中，时政类建议有 21 310 条，占总数的 60.53%；民生类有 6 953 条，占 19.75%；科教类有 2 549 条，占 7.24%；经济类有 2 287 条，占 6.50%；综合类有 2 106 条，占 5.98%。在 2011 年评选的优秀提案中，前 38 名见表 9－1：

表 9－1　2011 年评选的“E 政广场”优秀提案（前 38 名）

名次	提案号及内容
1	第 1 号：关注教育改革，治治“名校办民校”
2	第 8 号：提议将 5 月 9 日定为“中国网民节”!
3	第 77 号：让百姓评分是“阳光政府”的体现
4	第 1139 号：各地借鉴重庆经验，全国打黑一盘棋
5	第 1503 号：建立实行矿难超高额赔偿制度
6	第 1617 号：请监督国家电网整改安全问题
7	第 1971 号：2010 年在中国构建消费主导经济
8	第 1996 号：审计之剑应挥向村官
9	第 2108 号：二次承包农村土地 走集约化富民之路
10	第 2636 号：取消中小学教师职称评定
11	第 4184 号：打造中国的官员财产分步阳光法
12	第 4293 号：废除“巨额财产来源不明罪”
13	第 4399 号：房地产调控征房屋空置税
14	第 4608 号：聚焦全国人代会，关注失学流浪儿
15	第 5027 号：对房产税收缴的一点建议
16	第 5508 号：一窝蜂的“城镇化”当休矣!
17	第 5645 号：“裸官”出逃，“伯乐”应被问责

---

① 潘聪聪．网络民主应该走得更远［EB/OL］．（2012－11－06）．http://media.people.com.cn/n/2012/1106/c150618－19514178.html.

续前表

名次	提案号及内容
18	第 5795 号：收入倍增应从最低工资标准开始
19	第 6210 号：建议国家取消派遣制度
20	第 7229 号：关于平抑物价非正常波动的几点建议
21	第 7312 号：中央设立网络问政委员会
22	第 7401 号：强化职能完善人民代表大会制度
23	第 8230 号：坚决抗击美帝国主义的航母威慑
24	第 8614 号：通过“网络问政”提高政府服务水平
25	第 8636 号：实施一次下台终身禁入的公务员制
26	第 8811 号：“正规军”非法行医谁来管？
27	第 8873 号：改善民生少锦上添花多些雪中送炭
28	第 9297 号：关于孔子及孔子思想学说的说明
29	第 9557 号：关于公车改革的综合建议
30	第 9700 号：吁请反哺国企改革中的“牺牲者”
31	第 10543 号：两会建议：我和永元“小吹”医改
32	第 10579 号：农村“弃老”问题应该引起关注
33	第 10696 号：对“裸官”发现一个罢免一个
34	第 10806 号：人事问题要“大材小用，德材重用”
35	第 10847 号：将养老保险“三轨制”改为两步走
36	第 10851 号：给房地产市场戴上“房价帽”
37	第 10995 号：稳定农村教师应“政策优先到位”
38	第 11019 号：国企改革必须从控官做起

资料来源：http：//ezheng. people. com. cn。

这 38 个优秀提案的内容包括教育、矿难、电网整改、审计、承包土地、财产公开、房地产税、公车改革、养老保险、国企改革等问题，大多涉及民生行政。根据经济人的假设，公民进行网络建言献策型政治参与的动力机制与公众的利益意识有关，“只有当公民感到他的参与收益大于成本，或者获得积极的效果，或者免于惩罚，而不是使自己的利益受到损害，他才会有参与的可能性，无论是自主性参与，还是动员性参与，都是如此”①，而民生问题与公众自身利益的相关度较高，因而就更能引起网络建言献策型政治参与。

① 赵成根．民主与公共决策研究［M］．哈尔滨：黑龙江人民出版社，2000：183.

9.2.3 “E 政广场”里的提案对政府议程产生什么样的影响

截至 2014 年 7 月，公众向各部委的建议数和回复数如表 9－2、表 9－3 所示。

表 9－2　　公众向各部委的建议数（截至 2014 年 7 月）

中共中央政策研究室	1565	公安部	116	中央精神文明建设指导委员会	65
国家发展和改革委员会	1078	卫生部	106	科学技术部	58
教育部	520	国务院法制办公室	101	国家预防腐败局	56
人力资源和社会保障部	462	监察部	93	国土资源部	54
中共中央组织部	330	司法部	83	交通运输部	52
住房和城乡建设部	244	民政部	81	农业部	52
中央政法委员会	236	国务院研究室	79	国务院参事室	50
中共中央宣传部	182	外交部	77	环境保护部	48
国防部	161	国务院发展研究中心	77	工业和信息化部	48
财政部	135	国家人口和计划生育委员会	68	文化部	46

资料来源：http：//ezheng.people.com.cn。

表 9－3　　各部委的回复数（截至 2014 年 7 月）

国家发展和改革委员会	6	中央精神文明建设指导委员会	2	公安部	1
中共中央政策研究室	4	中共中央统战部	2	教育部	1
财政部	3	中央机构编制委员会办公室	2	外交部	1
国家安全生产监督管理总局	3	住房和城乡建设部	2	国务院机关事务管理局	0
中央政法委员会	3	国务院研究室	1	国家新闻出版总署（国家版权）	0
中共中央组织部	3	审计署	1	国家体育总局	0
环境保护部	3	文化部	1	国家统计局	0
中共中央宣传部	3	司法部	1	国家林业局	0
国防部	2	民政部	1	国家知识产权局	0
人力资源和社会保障部	2	监察部	1	中国人民银行	0

资料来源：http：//ezheng.people.com.cn。

截至 2014 年 7 月，公众向各地方的建议数和回复数如表 9－4、表 9－5 所示。

表 9－4　公众向各地方的建议数（截至 2014 年 7 月）

北京市	170	四川省	29	陕西省	11
广东省	94	浙江省	23	天津市	11
江苏省	55	山西省	21	海南省	10
河南省	53	福建省	20	吉林省	10
湖南省	46	广西壮族自治区	18	内蒙古自治区	9
山东省	44	黑龙江省	17	甘肃省	9
安徽省	36	辽宁省	15	云南省	9
河北省	32	贵州省	14	青海省	4
湖北省	30	重庆市	14	新疆维吾尔自治区	4
上海市	30	江西省	13	宁夏回族自治区	

资料来源：http：//ezheng. people. com. cn。

表 9－5　各地方的建议回复数（截至 2014 年 7 月）

浙江省	1	陕西省	0	江苏省	0
北京市	1	云南省	0	河南省	0
山东省	1	贵州省	0	江西省	0
辽宁省	1	四川省	0	福建省	0
香港特别行政区	0	重庆市	0	安徽省	0
新疆维吾尔自治区	0	海南省	0	黑龙江省	0
宁夏回族自治区	0	广西壮族自治区	0	天津市	0
青海省	0	台湾省	0	河北省	0
甘肃省	0	广东省	0	上海市	0
湖北省	0	吉林省	0		

资料来源：http：//ezheng. people. com. cn。

从各部委和各地方的回复中，可以看出他们是“选择性回应”，即政府仅选择自己感兴趣话题来进行回应，而对于大部分真正需要去解决的提案，相关负责人却沉默了，于是产生了一大堆积案、无头案。张华等对广东省惠州市网络问政平台的网民留言和政府政策输出进行分析，发现留言板型网络参与中的政策参与和政府回应存在“选择性回应”现象，“选择性回应”存在的原因在于官员考核的“目标责任制”和“一票否决制”，由于考核的参与对象缺乏民众一方，问责和考核的方式还是自上而下的，因此回应的内容也会更多地对上负责而不是对下负责，这就导致政府部门对这些网络建言献策型政治参与采取“选择性回应”。[①]

9.3　网络建言献策型政治参与的功能

网络建言献策型政治参与类似于上书模式，上书模式是王绍光在《中国公共政策议程设置的模式》中依据中国公共政策议程提出者的身份与民众参与的程度区分出的六种政策议程设置的模式中的一种，这六种模式见表 9-6。

表 9-6　　公共政策议程设置的模式

		议程提出者		
		决策者	智囊团	民间
民众参与程度	低	I 关门模式	III 内参模式	V 上书模式
	高	II 动员模式	IV 借力模式	VI 外压模式

资料来源：王绍光，《中国公共政策议程设置的模式》，载《中国社会科学》。

上书模式是指给各级决策者写信，提出政策建议，不包括为个人或小群体利益申述等行为。在上书模式里，建议人不是专职的政府智囊，因此不同于接近权力核心的政府智囊们提出建议的内参模式。过去，即使是上书模式的建议人，也未必是普通公民，而往往是具有知识优势、社会地位的人，平头百姓凭一纸上书影响议程设置的案例非常之少。但是在互联网环境下，普通公民通过网络提出的建议，通过网络被放大，如果能进入官员的视野或媒介的议程，往往会产生很大的作用。

网络建言献策型政治参与如果得到媒体的关注，则会受到重视和产生更大的影响。例如，“E 政广场”反映的《电业安全工作规程》（简称《安规》）在经人民网的报道之后，电监会就对网友提交的反映个别电网企业安规修改

① 张华，仝志辉，刘俊卿．选择性回应：网络条件下的政策参与基于留言板型网络问政的个案研究 [J]．公共行政评论，2013 (3)：101-126.

存在漏洞和风险的“E政案”做出了书面回复。

传统社会的公共决策合法性依赖于决策者的权威地位，高层尤其是领袖具有决策的极大权威。但20世纪中叶以来，社会的复杂使得风险不断增长，导致公共决策对专家知识的依赖提高。20世纪60年代以来，专家政治模式的兴起就是由于试图把公共决策的合法性定位于政策的专业化与理性化。无论是高层还是专家政治模式，都属于精英政治，正如托马斯·戴伊所说，“公共政策是自上而下制定的”，“政策制定者精英阶层的存在是政治生活的事实”。①美国公共政策学者琼斯和马休斯指出，在精英决策模型中，公民常常被看作淡漠无知、自私消极的乌合之众，他们在组织上缺乏严密性，在政治上缺乏自觉性，也不能表达自己的利益要求，因而公共决策所反映的只是精英集团的价值观念和价值偏好。②

最近十多年来，在中国政府将更多的注意力从经济政策转向社会政策的同时，传统的决策方式也随之发生了巨大的变化。③不少国内外研究者已经认识到，中国决策者的政策咨询网络正在逐渐扩大。④不同的利益群体和组织加入其中。传统媒体通过议程设置对某项议题进行反复报道，并把这些报道放在引人注目的位置或时段，从而影响公众议程，进而影响政府的公共决策。中国的传统媒体担负着“上情下达”的宣传任务，在这样的意识视域中，新闻媒体对于公共议题的报道通常着眼于政策出台后的“宣传引导”，负责向社会公众传达、解释党和政府的方针政策，报道各地的政策执行情况。但是，当今中国的传统媒体，除了接受党和政府的管理之外，还深受市场的压力，在一些并不敏感的领域中，担任政府批评者的角色，重构政府的议程，以满足受众的需要。例如，在2006年至2009年新医改的政策议程设置上，传统

---

① 戴伊．自上而下的政策制定［M］．北京：中国人民大学出版社，2002.

② 那格尔．政策研究百科全书［M］．北京：科学技术文献出版社，1990：94－96.

③ 王绍光．大转型：1980年代以来中国的双向运动［J］．中国社会科学，2008（1）：129－148，207.

④ CABESTAN J P. Is China moving towards enlightened but plutocratic authoritarianism?［J］. China Perspectives，2004（55）：21－28.

媒体扮演了政策议题提出者的角色。同时传统媒体还在新医改方案制定的过程中持续询问，对新医改方案征求意见，收集社会上的广泛反馈，这些意见又最终体现在正式的新医改方案之中。[①] 在中国的传统环境下，由于成本过高，渠道有限，公众很少参与公共决策过程，而仅是公共决策的承受者。互联网的低成本以及便捷性使公众参与公共决策成为可能。由于搭便车的影响，尽管目前通过互联网参与公共决策的公民不多，但它却是政府在公共决策中不得不考虑的重要因素。

公民的网络建言献策型政治参与对公共决策系统的发展有以下几方面的作用。

一、促进公共决策合法性的形成

公共决策狭义上的合法指符合国家现行的法律制度，广义上的合法指符合正义原则。黄晓洪和张绍红认为“某项公共政策是否合法取决于它与我国《宪法》的符合程度，以及它是否合乎正义原则。所以说，政策的合法性意味着某种政治秩序被广泛认可，要使人民相信现有政策不是国家或某些官员的意志，而是社会发展最适宜的选择。只有当人民的私利和国家的公益恰好一致的时候，人民才会自觉地去执行这项政策，这时国家的公共政策才是真正合法的。否则，这项政策就带有偏向性，其合法性会受到普遍质疑”[②]。为此，在现代社会，是否合乎公民意见无疑是评判公共政策质量的重要指标之一。公民意见源于人们对整体社会经济、政治、文化的主观感受，源于实现自身合法利益的诉求表达。在公共政策的制定过程中，只有理性应对公民意见，并出台政策回应公民的要求，政策才能被社会公众所接受、遵从和维护，诸多现实问题才能得以及时解决。

作为公民意见的一种，公民的网络建言献策型政治参与可以使公共决策

---

① 王绍光，樊鹏．政策研究群体与政策制定——以新医改为例［J］．政治学研究，2010(2)：36－51．

② 黄晓洪，张绍红．试论社会转型期我国政府公共政策的合法性［J］．江西社会科学，2008(12)：162－166．

方案获得更广泛的民意基础，同时还能检测社会各方面尤其是各相关利益群体对公共决策方案的态度，进一步平衡各方面的正当利益诉求，进而通过集中全社会的智慧来完善公共决策方案，为方案的最后出台做好准备。网络建言献策型政治参与者讨论的社会问题，多是相互陈述的自我经验感受、利益需要和价值主张。通过相关的陈述，具有相同或相似的社会经历、利益需要和价值主张的公民获得了相互认同，实现了在该社会问题所涉及的社会关系或权力结构中的自我地位认知。公民的网络建言献策型政治参与通过自下而上的方式，将局部的情况和利益诉求反映到中央决策者那里，很好地实现了利益和意见整合。从某种程度上说，公民的网络建议的聚集是公民意见的一种社会整合。“公民意见的初步整合”强调的是公民的网络建议在公共理性和公平正义的引导下进行交融整合，最终形成具有整体性的社会民意。

近年来，越来越多的公共政策，特别是与老百姓切身利益紧密相关的政策，在出台前都要公开向社会征求意见和建议，其中网络意见征询占了很大的比重。相关部门认真听取公众意见，鼓励公民积极参与公共决策制定过程。在众多网络政治参与的案例中，可以看到网民对政府的政策提出了很多合理化的意见和建议，其中很多重要内容是政策制定者忽略了的。在传统的公共政策执行过程中，由于缺乏有效的公民参与平台，政策制定者的决策行为往往是在暗箱、黑幕中完成的，从而产生了官员对公共权力的滥用，最终导致公共政策执行不到位，甚至导致公共政策的失灵。而网络建言献策型政治参与不但为普通民众了解公共政策的执行情况提供了一个便捷有效的平台，使公共政策的执行由隐蔽、神秘走向开放、透明，而且将公民作为政策执行主体纳入决策过程，实现了公民与政府的合作共治，提升了政策执行效果。

二、有利于多元利益群体的沟通，促进协商民主的形成

在经济发展的过程中，我国已经形成了多元利益群体。改革开放以来，“中国社会的利益主体出现了新的演变轨迹和模式。先是个体利益的凸显，然后是原有的阶层分化并重新组合为不同的利益群体，不同利益群体在博弈中

失衡，部分强势利益群体逐步向准利益集团演进”[①]。伴随着多元利益群体的出现，多元社会群体也就出现了，进而形成错综复杂的利益矛盾和冲突。

解决错综复杂的利益矛盾和冲突，协商民主（deliberative democracy）是一种很好的思路。协商民主是 20 世纪 90 年代以来在西方政治学界兴起的一种民主理论，是从代议制民主、参与式民主发展起来的一种新形式。协商民主里的协商（deliberation）不同于对话、讨论和一般的交流，是一种面对面的交流形式，它强调理性的观点和说服，而不是操纵、强迫和欺骗。在协商民主中，自由、平等的参与者支持一系列程序规范，其目的主要是交流而不是实现策略目标，参与者倾听、接纳并响应他人的观点，他们忠于交流理性与公正的价值。在决策做出之前，协商能够赋予参与者对各种建议或方案进行审视、检查和批判的权力。协商民主指的是政治公共体中自由、平等的公民，参与政治过程、提出自身观点并充分考虑其他人的偏好，根据条件调整自己的理由，实现偏好转换，批判性地审视各种政策建议。[②] 协商民主的一个重要特征就是尊重少数人的观点，通过理性的信息互动来达到偏好的转换，而不是“多数人的暴政”。正如哈耶克所说，“多数决策的权威性并非源于即时多数的意志，而是源于对某些共同原则的广泛同意”，如果“无视对多数权力加以限制，从长期来看，不仅会摧毁社会的繁荣及和平，而且还将摧毁民主本身”。[③] 换言之，只有数量而缺乏质量的广泛参与对民主来说并不一定是件好事。互联网的互动有利于保护少数派的权益。在多数人难以达成共识的信息社会背景下，整合严密的少数派权益就会被充分凸显出来。因此，还是莱斯特·瑟罗说得好：“以那些最有效地动员自己特殊利益的群体的人为特征的时代即将到来。少数派的否决代替了多数派的表决。”[④] 为适应这种变化，人类必须设计出反映少数派民主权利的新机制，使之与传统的多数派民

① 谢海军．改革开放以来我国利益群体的演变轨迹、前景和特征［J］．郑州大学学报，2009（1）：18－22.

② 陈家刚．协商民主［M］．上海：上海三联书店，2004：1.

③ 哈耶克．自由秩序原理［M］．北京：三联书店，1997：129－132.

④ 瑟罗．资本主义的未来［M］．周晓钟，译．北京：中国社会科学出版社，1998：255.

主结合起来，形成“多数派的统治加上少数派权益的融合”的全新的民主机制。

就协商民主的本意来说，其目的是扩大民主的范围，是民主不再成为“多数人的暴政”，同时考虑少数人的意见，尤其是弱势群体的意见。不过，由于网络技术的门槛，目前仍然无法上网或者上网后无法表达意见的公民被排除在这样一种网络协商民主之外。因此，随着公共事务的复杂程度的提高，对参与者的知识水平要求也随之提高，边缘群体、弱势群体如若不能提高学习能力，则将面临边缘化程度加深、在协商中缺乏代言人的危险。

三、有利于政治制度建设，以适应政治参与的发展

在政治稳定与政治参与的关系中，美国政治学家亨廷顿在讨论后发国家政治发展中的政治参与和政治稳定现象时加入了一个重要的“政治制度化”概念，并提出了著名的公式：政治参与/政治制度化=政治不稳定。他将政治制度化定义为“为组织和程序获取价值观和稳定性的一种进程”，并用四个指标来衡量一国的政治制度化水平，认为“任何政治体系的制度化程度都可根据它的那些组织和程序所具备的适应性、复杂性、自制性和内部协调性来衡量”。① 而帕特南则认为政治参与可以促进社会资本的生产，从而有利于政治稳定。他在《使民主运转起来》一书中指出，社会资本是“社会组织的特征，诸如信任、规范以及网络，它们能够通过促进合作行为来提高社会的效率”②。

政治参与也是政治稳定的一个重要影响因素。政治稳定是以一定的政治权威的存在为前提的，因此政治权威的存在必须要有一定的合法性。借用马克斯·韦伯对合法性来源的分类，我们知道，政治权威有传统型、超凡魅力型、法理型三种类型。传统权威的合法性基础取决于统治者的世袭地位和制

---

① 亨廷顿．变化社会中的政治秩序［M］．王冠华，刘为，等译．上海：上海人民出版社，2008：10.

② 帕特南．使民主运转起来［M］．王列，赖海榕，译．南昌：江西出版社，2001：195.

定、执行法律时要遵循的某些习俗；超凡魅力权威的合法性基础则依赖于一个人的英雄气概和领袖气质；法理权威的合法性基础依靠理性制定的规则、法律和制度等建立起来的事务性"权限"，它表现在，现代政治活动尤其是国家权力机关是由广泛和平等的普选产生的，是公民普遍意志的反映。[①] 当代学者哈贝马斯认为，合法性是指一种政治秩序被认可的价值，现代政治发展的一个基本的趋向就是政治权威由传统型、超凡魅力型向法理型发展，即政治权威来自于人民，现存的一套政治体系及其权威和价值观念被人民所认可和接纳，这样才有利于政治系统的稳定。改革开放以来，中国的政治权威的合法性在很大程度上建立在经济发展的基础上，随着能源以及增长能力的局限，经济发展的步伐将如其他国家一样开始放缓，甚至是零增长，在这样一种状况下，就要逐渐将经济发展的单一目标转为包括政治参与在内的多目标，以保证政治的合法性，促进政治稳定。

对于中国目前的情况来说，经济发展带来了一系列的有序和无序的政治参与，而为了保持政治稳定，则必须加强政治制度建设。《中国政治参与报告(2013)》认为，对于处于社会转型期的国家而言，政治参与和政治稳定之间的关系微妙而复杂。一方面，政治参与可以为政治系统提供合法性，为决策提供信息，有助于政治体系适应时代的发展，回应公民的需求，循序渐进地进行制度变革。另一方面，政治参与要限定在政治系统能够承受的范围内，一旦政治制度无法接纳更多的政治参与，就可能造成参与爆炸而导致政治上的不稳定。要想保持政治稳定，政治制度必须做出适当的安排以接纳更多的政治参与，使政治参与制度化、法制化，以维护社会稳定，保证社会有效治理。

互联网作为一种技术手段，其公开化的特征促使民众对政府提出各种建议；网络即时性和互动性的特征促进了政府对网民诉求的及时反馈；政府采取的各种为维持其常态性而建立的规章制度，为网络建言献策型政治参与成

---

① 韦伯．经济与社会［M］．北京：商务印书馆，2004：238.

为制度化的表达方式提供了基础。

9.4 网络建言献策型政治参与的局限

中国的网络建言献策型政治参与，主要是针对政府决策提出各种各样的建议。过去，公众难以直接对政府决策提出建议并产生效果，由于互联网的低成本以及媒介的放大效应，现在这些建议都在一定程度上得以实现了。但是应该看到的是，网络建言献策型政治参与仍存在局限。

9.4.1 网络建言献策型政治参与的成效不高

一方面，网民的很多意见和建议并没有真正引起有关部门的重视，问题得到解决的概率很小。有些领导干部只是“随波逐流”“赶时髦”，对待网络民意的态度不正确，具体表现为有的政府机关工作人员对民众提出的问题不能及时回应，对民众提出的意见和建议不能及时回馈。有网友表示干部“触网”有作秀之嫌，来信答复内容过于简单，不能真正解决网友的问题，网络问政是“问了白问”，网上拍砖是“拍了白拍”。[①] 从网络建言献策型政治参与的实践来看，政府反馈的程度不一。有的地方非常重视，已经将其纳入了制度建设的轨道。但更多的地方则表现出对网络建言献策型政治参与的假热度，即使是在呼声很高的一些平台上，网络建言献策型政治参与的反馈表现也不尽如人意。另一方面，网络建言献策型政治参与的信息受理机制、检查和规范机制以及网民教育机制不健全，使得信息真假难辨、杂乱无章，难以保证有效信息及时反映到政府部门。甚至有的政府机关居高临下，对反映问题的网友进行恐吓。如 2011 年 7 月，某市一网友在本市的“书记市长网上留言板”上抱怨该市的“交通整治行动”变质成“罚钱行动”，该市公安局在回

① 刘娟．网络问政助领导干部提高执政能力［N］．中国人事报，2009 - 11 - 20.

复中说，要对留言网友“听其言、观其行、观后效”，引发大量网友“围观”。[①]

之所以出现这样的现象，是因为官员的专家治国思想和对上负责的理念。改革开放以来，中国政府的很多政府决策都依赖于专家，如各大高校的知名专家，尤其是经济学的专家，这实际上反映出一种专家治国的理念。专家治国论的思想在西方源远流长，可以上溯到西方思想界的鼻祖——柏拉图。在《理想国》中，柏拉图借苏格拉底之口说：“除非哲学家成为我们这些国家的国王，或者我们目前称之为国王和统治者的那些人物，能严肃认真地追求智慧，使政治权力与聪明才智合而为一，否则的话，对国家，甚至我想对全人类都将祸害无穷，永无宁日。”[②] 专家治国论一般而言是指将科学知识作为决策和掌握权力的基础，反映了以科学知识和能力来行使权力的人能治理国家的思想，或者称“能者统治”。丹尼尔·贝尔在《后工业社会的来临》中，将能者统治定义为依靠才能来获得合理权威的地位。他说，“我感到：才能、成就和普遍主义的原则是一个有成效的、有教养的社会的必要基础”[③]。

专家治国论与公民参与有着深刻矛盾，专家治国推崇少数人治理，公民参与推崇多数人治理。正如美国著名政治理论家萨拜因对柏拉图的批评：“柏拉图断定明智的政府必然是由少数人治理的政府，这是对的，但人们不能单是把开明的专制奉为政治定论，断言统治纯粹是一个科学知识的问题。平民大众可以将其托付给少数受过高度训练的专家，这是忽略了这样一个意义深远的信念，即有些事情是必须由个人自己来决定的。”[④] 从民众角度来看，民众的思想文化素质和道德修养素质等因素对网络建言献策型政治参与有着直接的影响。在网络建言献策型政治参与的过程中，虽然一些别有用心和道德低下的人在网上发表不负责任的言论，但也不乏一些网络高人发表有见解、有思想的言论，其关键点在于“问政于民”与“问事于政府”的有机结合，

① 方启雄．网络问政面临的问题及长效机制建设［J］．中州学刊，2013（3）：15-18.

② 柏拉图．理想国［M］．北京：商务印书馆，1986：214.

③ 贝尔．后工业社会的来临［M］．北京：商务印书馆，1984：502.

④ 萨拜因．政治学说史［M］．盛葵阳，崔妙因，译．北京：商务印书馆，1986：1.

实现双方的有效互动，才能真正摆脱专家治国与公民参与的矛盾。

当然，也要看到，网络建言献策型政治参与的成效不高还与网络建言献策型政治参与的非专业性相关。例如在“E政广场”中，leining建议“2010年在中国构建消费主导经济”，经济学家刘方棫就直接回复“消费主导经济并不是鼓励铺张浪费”。此外，网络建言献策型政治参与的成效不高也与未形成制度化管理有关。如就“E政广场”上的上万条提案来说，“有问不答”“有求无应”的现象依旧普遍。及时反馈的缺失，让网民的建议在提交后就进入“黑箱”状态，网民无法得知自己的建议是否得到认同，是否已经被转达给政府相关机构，对于转达后的处理结果也一无所知。

9.4.2 网络建言献策型政治参与仅代表部分公众的意见

虽然媒体对公民的网络建言献策型政治参与的报道很积极，但实际上公民对此并不积极。这是因为，首先，公众由于长年不参与形成了政治冷漠，即使现在有了参与的机会也调动不起积极性，仍然认为自己人微言轻，说了也白说。其次，这与公共选择理论的所谓“搭便车”行为不无关系。“搭便车”问题由奥尔森提出，它是指参与者不需要支付任何成本就可以享受到与支付者完全等价的物品效用。① 该问题影响着公共物品供给成本分担的公平性，以及公共物品供给能否持续和永久。“搭便车”包含两种情形：一是享受到组织提供的种种权利后，丝毫不尽个人对组织的义务；二是在此时此处享受到组织提供的权利后，没有在此时此处尽义务，而是在其他时间或地点尽了义务。② 公众在显示偏好即参与决策过程的活动中需要支付一定的成本，但是个人不这样做，同样可以享受到别人为此努力而带来的好处，因此，理性人最“经济”的选择就是不参与，让别人去参与，自己坐享其成。

网络建言献策型政治参与仅代表部分网民的参与意见。例如，为了推进

---

① 奥尔森．集体行动的逻辑［M］．陈郁，郭宇峰，李崇新，译．上海：上海人民出版社，1994：96-97.

② 王广正．论组织和国家中的公共物品［J］．管理世界，1997（1）：209-212.

医疗改革，改变不合理的状况，早在2006年，国家就开启了由北京大学、清华大学、复旦大学以及世界银行和世界卫生组织进行的对医改的调查和研究。到了2008年，为了获取更多的新医改意见，10月15日，国家发展和改革委员会通过其官方网站向社会公布新医改方案，开辟“我为医改建议献策”专栏，至11月14日16时，共收到了各类反馈意见35 260条。[①] 在获取网络意见的过程中，如果参与者愿意，可以留下姓名、电子邮箱等资料。后来，北京大学公共事务管理学院的当代中国研究中心根据这些资料发送了包含23个问题的电子邮件，获取了541个有效回答的样本。样本显示，给新医改提意见的网民，年龄在16岁到77岁之间，超过一半的提网络意见的网民年龄在26岁到40岁之间，平均年龄为36岁。提网络意见的网民的学历，最多的是大学学历。提网络意见的网民，多数住在城市，少数住在城镇和农村。超过一半的提网络意见的网民说他们是专业技术人员，即包含科技人员、工程人员、教师、会计、新闻工作者和律师，而他们所从事的行业，大部分为医疗和卫生行业，10%为社会工作，8%为农业。[②] 与此同时，截至2008年12月31日，中国互联网络信息中心第23次《中国互联网络发展状况统计报告》显示：当时的中国网民年龄在10～19岁的占35.2%，20～29岁的占31.5%；学历初中的占28%，高中的占39.4%。也就是说，如此重大的事项，又由国家发展和改革委员会在其网站上推动，虽然收到3万多条意见，但提这些意见的网民仅为全体网民的一部分，提意见的网民的年龄、学历都高于大部分网民，并且身份也不同于大部分网民。中国人民大学的魏娜和袁博的相关研究也显示：在448份问卷中，从年龄上看，20～29岁年龄段的人进行过网络参与的人数（包括“经常进行”“偶尔看看”）占比48.8%，30～39岁的人进行过网络参与的人数占比42.2%，40～49岁的人进行过网络参与的人数占比54.6%，50岁以上进行网络参与的人数则较少。从职业角度

---

① 章平，刘婧婷．大众传媒镜像中的公共议题——以新医改政策制定过程为例［J］．新闻大学，2012（3）：75－82.

② SOTIROVIC S，JACK M M. Information technology，political participation，and the evolution of Chinese policymaking［J］. Journal of Contemporary China，2012，21（76）：655－673.

看，政府工作人员中有60.6%的人“经常”或“偶尔”进行网络参与，企业人员中有45%，事业单位人员中有52.8%，学生中有55.3%。以上四类为网络参与的主体。自由职业者的参与比重较小，离退休人员大多数从来不进行网络参与。从教育程度上看，学历偏低的人的网络参与程度较低，初中及以下学历的人很少甚至没有进行过网络参与。① 该研究中进行网络参与的群体不同于中国互联网络信息中心所做的调查报告中的普通网民。因此，进行网络建言献策型政治参与的网民仅为一部分网民，并不能代表整体网民，更不能推广到全体公民中去。

9.5 网络建言献策型政治参与的展望

政府应该将网络建言献策型政治参与机制纳入政府工作条例，真正用成文的规章制度来保证网络问政的健康运行，使网络问政成为公民权利的载体和平台。从广东的情况来看，网络建言献策型政治参与之所以渐成气候，是因为各级领导及时建立制度作为引导。由网络建言献策型政治参与催生的制度现在已经有公共安全事件发布制度、网络发言人制度、交办会制度，还有网民论坛制度、公仆信箱制度、各负其责分级管理制度、限期办结制度等。制度化渠道是指该网络问政渠道获得了官方的认可，相关部门会定期处理、解答网民的问题，整个流程会被纳入统一的管理，并不断建立和完善各种规章制度，以保证该渠道的长期运作。

网络建言献策型政治参与不是一个静态的概念，而是一个信息相互对流的过程，互动才是它的本质。网络建言献策型政治参与必须要有回应制度和问责制度与之相配套。要遵循网络信息的传播规律，做到及时受理、妥善答复，确保件件有回音、事事有落实，提高网帖回复的权威性、直接性。要建立网络舆情分析制度、定期的回应和交流制度，健全网络舆论收集研判制度，

---

① 魏娜，袁博．城市公共政策制定中的公民网络参与［J］．中国行政管理，2009 (3)：82－85.

突出网络舆情监测与受理互动制度，突出政府与网络意见领袖沟通互动制度，建立健全网络舆论理性引导制度，建立网络监督制度，建立政府信息公开制度和问责制度等。

当然，还要创新网络建言献策型政治参与平台，通过新的平台建设促进网络建言献策型政治参与的发展。中国社会科学院发布的《中国社会舆情与危机管理报告（2011）》显示，微博已成为网络舆论中心。2010 年，新兴的微博成为网络建言献策型政治参与的新渠道，从中央到地方，多个层级的政府机构及其官员第一时间进驻微博，尝鲜网络官民互动新模式，政府机构及其官员开微博蔚然成风。据统计，新浪微博截至 2011 年 7 月 15 日已开通并认证的公安微博有 692 个，政府机构有 216 个，官员个人有 426 个。而手机网上信访则是网络建言献策型政治参与的新举措。2010 年，广东省率先推出新的网络建言献策型政治参与平台——手机网上信访，该平台设置了全省统一的手机网上信访的网址、号码，老百姓如果遇到难题要信访，发一条手机短信就能解决问题。

网络建言献策型政治参与途径的开辟，并不是要使其成为公民参与的唯一途径，而是对传统参与途径的补充。网络参与的开放、便捷解决了传统方式存在的成本高、耗时长等问题，但也存在信息不安全、内容分散、易受误导等缺陷。政府可以鼓励公众将网络建言献策型政治参与方式与传统方式相结合，将网络建言献策型政治参与作为信息筛选的工具，将筛选后的公共政策按照级别分类，逐次升级到座谈会、听证会等程序。在反馈方式上，政府也可以将其按照政策影响范围分类，充分调动电视、广播、报纸、杂志、网络媒体等与公众互动、沟通。

第 10 章　另类网络政治参与分析

在各种网络政治参与中，有些政治参与并非通过理性的话语进行表达，而是通过情绪或非理性行为来表现，本章将此称为另类网络政治参与。另类网络政治参与在中国环境下广泛存在，反映出一种无序化，分析这种无序化政治参与的形成和特点成为本章探索的重点。

10.1　本章问题的提出

在网络政治参与的研究中，相当多的研究关注互联网如何促进政治讨论和政治协商，最终导致政府决策的改变或政治行动的产生[①]，其内容涉及选举政治参与、建言献策型政治参与、舆论监督型政治参与几种类型。在这些研究中，互联网是一个众声喧哗的不同力量相互竞争的场所，前提是互联网是一个话语争论或讨论的场所。但事实上，互联网的使用并不局限于话语争论或讨论。各种互联网使用方式，也并不总是哈贝马斯所说的理性协商，有时是以另类方式呈现的，例如人肉搜索、网络恶搞、网络灰段子和网络流行语。这些另类方式在互联网上常常带有娱乐、狂欢的性质，它们作为一种亚文化现象存在，成为主流文化的抵抗力量，并以一种政治抵抗，也可以称"抵抗式的政治参与"的形式影响着人们的心理和政治社会的发展。

---

① YANG G. The Internet and civil society in China：a preliminary assessment ［J］. Journal of Contemporary China，2003，12（36）：453－475；YU H. From active audience to media citizenship：the case of post-Mao China ［J］. Social Semiotics，2006，16（2）：303－326；ZHOU Y，Historicizing online politics：telegraphy，the Internet and political participation in China ［M］. Stanford：Stanford University Press，2006.

应该看到的是，一开始人肉搜索涉及的事件多属于旁枝末节的小事，而网络恶搞一开始是以娱乐为目的的，网络灰段子则以诙谐幽默的形式传递着参与者的情感。随着互联网和中国社会的发展，人肉搜索、网络恶搞和网络灰段子都涉及了一些公共事件，产生了一定的政治影响力。为此，本章将内容指向政府决策和行为的人肉搜索、网络恶搞、网络灰段子和网络流行语称为另类网络政治参与，这样的一种政治参与，并不是为了获得某种同意的理性讨论，也不祈求某种政治结果，而是对当事者进行政治批评并表现出一种情绪抵制。作为网络使用的方式，人肉搜索、网络恶搞、网络灰段子和网络流行语为网民提供将现实问题仪式化解决的途径。虽然公民在进行这些网络使用时也隐晦地表达了自己的观点，但一般没有直接的政治指向，也没有具体的政治诉求，因而可以将其视为一种政治心态或者说是政治参与意向，它也属于广义政治参与的一部分。这些另类网络政治参与不同于集体行动的政治抗争，而是一种围绕工作、生活、仪式的持续不断的琐碎的冲突，即反抗的日常形式，是一种情绪化的表达，甚至是一种民粹主义和反智主义。本章将对这种另类网络政治参与的特点进行分析。

10.2　另类网络政治参与的特点

10.2.1　人肉搜索政治参与的特点

人肉搜索主要是以网络平台为依托和纽带，由网民积聚力量搜集相关信息和资源，对一些问题或倡议进行解答及回应。人肉搜索这一名词首次出现在猫扑上。猫扑有一种悬赏制度：当网友遇到问题、困难时，往往会发帖并许诺给予一定数量的虚拟货币，这种虚拟货币可以购买猫扑网站的增值服务。很多网民看到帖子，就会去寻找线索或答案，回复帖子。这种搜索机制被命名为人肉搜索。这种搜索机制实际上是一种众包（crowdsourcing）机制。众包指的是一个公司或机构把过去由员工执行的工作任务，以自由、自愿的形式外包给非特定的（而且通常是大型的）网络大众的做法。互联网给众包带来新的生产组织形式。《连线》（*Wired*）杂志记者 Jeff Howe 于 2006 年描述了这样一种新的商业模式，即企业利用互联网将工作分配出去，用来发现创意或解决技术问题。通过互联网控制，这些组织可以利用志愿员工大军的创意和能力——这些志愿员工具备完成任务的技能，愿意利用业余时间工作，满足于收取小额报酬，或者暂时并无报酬，仅仅满足于未来获得更多报酬的前景。① 相对于机器搜索而言，人肉搜索利用网民的参与来替代或补充单向度的机器搜索，从而获得更准确、更有效、更丰富的信息。

人肉搜索最早介入的社会事件多属于隐私、个人生活事件，如 2001 年的陈自瑶事件，2006 年的虐猫事件、铜须门事件，2007 年的死亡博客事件等。近几年人肉搜索涉及了一些公共事件，产生了一定的政治影响力，并成为政治参与的一种形式。有研究者通过对 2001 年至 2012 年这十余年间的 103 个人肉搜索事件的类型进行分析，发现公权力事件即指向公权力的人肉搜索事件占了 19.4%，在所有类型比例中排行第二，仅次于道德事件（33%）。② 也就是说，有关政治参与的事件在人肉搜索中占了很大比例。当人肉搜索针对不公平、不公正的现象提出抗议和谴责时，就又属于一种抵抗式的政治参与。例如，2008 年，深圳海事局原党组书记林嘉祥因在餐馆中涉嫌猥亵女孩和以“官员身份压人”的视频在网上曝光而被停职；网友在上海地铁站捡到的温州官员的多张海外旅行费用报告和收据导致有关官员被开除或受到纪律处分；因网友从南京市房管局官员周久耕在网上的一张照片中看出其价值不菲的江诗丹顿手表及每包 150 元的香烟，一周后，周久耕被免职；辽宁西丰县原县委书记张志国因派人进京拘押女记者在网上曝光被免职。

2011 年 4 月，网友在天涯网站上晒出中石化广东石油分公司购买茅台和拉菲的四张发票的复印件，发票总金额约 168 万元；网友在新浪微博上贴出

① HOWE J. The rise of crowd sourcing [EB/OL]. http://www.wired.com/wired/archive/14.06/crowds.html.

② 郝永华，周芳．人肉搜索的第一个十年（2001—2012）——基于集体行为理论的实证研究[J]．现代传播（中国传媒大学学报），2013（3）：129－134.

一张付款单位为“上海卢湾区红十字会”的餐饮发票，消费金额达 9 859 元。在人肉搜索的推动下，两起事件被彻查，当事人受到严肃处理。2011 年 6 月 20 日，新浪微博认证身份为“中国红十字会商业总经理”的“郭美美 Baby”在网上公然炫耀其奢华生活，引起网民关注，两小时内微博被转发上千条。网民强烈质疑：一个年仅 20 岁的女孩就当上了总经理，并拥有名包、豪车，其财产来源是否和“红十字会”有关？随着“郭美美事件”的持续发展，中国红十字会成为重点爆料和关注对象，中国红十字会及其多个合作伙伴相继卷入无法自证清白的尴尬境地，红十字会陷入信任危机，并且导致整个中国的慈善体制陷入信任危机。以上种种显示，网民通过人肉搜索，可以直接指向政府机构或政府官员，形成舆论压力，促使政府调整政策和行为，实现一定程度的政治参与。

从社会心理学的角度来看，人肉搜索是一种集合行为。Smesler 指出，集合行为是人类群体在“夸张的观念”的指导下进行的“非体制化”行为。较指导日常行为的观念而言，“夸张的观念”是冲动的、不切实际的，并且与威胁、阴谋相联系，基于这种观念的行为时常阻碍问题的正常解决。因此，集合行为往往缺乏耐心，具有侵犯性。① 人肉搜索的一个特点是集体匿名，因此其也就属于缺乏耐心、具有侵犯性的集合行为。在人肉搜索的整个过程中，网民处于匿名的状态，不必承担违反法律、破坏规范的后果，同时他们的群体遵从性也较低，这使得社会对他们的约束力较小。匿名还导致群体极化。群体极化是芝加哥大学法学教授桑斯坦从对十几个国家的实证研究中总结出来的：“团体成员一开始即有某些偏向，在商议后，人们朝偏向的方向继续移动，最后形成极端的观点。”② 同时他还指出，在互联网中，群体极化现象更容易发生，极化程度也高于现实世界。对这种现象的研究可追溯到 Stoner 提出的冒险转移。他指出，“如果群体中大多数人倾向于谨慎，那么

① SMESLER N J. Theory of collective behavior [M]. New York: The Free Press of Glencoe, 1962: 8.

② 桑斯坦. 网络共和国：网络社会中的民主问题 [M]. 上海：上海人民出版社，2003.

经过讨论之后的群体意见会更为谨慎；如果群体中大多数人倾向于冒险，那么经过讨论之后的群体意见会更趋于冒险”①。2010 年，美国学者 Yardi 和 Boyd 通过对 Twitter 上近 30 000 条信息的分析，证实群体极化现象在互联网中也是存在的。② 香港城市大学和新加坡国立大学的几位学者通过两组对比实验证明，互联网中最典型的群体极化现象是朋友圈和网络欺凌。③ 网络群体极化现象产生的强势意见有可能作用于现实世界，从而导致“多数人的暴政”。托克维尔将以多数人名义行使的无限权力称为“多数人的暴政”，他在《论美国的民主》一书中指出，“对于美国的民主政府，最令人担心的……是它的力量过于强大。对于美国来说，最让人担心的……是它对暴政的限制措施太少”④。例如，在杭州飙车案中，有网民仅凭几张照片就声称肇事者胡斌被“顶包”。

人肉搜索的另一个特点是互相感染。互相感染来自于感染理论，感染理论认为集合行为是人们情绪感染的结果。感染理论的核心观点是：在集体行为中，个体受到群体发出的刺激的影响，判断能力被削弱了，情绪、态度以及行动建议在群体中扩散，整个群体表现出亢奋的非理性状态。⑤ 人肉搜索从本质上说是网民自发的一种民间调查行动。在人肉搜索的过程中，随着参与进来的人越来越多，它逐渐演化为一种群体性的行为。由于缺乏监督，人们的这种行为就越发无所顾忌。网民不需要对自己发布的信息负责，他们在行动的过程中没有相应的法律、法规的制约，在情绪感染的作用下，网友的理性思考和自我控制能力减弱甚至消失，并形成心理上的暗示，最终导致网

① STONER J. Risky and cautious shifts in group decisions：the influence of widely held values [J]. Journal of Experimental Social Psychology，1968，4 (4)：442 - 459.

② Yardi S，Boyd D. Dynamic debates：an analysis of group polarization over time on twitter [J]. Bulletin of Science，2010，30 (5)：316 - 327.

③ SIA C L，TAN B Y，WEI K K. Group polarization and computer mediated communication：effects of communication cues，social presence and anonymity [J]. Information Systems Research，2002 (13)：70 - 90.

④ 托克维尔. 论美国的民主 [M]. 北京：北京出版社，2007：71.

⑤ TURNER R H. New theoretical frameworks [J]. sociological Quarterly，1964，5 (2)：122 - 132.

民的人肉搜索行动被卷入非理性的狂乱之中。作为一种非常态的群体行为，人肉搜索的集合行为产生于非常态的传播机制的活跃，同时又缺乏相关法律规定的制约。如某一突发性事件引起了网民的极大关注，这其中不乏违背常理的地方，而激愤的网民往往以激烈的言辞发表意见，导致语言暴力。可见，集合行为下的人肉搜索往往是非理性的，其介入的政治参与行为也往往是非理性的、无序的。

这些非理性的无序行为的泛滥，会给社会带来不良的影响。如某些参与的人利用人肉搜索得到当事人的一些比较隐秘的个人信息，包括真实姓名、工作单位、住址、照片、身份证号码、电话号码、QQ 号码甚至家人的一些信息等，并把这些信息发布到网上。虽然人肉搜索能对违反道德的行为起到谴责作用，但也有可能侵犯个体的权益或隐私，而一些虚假信息、蛊惑煽动性信息更可能误导大众，造成无法挽回的损失和恶劣的社会影响。例如，2007 年 12 月 27 日，央视新闻联播播出了一则《净化网络视听环境迫在眉睫》的新闻，镜头中北京市的一名 13 岁女学生在接受记者采访时说："上次我查资料，突然蹦出一个窗口，很黄很暴力，我赶快给关了。"只因"很黄很暴力"这五个字，她就被一些网民人肉搜索。有网民发动了人肉搜索引擎，将该女学生的出生年月、所在学校、平时成绩和获得的奖励都贴出来。网民通过人肉搜索来发泄对于这则新闻以及发布新闻的央视的严重不满情绪，但也同时侵犯了这位未成年人的隐私。又如，2008 年 10 月，有人利用人肉搜索获得女大学生周春梅的 QQ 号、手机号、寝室号等信息，并最终杀害了周春梅。

10.2.2　网络恶搞政治参与的特点

"恶搞"的正式名称是恶意搞笑，由日本的游戏界传入我国台湾地区，成为台湾 BBS 网络上一种特殊的文化。这种新文化再经由网络传到香港地区，继而传到内地，所以也称为网络恶搞。2006 年，网民胡戈制作视频《一个馒头引发的血案》恶搞陈凯歌的电影《无极》，掀起网民恶搞风潮。近年来社会热点事件在网络上频频引起大量关注与讨论，使得网络恶搞的形式与内容都发生了重要转变，网络恶搞已从对文化与娱乐内容的关注扩展至对社会热点事件的讨论。恶搞是亚文化对主流文化的抵抗。主流文化是在社会中居主导地位的文化，为社会普遍认同；亚文化是以主流文化为参照的共生环境中的不同文化类型，是社会中辅助的、次要的、边缘的文化。20 世纪 70 年代，英国伯明翰学派集体撰写了一部叫《仪式抵抗》的著作，对英国工人阶级青年的亚文化给予了广泛的关注。研究者通过对无赖青年、光头仔、摩登派、朋克、嬉皮士等青年亚文化的考察，发现青年亚文化不仅不是颓废和道德堕落的表现，而且恰恰相反，这种文化表征了一种反霸权的意识形态。霍尔指出，尽管这种离经叛道的亚文化缺乏明确的政治目标，但它仍是对一种前革命的社会、政治和组织问题的后革命的文化反应。① 抵抗者借助新媒体，运用互文性、拼贴、戏仿和反讽等手段②，用恶搞消解权威、抵抗主流文化，构建自身的言说场域和话语空间，确立自己的主体性和文化风格。

网络恶搞常常通过互文性来实现。互文性作为一个从后现代文化语境中产生的批评术语和理论范畴，最早是由法国文学批评家朱莉亚·克里斯蒂娃提出的。她说："任何文本都好像是一幅引语的马赛克镶嵌画，任何文本都是其他文本之吸收与转化，构成文本的每个语言符号都与文本以外的其他符号相关联，任何一个文学文本都不是独立的创造，而是对过去文本的改写、复制、模仿、转换或拼接。"③ 例如，胡戈用 2008 年的恶搞新作《××小区××号群租房整点新闻》来恶搞《新闻联播》，在这个 7 分多钟的视频里，胡戈以草根和搞笑的口吻讲述了发生在群租房里面的搞笑新闻，关注了经济形势、环境保护、青少年网络成瘾、大学生就业形势等热点问题。相关研究对其进行的文本分析以及对能指和所指的解读，揭示了网络恶搞风格的形成机制"先是借用大量央视符号，以央视的身份及意义为蓝本，充分利用其符号系

① 罗钢，刘象愚．文化研究读本［M］．北京：中国社会科学出版社，2000：23.

② 曾一果，李立．超文本奇观与符号游戏——对新媒体青年恶搞文化的媒介文本研究［J］．浙江传媒学院学报，2013，20（2）：12－18.

③ 董小英．再登巴别塔——巴赫金与对话理论［M］．北京：三联书店，1995：8.

统，如片头音乐、新闻编排模式、演播室背景、播报员姿态等，来实现内容的架构；然后，对央视符号进行边缘化解读，如将 CCTV 变成 CCAV，将‘经济工作会议’的庄严会议现场变成衣着随意的无业游民进行闲谈的家用客厅等。胡戈的恶搞节目打乱了央视现有的符号意义，把草根的日常生活放大到国家大事的立场和高度，用爆笑的娱乐方式挑战新闻节目的严肃性，也颠覆了主流媒体的话语权”①。

网络恶搞还通过戏仿的方式来进行。戏仿又称戏拟、戏谑、揶揄、滑稽模仿，往往是利用某种相似性，通过模仿一部严肃的经典文本的内容或风格，从而制造一种荒诞不经的滑稽效果。但由于模仿得过于逼真，或模仿得完全不是那么回事，反而让相似的两者之间产生了差异和裂隙，而且戏仿者在戏仿的过程中经常“偷梁换柱”，将戏仿的内容置换，仅仅保留形式。戏仿不是源文本的一般性派生和外化，而是它的戏谑性派生和异化。戏仿使用的是“正话反说”“搞笑标签”等表达形式，这些表达方式在解构的基础上更多地体现出民众对某一事件的强烈情绪。网民对这种情绪的表达心领神会，层层转发。这种话语表达在解构的基础上往往兼具建构的成分，投射出网民对当前社会现实的极度关切和要求改变的集体情绪。戏谑则多了一种看破红尘的沧桑之感，网民在嬉笑怒骂中更多地流露出一种无可奈何的情绪。戏谑的作者在编码之际植入了自己的智慧和心力，解读的人也需要有相当的智慧，这种不言明的表达方式符合中国人含蓄的传统文化表达习惯，也有利于寻找志同道合的精神知音，以缓解精神上的焦虑。例如，2008 年三鹿奶粉的三聚氰胺事件引起轩然大波，网友便对三鹿广告语进行了恶搞：

(1) 喝三鹿牌奶粉，当残奥会冠军；(2) 好结石，三鹿造；(3) 中秋送礼，三鹿奶粉；(4) 三鹿奶粉，后妈的选择；(5) 牛奶，我选三鹿，

① 张垠洁．草根阶层对主流媒体叙事的边缘解读——对“胡戈恶搞央视新闻联播”节目的符号学分析［J］．东南传播，2009 (6)：109 - 111.

三鹿牛奶——中国男足指定专用奶；（6）三鹿奶粉喝了以后，嘿，这腰也不疼，腿也不酸，连心脏也不跳了……

源文本被进行了义理置换，充满了讽刺色彩。2008年，“囧”这个可能大多数中国人之前不知道如何读的生僻字进入人们的日常表达，成为描述当代现实状态（无助、沮丧、悲伤或崩溃）的关键词。网络语言囧化成为一种网络表达潮流，“囧”代表着网民对社会现实的一种无奈和沮丧。2009年以后，随着社会化媒体的发展，网络表达更加多元化，针对各种社会问题，网民更是以一种讽刺的态度来批评现实，如“水煮鱼里没有鱼”，再如网民针对高房价的段子：

许仙站在雷峰塔前，痛心疾首：“法海你这秃驴，把我娘子镇在这宝塔之下，让我们夫妻分离！是何道理?”法海还没说话，白素贞在塔内幽幽道：“在杭州这地方想弄一套跃层，难道要我指望你那个小诊所么?”

网民们通过戏仿逗弄、模拟、交流等行为创造反讽、怪诞的角度和形式，对热点事件嬉笑怒骂，带有强烈的狂欢和批判精神。2013年，这种表达方式进一步泛化。面对雾霾，网民写道：

经过北京2 000万人几天几夜的呼吸，北京的空气质量终于有所改善。新的北京精神由此诞生：“厚德载雾，自强不吸，霾头苦干，再创灰黄!”事实再次证明：雾以吸为贵啊!

通过互文性和戏仿等方式，网络恶搞成为一种新的流行文化的表现。从社会心理学的角度看，网络恶搞如人肉搜索一样也是一种集合行为，是匿名的、受情绪感染的，因此也是一种无序的政治参与。正如北京大学温儒敏教授在接受中国新闻网采访时所说，“恶搞文化对经典解构与颠覆的倾向不可等闲视之。对权威与传统的轻蔑、歪曲与亵渎，和商业操作结盟，导致社会‘恶搞成风’，这是一种文化病象”。为此，要规范网络舆论，使其中的无序政治参与转化为有序政治参与。

10.2.3　网络灰段子政治参与的特点

网络灰段子指通过网络或手机传播的那些讽刺政治、社会不良现象，抨击时弊或者表达无奈与不满的短信息。网络灰段子反映的是种种不满、抑郁乃至愤懑，表达了人们对社会公平正义的渴求，以及对于自身力量弱小的无奈，体现了草根阶层在精神和心理上的困顿和对健康的社会现象的呼唤。虽然网络灰段子可以以图片、音频、视频的形式存在，但本章主要研究以文字形式出现的网络灰段子。本章通过百度搜索引擎，获得 2012 年到 2014 年共 300 条左右的网络灰段子，并对它们进行分析。

网络灰段子之所以流行，一方面是因为其形式朗朗上口、雅俗共赏、诙谐幽默、短小精悍、采取多种修辞方法，另一方面是因为其涉及广泛的政治社会内容以及政治抵抗。具体可分以下几类。

一、对新闻事件嘲讽抨击、表达不满

2012 年到 2014 年的网络灰段子，有很大一部分是对新闻事件嘲讽抨击、表达不满。这反映出网民对诸多不合理的社会现状虽不满却又无力做出反抗。2013 年 3 月 1 日，香港正式实施奶粉限购，每名 16 岁以上人士每天只可携带不超过 1.8 公斤（大约两罐）的配方奶粉离境；16 岁以下人士则被禁止携带奶粉离境。针对这一新闻事件，网民制作了大量的灰段子来嘲讽抨击、表达不满，例如：

> 网上大神：怀孕后去香港，买三罐奶粉，在入境处主动被抓，罚款 50 万，身无分文爱罚不罚，然后判刑两年，狱中管吃管住，没有雾霾毒害。生下孩子，即为香港户口，香港政府负责供应奶粉，两年后回内地，等孩子长到 18 岁，父母申请去香港居住，从此全家过上快乐生活。

人们看到新闻事件后，有了观点、看法，产生各类情绪，通过段子抒发出来，这一行为往往是当下决定的，具有即时性，完全是出于个人抒发需求，不受任何利益驱使。这种纯粹的个人自发性促使人们对新闻事件发表最真实

的看法，而这种真实看法多带着批判、讽刺、揶揄。

二、对社会问题的冷嘲热讽

除了对新闻事件嘲讽抨击、表达不满外，网络灰段子还揭露社会的弊端，反映社会风气，表达民风、民情、民怨，可以说是人们心理的晴雨表。一旦发生什么重大社会问题，往往很快就会出现相应的网络灰段子。比如，现今社会的各类造假现象不断曝光，下面的段子就对此做了全面的讽刺和抨击：

> 中国人的科学启蒙：从大米里认识了石蜡，从火腿里认识了敌敌畏，从咸鸭蛋、辣椒酱里认识了苏丹红，从鳝鱼里认识了避孕药，从火锅里认识了福尔马林，从银耳、蜜枣里认识了硫黄，从木耳中认识了硫酸铜，从啤酒里认识了甲醛，从奶粉里认识了三聚氰胺。

针对日益严重的PM2.5问题，网民用段子调侃：

> 全国科技名词审定委员会正研究并广泛征求意见，为PM2.5定一个科学、恰当的中文名。有专家称之为“烟尘”或“细飘尘”，网友的答案更是百花齐放：严肃点叫“公雾源”，高端点叫“京尘”，霸气点叫“尘疾思汗”，乐观点叫“尘世美”，娱乐点叫“尘惯吸”，更有一个性感的名字，那叫“喂人民服雾”！

房价、环境、造假，是人们在长期生活中感受到的社会问题，但是这些问题又迟迟不能解决，因此人们通过网络灰段子来表达不满情绪。

三、对有权有势的组织或个人的嘲讽与抨击

网络灰段子还把矛头指向平时不敢得罪的领导，喜欢拿有权有势的人开涮，在这个意义上，它是对抗权力的一种特殊方式。比如：

> 领导的要求是我们的追求，领导的脾气是我们的福气，领导的鼓励是我们的动力，领导的想法是我们的做法，领导的小蜜是我们的秘密，领导的批评是我们的水平，领导的表情是我们的心情。

官场之最：最难找的地方——有关部门；最难捉摸的官话——研究研究；最冠冕堂皇的语言——工作需要；最怕听到的话——群众反映。

官场不良现象：苦干实干，没有谁看；东混西混，一帆风顺；任劳任怨，永难如愿；会捧会献，杰出贡献。

借助灰段子，平民叙述者不仅以一种怨懑之情对抗权力，还在抨击、嘲弄对象的同时获得了一种高于对象的优越感。

四、对主流媒体宣传报道的嘲讽与抨击

我国的主流媒体，如中央电视台、《人民日报》等承担着宣传引导舆论的重要作用，但是由于其传统的宣传报道手法未有本质的改变，一些宣传报道跟人们的现实生活不吻合，尤其是以正面报道为主的宣传手法使其难以客观全面地报道由于社会转型所带来的各种社会问题，因此其受到网民的嘲讽与抨击，例如：

新闻里面说得好好的，火车上的盒饭只要 5 块，饭可以加……刚刚问卖盒饭的大姐要了一盒饭，顺便递过去五块钱，大姐用鄙视的眼光看了我一眼，有 CCTV 工作证吗？我说没有……她说有 CCTV 工作证的才五块。

主流媒体进行宣传报道，应该客观地报道社会生活，正确地引导舆论，但是长期以来我国主流媒体的宣传报道受制于各种体制因素，未能通过官方的报道和言论来正确引导民间的舆论。这也是导致民间的网络灰段子成为民情民意的发泄方式。

五、对政治制度、政策原则的抨击

在中国的现实国情之下，对政治制度、政策原则进行抨击的内容是不可能广泛传播的，可是，在经过一番乔装打扮后，反映这些内容的灰段子仍然大行其道。该类型的段子是对主流意识形态话语的解构和嘲讽，主要表现为

对官方的一些“说法”予以戏说，从话语权上解构和嘲讽。

六、对社会不文明的事情进行抨击

这些一般反思类段子往往格调较高，文化色彩明显，如：

国人的五大陋习：(1) 不愿为朋友的成功鼓掌，却愿为陌生的悲惨捐助；(2) 不愿为坚强者的坚持援手，却愿为弱者的妥协流泪；(3) 不愿为规则的执行所累，却愿为潜规则的适应受罪；(4) 不愿为共同的利益奋斗，却愿为社会的不幸怒骂；(5) 不愿为长远的发展谋福，却愿为眼前的小利冒险。

网上此类经典的代表段子有“水调歌头重上酒楼”“史记80后传”“滕王阁序（周正龙版）”“沁园春·买票”等。

水调歌头重上酒楼：应酬复应酬，天天忙不休。社交公关人情事，尽在酒里头。泱泱五千年，底蕴多丰厚，帝王墨客江湖汉，江山美人酒。改革大潮涌，迂腐全荡走，唯有美女权钱欲，兴盛遍神州。

该段子仿照《水调歌头》的套路，描绘了职场上的应酬和不易。尽管评论或有偏激，但是这种“段子文化”终归属于不可忽视的民意表达，也是对社会现象的一种评论。

七、表达对生活的无奈

在社会学家孙立平看来，自20世纪90年代以来，中国社会出现了断裂与失衡，社会结构的转型也给普通民众带来了生活上的磨难，因此，他们通过网络灰段子来表达对生活的无奈，例如：

80后者，未及义务教育之免费，不见高等学校之分配，适值扩招，寒窗数载，二十三乃成。觅生计，背井离乡，东渡苏浙，南下湖广，西上志愿，北漂京都，蓄十万。楼市暴涨，遂投股市，翌年缩水。气急入院，无医保而返。友怜之，送三鹿，饮之，卒。

这个段子用文言文展现了一个 80 后的人生经历。从中可以看到义务教育曾经的不成熟，看到高校扩招后年轻一代的“大学梦”渐渐清醒，看到房价暴涨带来的生活压力，看到不成熟的股市对生活的影响，以及食品安全问题对国民的伤害，从而勾画了一个 80 后无奈的人生，折射出种种社会问题，表达出对生活的无奈。

又如，20 世纪 90 年代末大学扩招，反而导致大学生找不到工作等社会问题的出现。下面的段子表现了学生对找不到工作的无奈：

> 为缓解今年的就业矛盾，有关部门出台新学位制度，博士学位毕业后可继续攻读壮士，四年壮士毕业可攻读圣斗士学位，毕业后如还找不到工作，请攻读烈士学位。

网络灰段子是舆论的一种隐晦的表现形式。这样的舆论与一般的舆论的不同之处在于，没有明确的人和事的指向，是一种隐晦的舆论表达。这样的舆论表达一方面反映了网民的情绪和观点，另一方面由于没有明确的人和事的指向，也不会受到相应的控制，因此能够实现更为广泛的传播。

10.2.4　网络流行语政治参与的特点

流行语作为一种符号，体现着社会心态的变迁，与政治相关的流行语更是潜意识的政治参与。20 世纪 80 年代，流行语主要由传统大众媒介所塑造，“实践是检验真理的唯一标准”“改革开放”“四个现代化”等无不体现了主流意识形态的价值核心和话语方式，也呈现出人们整体上的浪漫主义社会心态。到了 20 世纪 90 年代，市场经济体制的初步确立使社会结构出现了巨大的转型，而“奔小康”“下海经商”“经济特区”“股票”“证券”“双向选择”“人才市场”“下岗”等流行语无不体现了市场经济带来的消费社会的符号的凸显以及物欲的膨胀，也体现了人们整体上的现实主义社会心态。21 世纪以来，随着互联网的普及和发展，流行语在中国主要以一种新的形式——网络流行语出现。

网络流行语就是在一定时段内，主要在网络上被网民自发使用的、最活跃的、具有发酵功能和特殊意义的并往往对社会现实产生影响的语言符号。[①]网络流行语作为一种大众化的语言表达，无论是语言内容、表述方式还是传播机制，都反映或折射着网民们的社会境遇和社会心态。网络流行语之所以能广泛传播，是因为它负载着一定的社会群体的生存感受、情感态度、价值认同和行为意识，反映了一定时期的社会现实、生活状态和公众的精神生活需求。网络流行语成为网民生活压力的自我释放、情感和情绪的主动宣泄、客观现实的另类描摹、主观心态的语言折射。网络流行语是与现实社会流行语并存的人类流行语的新形式，它与现实社会流行语一样都属于人类社会流行语。

网络流行语通常出自热点事件，在网友中广泛传播。出自热点事件的流行语，可以加速新闻的传播，提升社会的关注度。这些流行语的背后具有深刻寓意，或幽默、或讽刺、或引申，能产生极其深远的影响，常会让人在笑后进行进一步的深思，颇能吸引公众眼球，引起共鸣。例如，在2008年央视《新闻联播》的一则关于净化网络视听的新闻中，出自一位小女孩之口的“很黄很暴力”在网络上被大肆传播，成为热门的网络流行语。还有一些属于新闻事件所派生的网络流行语，具体表现为直接重复新闻报道中当事人的话语或新闻事件中的词语，如“我反正信了”（2011）、“范跑跑”（2008）等。

当代中国的两极分化、社会不公、贫富差距、阶层固化导致社会心态不稳，同时“娱乐的自由、消费的自由取代了政治的自由，娱乐消费领域的畸形繁荣掩盖了公共政治生活的萎靡，消费热情掩盖了政治冷漠”，有学者已经严肃地指出，“当大众沉迷于传媒打造的日常生活审美图景、沉迷于去政治化的自我想象和个性想象的时候，真正值得关注的重大公共问题由于进不了传媒，而被逐出了‘现实’”[②]。在这个一面是经济繁荣、高歌猛进，一面是社会矛盾突出、问题重重的年代，网络流行语以自己独有的特点体现出复杂的社会心态。有学者认为，尽管中国的网络公共空间并不是哈贝马斯所描述的

---

① 王仕勇．网络流行语概念及特征辨析［J］．探索，2014（4）：186－192.

② 陶东风．论文化批评的公共性［J］．文艺理论研究，2012（2）．

理想状态，在形成的过程中也带有明显的中国特色，但“在中观和微观的水平上，网上行动反映了中国民众在政治、文化、社会、经济和全球化等各个方面的纷争”①。网络流行语是民众创造、参与的一种流行文化，形成了中国特色的富有深远意义的精神生活景观，并对社会结构产生影响，成为一种另类的政治参与。

10.3　另类网络政治参与是一种弱者的武器抵抗

另类网络政治参与是一种弱者的武器抵抗。如人肉搜索和网络恶搞通过隐藏的文本与意识形态进行对抗，实现弱者的武器抵抗。网络恶搞是无奈之举，是情绪的发泄，但它也是“弱者的武器”，是草根的表达方式。因为他们不是强势者，也不掌握“公开的文本”，对他们而言，公开的、正当的、自由的表达渠道是封闭的，他们只能使用“弱者的武器”，创造“隐藏的文本”。如郭于华先生把“草泥马”现象称为网络时代的“弱者的武器”。②

“弱者的武器”和“隐藏的文本”都出自于Scott，他以自己在马来西亚农村的田野工作材料为证据，指出：公开的、有组织的政治行动对于多数下层阶级来说是过于奢侈了，因为那即使不是自取灭亡，也是过于危险的。有鉴于此，他认为更为重要的是去理解农民反抗的日常形式（everyday forms of peasant resistance），即平常的却众多的农民与从他们那里索取超量的劳动、食物、税收、租金和利益的那些人之间的争斗。这些日常形式的反抗通常包括偷懒、装糊涂、开小差、假装顺从、偷盗、装傻卖呆、诽谤、纵火、怠工等等。这些被称为“弱者的武器”的阶级斗争形式具有共同特点：它们几乎不需要事先协调或计划，它们利用心照不宣的理解和非正式的网络，通

---

① YANG G B. The power of the Internet in China: citizen activism [M]. New York: Columbia University Press, 2009: 210.

② 陈行之．严肃的谐谑——从“草泥马”说到“草泥马”[EB/OL]．(2012-12-23)．http://www.360doc.com/content/09/0308/12/42556_2746549.shtml.

常表现为一种个体的自助形式；避免直接地、象征性地对抗权威也是其重要特点。[①]

"隐藏的文本"是相对于"公开的文本"而提出的。就一场对抗而言，支配者与从属者的权力不平等，支配者在场时，从属者的话语就表现为一种"公开的文本"，而"隐藏的文本"则是一种后台话语，旨在避免掌权者的直接监视。因此，"隐藏的文本"是由后台的言说、姿态和实践所构成的，抵触或改变了"公开的文本"所表现的内容，它是不同的观众在不同的权力限制下生产出来的。[②] 网络恶搞为网民提供了将现实问题仪式化解决的途径，并体现出展示个性、解构经典、颠覆权威的特点，给人耳目一新的感觉。可以说，网络恶搞产生于结构性压力，其目的就是对这些压力进行幻想式解决。网民有颠覆主流文化权威的想法，亦有了实现愿望的媒介工具和文化手段，他们借助于这些媒介工具介入社会现实，解构被主流媒介垄断的话语世界，创造自己的意义空间和文化风格。

这些"弱者的武器"和"隐藏的文本"或者是在小群体和个体层面进行的，或者是在匿名性或种种实际的伪装下大规模形成的，因而适合对付监视和镇压。在这种非正式反抗中，没有可供逮捕的领导人，没有可被调查的成员，没有可以指控的宣言，也没有吸引注意力的公开活动。葛兰西的霸权理论虽然阐明了统治阶级不仅要支配物质生产方式，也要支配象征生产方式，但却不能正确地解释现实中的阶级关系和大多数情境下的阶级冲突。原因在于，霸权理论忽略了大多数从属阶级能够在其日常物质经验的基础上对主流意识形态进行洞察和去神秘化的程度。霸权理论还经常混淆不可避免与正当，而从属阶级是很少会犯这种错误的。在强大的经济占有、政治统治和意识形态支配情境中，参与者运用属于自己的"弱者的武器"和"隐藏的文本"，以坚定而强韧的努力对抗无法抗拒的不平等。

---

① SCOTT，JAMES. Weapons of the weak：everyday forms of peasant resistance [M]. London：Yale University Press，1985.

② 郭于华．"弱者的武器"与"隐藏的文本"：研究农民反抗的底层视角 [J]．读书，2002（7）：12－19.

网络灰段子、网络流行语是网民将现实问题仪式化解决的途径，实际上表现了对现实社会的愤恨和不满。虽然这些网络使用隐晦地表达了网民的观点，但一般没有直接的政治指向，没有具体的政治诉求，因而可以被视为一种政治心态或者说是政治参与意向。虽然也属于广义政治抵抗的一部分，但这些另类网络政治参与不同于集体行动的政治抗争，而是一种围绕工作、生活、仪式的持续不断的琐碎的冲突，即反抗的日常形式。这样一种反抗形式与网络中普遍存在的结构是契合的。网民分散在各地，缺乏正式的组织，最适合大范围的游击式、自卫性的消耗战。这样的形式不是以国家、正式组织为中心的公开抗议和对政治的抵抗，而是一种弱者的政治抵抗。

从深层次看，另类网络政治参与的政治抵抗来源于对象征权力的应用。根据 Bourdieu 的著作，Thompson 提出了象征权力的概念[①]，这一概念出自“生产、传播和接收有意义的象征形式的互动”。如经济权力、政治权力和强制性权力一样，象征权力也具备一种影响事件的能力，如通过生产和传播象征符号影响其他人的行为并最终导致事件的发生，这种能力来源于这样的一个事实，即象征权力使得人们看到和相信世界的特定图景，并根据这样的图景而行动。[②] 相似的观点是，Castells 强调“社会中的基本争斗是人们的思想的争斗”[③]，而人们的信念决定了建构社会的形式和价值的命运，也就是说，影响思想的权力常常比物理上的权力更为有效。从这个角度来看，另类网络政治参与从属于对象征权力的应用，这种形式能够利用象征符号影响人们的信念或世界的图景，显现出更大的象征权力。

网民采取弱者的政治抵抗，主要有两方面的原因：一方面可以躲避政府机构和相关人员的打击报复；另一方面可以躲避政府的网络控制。例如，2009 年，国务院新闻办、工业和信息化部、公安部、文化部、工商总局、广

---

① THOMPSON J B. The media and modernity：a social theory of the media［M］. Cambridge：Polity，1995：16.

② BOURDIEU P. Language and symbolic power［M］. Cambridge：Polity，1991.

③ CASTELLS M. Communication，power and counter-power in the network society［J］. International Journal of Communication，2007（1）：238-266.

电总局、新闻出版总署等部门发起整治互联网低俗之风专项行动，大量网站因为“低俗”而被叫停，脏话被屏蔽。这引发了一些网民的不满，于是网民发明了“草泥马”等谐音的脏话绕过关键字的屏蔽，并逐渐在百度百科上创作出了以“草泥马”为代表的十大神兽。后来 YouTube 上出现由网友制作的《戈壁上的草泥马》《草泥马之歌》《草泥马之歌（动画版）》等视频。早期的“草泥马”图片有斑马、羊驼等，后多统一用羊驼形象。

随着社会的发展和言论的开放，普通民众参政议政的要求更加强烈。而公开的政治活动代价太高，于是民众选用网络灰段子这种“弱者的武器”来参与政治生活，其中很多都对政府部门做出了抨击。这是因为在现实社会中，这些部门及其工作人员和民众接触的机会多，而其工作又有很多不尽如人意的地方，而网络灰段子大多是对不公待遇抱不平、牢骚满腹，因此这些政府部门便成为网民们进行讽刺的对象。我们可以看看下面这则典型的网络灰段子“忽悠对联”：

> 中央机关出上联：上级压下级，一级压一级级级加码马到成功。
>
> 地方政府对下联：下层蒙上层，一层蒙一层层层掺水水到渠成。
>
> 横批：和谐社会。

这则段子形象地描绘了政府部门上下级之间互相忽悠的现状。上级为了完成自己的任务就压制下级，一级压一级。下级为了完成上级的任务，也经常蒙混过关。因为民众对此有千万个不满，所以才会产生众多官场政治段子。这些政治段子作为公众怒火的减压阀或灭火器，其实也是公众的一种政治抵抗形式。

10.4 另类网络政治参与呈现非理性化情绪

另类网络政治参与还体现出网民的非理性化情绪。我国处于社会转型期，各种不公平、非正义的事时有发生，却缺乏完善的政治、法律制度予以解决。

人肉搜索体现了网民对于不公平、非正义的事件的一种非理性的情绪的爆发。随着参加的人越来越多，人肉搜索逐渐演化为一种群体性的行为。在群体情绪的感染之下，网友理性思考和自我控制的能力减弱甚至消失，并形成心理上的暗示，最终导致网民的人肉搜索行动卷入非理性的狂乱之中。另类网络政治参与释放出部分焦虑网民在“第二媒介时代”被压抑的诉求与愤怒，成为社会情绪的安全阀。“第二媒介时代”的概念是美国学者马克·波斯特在其同名著作中提出来的。他把大众媒介时代区分成两个时代，以互联网为代表的新媒介出现之前的大众媒介时代为“第一媒介时代”，以互联网为代表的新媒介时代为“第二媒介时代”。波斯特认为，第一媒介时代是播放型传播模式盛行的时期，是由少数文化精英和知识分子主导的自上而下、一对多的单向传播。但是随着信息高速公路的先期介入和卫星技术与电视、电脑、电话的结合，大众媒介的第二个时代正逐渐兴起。没有了传播中心，几乎人人都可以参与散点的双向交流。同时，一种集制作者、销售者、消费者于一体的系统得以产生，该系统将对交往传播关系进行全新的构型。① “第二媒介时代”实现了在网络社会中跨越时空边界的表达自由和交流自由，释放了人们的情绪，宣泄了人们在现实中可能被压抑的诉求与愤怒。这种虚拟世界提供的自由所起到的减压阀作用，使得人们的内心趋于平衡，但它“恰好是现实控制永久性最安全、最经济的策略”②，“它有问题地隐去了威胁个人和社会关系的真正冲突”③。

另类网络政治参与并不是为了获得某种同意的理性讨论，也不祈求某种政治结果，而是对当事者进行政治批评，实现一种情绪表达。对于网络灰段子来说，任何富有争议的社会负面事件都是一个绝佳的宣泄口，网民可以尽情地嬉笑怒骂，展现嘲讽功底。在这个过程之中，人们生活中遇到的无奈、

---

① 金新．第二媒介时代网络传播方式对主体的重构——兼论马克·波斯特的思想［J］．创作评谭，2005（8）：61－64.

② 胡春阳．网络：自由及其想象：以巴赫金狂欢理论为视角［J］．复旦学报（社会科学版），2006（1）：115－121.

③ 鲍德里亚．物体系［M］．上海：上海人民出版社，2001：152.

苦闷、压抑、不满也同时被宣泄出来，无情地揭露社会的伤疤。不论是对生活的无奈进行讽刺和批判，还是单纯的幽默搞笑，背后都有对每天伴随的现代生活压力的疏解。人们走进虚拟世界，彼此诉说生活，在轻松调笑之间暂时忘掉现实生活的压力，这是网络灰段子的一个重要功能。网络灰段子多是牢骚话，人们之所以热衷于传播网络灰段子，是因为它反映了社会的阴暗面，对一些不良现象进行抨击，是人们对某些现象不满而泄愤的一种方式。此外，不论哪种主题内容的段子，核心都是表达，表达心中的不满、苦闷，或是愉快、希望，人们在表达过程中实际上实现了压力的疏解。再加上大部分网络灰段子有引人发笑的作用，这就是网络灰段子的压力疏解功能所在。网络灰段子具有强烈的民间性诉求，并且注入了时代特色和民间情调。网络灰段子的内容不是凭空捏造的，而是有感而发的，有着很强的现实针对性。它采取讽喻、戏谑的态度，宣泄了人们某一个时期共同的社会情绪。

另类网络政治参与是一种虚拟广场的狂欢。如网络恶搞、人肉搜索，体现出了浓厚的狂欢化色彩。巴赫金的狂欢理论的前提是对两种世界的划分。第一世界是官方的、严肃的、等级森严的秩序世界，统治阶级拥有无限的权力，而平民大众则过着常规的、谨小慎微的日常生活，对权威、权力、真理、教条、死亡充满屈从、崇敬与恐惧。第二世界则是狂欢广场式生活，是在官方世界的彼岸建立起的完全颠倒的世界①，这是平民大众的世界。这种生活打破了阶级、财产、门第、职位、等级、年龄、身份的界限，人们平等而亲昵地交往、对话与游戏，尽情狂欢，对一切神圣物和日常生活的正常逻辑予以颠倒、亵渎、嘲弄、戏耍、贬低、歪曲与戏仿。而一切非平民阶层只有放弃在第一世界中的一切权力、身份、地位，才能够为第二世界所容纳。② 从这个意义上说，网络恶搞给受众提供了一个网络的广场，以掩饰日常身份，摆脱束缚，投入到恶搞这个狂欢的舞台中。巴赫金用四个范畴来描述狂欢节。第一个范畴是随便而又亲昵地接触，人们之间的任何距离都不再存在，等级

---

① 巴赫金．巴赫金全集：第六卷［M］．钱中文，译．石家庄：河北教育出版社，1998：321.

② 巴赫金．巴赫金全集：第六卷［M］．钱中文，译．石家庄：河北教育出版社，1998：295.

制在这里被取消；第二个范畴是插科打诨，即人的装束、行为、语言都从固定的等级位置中解放出来；第三个范畴是俯就，即神圣同粗俗、崇高同卑下、伟大同渺小、明智同愚蠢等等相互颠倒，界线消失；第四个范畴是粗鄙，即狂欢式地冒渎不敬，对神圣文字和箴言予以戏仿和讥讽等等。巴赫金特别关注第四个范畴，即国王被打翻在地，而小丑加冕成王。狂欢节上的主要仪式是戏谑地给狂欢国王加冕，随后脱冕，国王加冕和脱冕仪式的基础是狂欢式的世界感受的核心所在，这个核心便是交替与变更的精神，死亡与新生的精神。[①] 因此狂欢也是一种对国王的抵抗，只不过是一种幻想的抵抗。互联网上的人肉搜索、网络恶搞和网络灰段子都是一种狂欢的状态，这种狂欢体现了非理性的情绪化抵抗。

10.5　另类网络政治参与体现了民粹主义和反智主义

另类网络政治参与体现了一种民粹主义和反智主义。其中，民粹主义（populism）是指一种在政治上刻意迎和普通民众的理念。民粹主义的理论体系、思想体系中最突出的一点就是崇尚和信仰“人民”，并把“人民”理想化。而文化民粹主义最为重要的特征是极端的平民化倾向，其核心内容就是反智活动，认为一切精英化、权威化的文化都不合时宜，极端强调平民大众的价值和理想，将它们推崇到无上崇高的地位，把民众的愿望、需要、情绪当作考虑问题的出发点和归宿。它常常打着大众的旗号，强调对大众情绪和意愿的绝对顺从，常常把平民化作为所有社会、政治和文化活动合法性的最终和唯一来源，对普通大众在特定情况下通常会出现的某种非理性、情绪化的共识盲目顺从。[②] 当民粹主义的口号“人民至上”成为天条后，“人民”的一切文化样式都是崇高的、有价值的，相反，那些精英文化都是过时的、毫

① 巴赫金．巴赫金全集：第五卷［M］．钱中文，译．石家庄：河北教育出版社，1998：176－178.

② 俞可平．现代化进程中的民粹主义［J］．战略与管理，1997（1）：88－96.

无生命力的东西。

民粹主义也表现为反智主义。反智主义又称反智论，是与“理智主义”或“理性主义”相对而言的某种思想倾向。一般认为，这一概念的流行主要源自于美国历史学家理查德·霍夫斯塔特的《美国生活中的反智主义》(1963) 一书。霍夫斯塔特希望借助对美国社会中普遍存在的轻视乃至嘲弄知识理性现象的历史渊源的细致清理，来提醒人们警惕美国文化传统中所隐含的反智倾向及其危害。从历史经验上看，民粹主义首先是一种仇恨情结，他们厌恶贵族、权势者、有产者和知识分子等精英，同情平民、无产者，即无产业、无知识的大众。甚至，民粹主义不仅是同情，还以煽情手法在道德上无限制地贬低精英而无限制地抬高大众，将抽象的“人民”和“大众”树立为道德的标杆，将其无限神圣化，最后定格为“大众崇拜”。大众不仅是主人，而且是创造历史的动力。民粹主义具有强烈的反智主义和平均主义的倾向。文化民粹主义蔑视和反对任何精英和知识拥有者，反智主义是其世界观。

互联网带有与生俱来的民粹主义倾向。从技术发展的角度看，互联网的发展是一个关注个体、以个体为中心的聚集过程，它培育或强化了关注个体、尊重平等的文化。而人肉搜索、网络恶搞更为这样一种民粹主义提供了表演的平台。例如，南京网民发动的针对周某的人肉搜索的动机并非出于舆论监督，而是因为作为房管局局长的周某说了不适当的话，激怒了网民。网络恶搞充满非理性，但也蕴含包括幽默在内的各种因素，也能引起许多网民的兴趣或共鸣。网络恶搞是对权威的消解和颠覆。在非理性面前，理性的言论如同“秀才见到兵，有理说不清”。网络民粹主义逐渐形成了与传统话语相平行的话语空间与话语体系，这种话语体系彰显平民的话语权，以平民的利益与诉求为价值关怀对象，也与传统的话语体系相抗衡。

人肉搜索、网络恶搞和网络灰段子这些另类网络政治参与，在表现民粹主义的同时，也表现出反智主义的倾向。2009 年 7 月，网友“非主流”发了一张吃面的图，配文“哥吃的不是面，是寂寞”，没多久，便有网友相继模仿此句式，开始了各式各样的“寂寞”恶搞。如“我发的不是帖子，是寂寞”

“我用的不是手机，是寂寞”“哥睡的不是觉，是寂寞”，这些句式也被称为“寂寞派”。在众多网友的模仿下，寂寞句式不再局限于“×××的不是××，是寂寞”，如“哥抽的是烟，吐出的是寂寞”“醉的是人，不醉的是寂寞”等在模仿中开始彰显出某种或调侃或讽刺的态度，成为众多网友表达心情的一种流行方式。2009 年 7 月中旬，魔兽世界贴吧中的“贾君鹏，你妈妈喊你回家吃饭”这个只有标题没有实际内容的空帖走红网络，短短一天时间，浏览数量达 750 万，引来 30 多万跟帖回复，网友为其建立起一个庞大的“贾君鹏家族”，这被喻为网络世界的奇迹。这种句式模仿的流行表现出当下青少年流行文化中的反智特征，具有起哄、无聊的特点。[①]

---

① 陈伟球．传媒民粹化背景下的反智亚文化研究［J］．新闻与传播研究，2014（4）：104－128.

第 11 章　讨论与结论

本章是全书的结论部分，通过总结和与其他研究的比较，分析研究结果所蕴含的理论和现实意义，进而指出本研究的缺陷和未来的研究方向。

11.1　本书的经验结论

在互联网使用与政治参与的关系的研究中，本书发现不同的互联网使用导致不同的政治参与。在对全国性的二手数据进行分析后，本书发现，就城市的选举政治参与而言，看电视时间对其有正面影响，对于时事新闻的关注对其有正面显著影响。而就农村的选举政治参与而言，看电视时间、阅读报刊时间对其有正面影响，浏览互联网时间对其有负面影响，这说明媒介使用的新闻接触对城市居民和农村村民的影响一样，而媒介使用的接触时间则不同。就农村的抗争性政治参与而言，社会资本中的朋友信任因子越高，就越容易参与政治抗争，另外浏览互联网时间越多，也越容易参与政治抗争。而就城市的抗争性政治参与而言，社会网络因子和媒介使用的接触时间对其起正面显著作用。

本书还通过在广州调查时得到的一手数据，发现花费更多时间上网的广州网民并不一定就更频繁地进行现实政治参与。然而，上网发表个人对各种公众事务的看法、意见的这种互联网使用方式却与现实政治参与高度相关，也就是说，互联网使用时间对现实政治参与的影响远远比不上互联网使用方式对其的影响。这表明互联网的时间替代假说或者对互联网使用时间的夸大都不能很好地解释其对现实生活的影响。一手数据和二手数据综合显示，互联网使用时间和政治参与，尤其是和制度化政治参与并没有必然的关系。本研究还得出结论，不同的互联网使用工具给中国公民带来的互联网政治参与的感受与体验是不同的，从早期的 Web 1.0 的互动式反馈到现在的 Web 2.0 的分享式参与，网络政治参与的形式越来越丰富多样。

本书发现不同的互联网使用影响不同的现实政治参与和网络政治参与。在互联网使用对现实政治参与中的选举政治参与的影响中，本书发现，互联网使用尽管可以在某些事件，如在宣告参选中承担广告宣传的作用，但是由于没有现实制度的配置与供给，互联网上的行为最终不能嵌入现实的社会政治生活结构，产生实质性的影响。关于互联网使用对群体性事件政治参与的影响，本书发现互联网使用对群体性事件政治参与的直接影响是信息传播、组织动员和再框架化，不过它们对事件发展的影响还受制于传统媒体的报道和政府的态度和行为。本书发现不同的互联网使用影响不同的现实政治参与和网络政治参与，这是因为公民根据不同的目的选择了不同的互联网使用，而这些互联网使用又与公民自身的社会资本、政治效能感结合在一起。

就网络政治参与而言，网络舆论监督型政治参与的关键是通过舆论对政府的决策和行为形成压力。政府为了追求自身的合法性形象，就不得不考虑调整其政策和行为，公民就可通过网络舆论实行一定程度的政治参与。而网络建言献策型政治参与有利于促进公共决策合法性的形成，有利于多元利益群体的沟通，有利于协商民主的形成。另类网络政治参与是一种不以国家、正式组织为中心的公开抗议和对政治问题的参与，体现了中国网民的非理性化情绪，其中包含着民粹主义和反智主义。

对于中国来说，互联网使用扩大了中国网民政治参与的广度。政治参与的广度是根据公民是否普遍参与来确定的，属于政治参与的规模问题。网络信息的开放、自由不仅改进了政治参与的技术手段，也降低了政治参与的成本和风险。近年来，伴随着互联网的广泛应用和参与的低成本，中国已悄然形成了超大规模的网络社会。公众参与规模呈几何级数式扩大，公民权利意识的觉醒和参与热情的高涨使得公民不再是“沉默的大多数”。网民以互联网为载体，通过网络论坛、电子邮件、QQ、MSN、博客、微博、微信等手段，广泛参与到公共事件的讨论中，自由地发表自己的意见。当这种讨论积聚到一定程度时，便会形成前所未有的民意影响和舆论压力。通过个人或集体的形式进行网络政治参与，可以影响国家和社会有关政治生活或政治决策与执行等方面的行为。互联网使用也促进了中国网民政治参与的深度。参与的深度是根据公民参与是否充分来判断的，与政治参与的程度相关。通过不同形式的网络政治参与，公民不断学习政治知识，认识政治现象及其规律，逐渐形成了较为理性和成熟的心态与行为，话语质量不断提高，政治参与逐步深入。因此，从总体上来看，互联网使用促进了中国的政治参与。

11.2 对研究结论与以往研究进行比较性评述

以往关于互联网使用和政治参与的研究中，一种观点是技术决定主义，强调技术在社会变迁中起着决定性作用，这种观点又分为强技术决定主义（hard or strong technology determinism）和弱技术决定主义（soft or weak technology determinism），前者强调技术的作用，后者强调人类对技术的运用。而最极端的情形是完全忽略人和社会的作用的自发性技术论调（autonomous technology）。技术决定主义还演化出技术怀疑主义，认为若将互联网视为万能牌（wild card），将对组织有不可预测的或潜在的危害。当然技术怀疑主义者并不是反技术主义者。技术决定论研究视角下的学者们认为互联网对政治进程的影响包括互联网促进公共领域发育，形成媒介依附和形成信息流等。本书认为技术决定主义是不确切的，如在选举政治参与中，与国外竞争性的选举不同，中国的选举过程使得互联网难以在其中发挥重要的作用。即使在村委会这些竞争程度较为激烈的选举中，由于农村是熟人社会以及社区地域的限制，媒介与互联网在这些选举中几乎不起作用。在群体性事件中，互联网对政治参与的作用则受制于传统媒体的报道和政府的态度和行为。在关于互联网使用和政治参与的研究中，还有一种观点是社会建构主义，它强调知识和现实都是在社会关系和互动中被建构的。被称为“绝对的社会建构主义者”的 Feenberg 称技术不过是达到人类目的的工具。[①] 虽然公民个体接触互联网并通过它获取信息可能会影响政治行为，但互联网并没有带来重大的个体政治行为的转变。因为公民的政治行为追根究底还是取决于个人因素，互联网缺乏革命性的能力去改变人们的政治态度和政治行为。[②] 此研究视角下的互联网被认为虽对政治参与和政治活力的提升有贡献，但仅仅是政治活动的补充工具，并不能改变人们的政治卷入层次。[③] 本书发现互联网的接触和使用能够影响中国公民的政治参与，尤其是在信息传播、组织动员、再框架化等方面影响着公民的政治参与途径和方式。因此，本书认为互联网使用与中国的政治参与之间的关系，既不能用简单的技术决定主义解释，也不能用简单的社会建构主义解释，而应该用一种技术-社会建构模型来分析。即互联网使用与中国的政治参与之间的关系是：一方面互联网技术的使用扩展了中国公民政治参与的渠道、途径和可能性；另一方面互联网使用在影响中国公民政治参与的同时，又受到社会中的制度、政治机会结构、传统媒体介入等各种因素的影响。

本书还进一步发现中国的网络政治参与并非哈贝马斯所指的“公共领域”，无论是带有情绪化的网络舆论监督型政治参与，还是选择性回应的网络建言献策型政策参与，又或是另类网络政治参与，都反映出中国的网络政治参与处于一种有限度的公共领域中。这种公共领域可以在政府与公民之间形成一个舆论空间，但这个舆论空间一方面缺乏理性的讨论和批评，另一方面有时会危害整个政府的合法性。这与以往的研究结论是基本一致的。例如，

① FEENBERG A，Democratic rationalization［M］//Kaplan D M. Readings in the philosophy of technology. Oxford：Rowman & Littlefield，2004：209 - 225.

② WEST D M. E-government and the transfonnation of service delivery and citizen attitudes［J］. Public Administration Review，2004（4）：15 - 27.

③ QUAN-HAASE A，et al. Capitalizing of the net：social contact，civic engagement and sense of community［M］//Wellman B，Haythornthwaite C. The Internet in everyday life. Oxford，UK：Blackwell，2002：312.

Weger 和 Aahkhus 认为互联网论坛在形式上的缺乏导致理性讨论难以展开。① Weber 和 Jia 指出虽然中国的互联网在有限的范围内为中国公民在非政治问题上提供了更大的空间，但是并没有成为中国公民从根本上挑战政府权威的强大工具。② 周翔、陈婉莹和彭珍美通过对广州日报大洋网开办的一个论坛进行内容分析，发现从帖子质量和参与人员、时事和讨论的性质，以及帖子的回应和观点的分歧来看，中国的网络公共领域处于刚刚开始的阶段，讨论的话题虽然达到一定水平，但就话语的复杂性和争论性来看远未成熟。③ 杨国斌指出，这是因为中国人认为，虽然互联网给了他们更多的言论自由，但他们却往往由于害怕国家制裁而进行言论的自我审查。④ 在对中国网络公共领域特殊性的揭示上，蒋敏认为不应该不加批判地使用"公共领域"，而应该采用"权威协商"（authoritarian deliberation）这一概念来分析。⑤ 因而，本书在以往研究结论的基础上做出了综合的分析和探讨。

11.3　本书在理论和现实两方面的意义与贡献

11.3.1　理论意义和贡献

本书有以下几方面理论意义和贡献：

第一，本书探索了中国公民是如何通过互联网使用影响现实政治参与和

---

① WEGER H，AAHKHUS M. Arguing in Internet chat rooms：argumentative adaptations to chat room design and some consequences for public deliberation at a distance［J］. Argumentation & Advocacy，2003（40）：23－38.

② WEBER I，JIA L. Internet and self-regulation in China：the cultural logic of controlled commodification［J］. Media Culture Society，2007（29）：772－789.

③ ZHOU X，CHAN Y，PENG Z. Deliberativeness of online political discussion：a content analysis of the Guangzhou daily website［J］. Journalism Studies，2008（9）：759－770.

④ YANG G. The coevolution of the Internet and civil society in China［J］. Asian Survey，2003（43）：405－422.

⑤ JIANG M. Authoritarian deliberation on Chinese Internet［J］. Electronic Journal of Communication，2010（20）：3－4.

网络政治参与的。在选举现实政治参与和群体性事件现实政治参与中，互联网使用所发挥的作用是不同的，这是因为不同类型的政治参与在中国发展的情况不同。在网络舆论监督型政治参与、网络建言献策型政治参与和另类网络政治参与的分析中，本书发现三者受制于现实政治参与的制度安排与影响。国外的同类研究指出现实政治参与和网络政治参与基于渠道互补理论，本书扩展了这一理论，认为互联网使用与现实政治参与、网络政治参与是互为补充、互相影响、此消彼长的。

第二，在政治参与的影响因素的理论分析中，本书探索了媒介使用，特别是互联网使用在其中的地位与作用。例如，社会资本、媒介使用里的新闻接触对于城市居民的政治参与有正向显著影响，在控制了社会资本等变量后，新闻接触仍然对其有正向显著影响。这是以往研究没有显示出来的。本书扩展了对政治参与的影响因素的理解，政治参与这一变量既受与人际传播相关的社会资本的影响，又受与大众传播相关的新闻接触的影响。在互联网使用方式对政治参与的影响的分析中，本书发现不同的互联网使用对政治参与的影响有正面的、负面的，也有无关的。通过实证数据，本书发现在网上发表个人对各种公众事务的看法、意见的网民虽然是全体网民中的某一部分，但却是全体网民中现实政治参与程度最高的一群。因此，掌握网络上的舆论（个人对各种公众事务的看法、意见），实际上就掌握了现实中积极参与政治的网民的主要意见。

第三，在网络政治参与的不同形式的分析中，本书发现既有理性化的言论，又有情绪化的话语。这是对仅以哈贝马斯的理性“公共领域”分析网络政治参与的相关研究的批判。本书认为必须对网络情感、网络情绪等进行分析，才能全面理解互联网使用对中国政治参与的影响。

11.3.2　现实意义和贡献

本书有以下几方面现实意义和贡献：

第一，由于社会资本和媒介新闻接触对城市居民的政治参与的各种形式有正向显著影响，因此政策制定者既可通过培育社会网络、互惠规范、新闻宣传来促进选举政治参与等制度化政治参与的发展，也可以通过疏导抗争性政治参与等非制度化政治参与，如建立更多的政治制度来适应经济发展、政治参与等现实需求，使非制度化的无序政治参与走向制度化的有序政治参与，从而通过有序政治参与来扩大政体的合法性和保持社会的稳定。

第二，政府应该从被动应对网络政治参与转向主动促进网络政治参与。这是因为有正当诉求的网络政治参与能够促进社会公正的产生，网络政治参与的协商可以促使共同体意识的形成和政府合法性的形成。这方面可以参照国外的经验。早在 1999 年 4 月，韩国汉城市政府网站就开设了民愿处理在线公开系统，市民可以通过上网提出民愿，有关部门公务员在网上接到民愿之后，必须在网络上公开处理的过程和处理的结果。该系统的运行不仅有效阻止了腐败，也为政府赢得了市民信任和国际声誉。2000 年，印度中央监察委员会发布《公民反腐败指南》，引导公民反腐败，公民也可以通过网上举报专栏投诉政府官员，投诉中涉及官员腐败的案件都将被记录在监察机构的档案中。[①] 反观我国，可根据我国的国情，将网络建言献策型政治参与机制纳入政府工作条例，真正用成文的规章制度来保证网络建言献策型政治参与的健康运行，使其成为公民权利的载体和平台。政府应该加强对网络舆论监督型政治参与的监测与研究，对网络舆论监督型政治参与进行立法保障，通过整合利益，解决转型期的社会紧张、社会冲突，发挥传统媒体的监督功能，加强其他制度化监督型政治参与的建设。

第三，国家要引导公民利用互联网进行有序政治参与。作为一种科技进步，互联网使用对中国经济发展的贡献非常大，但公民利用互联网进行政治参与会产生一定程度的信息失真和非理性情绪，网络暴力也会导致网络政治参与的无序。这就要求国家引导这些无序政治参与走向有序政治参与。有序政治参与已经成为我国政治的关键核心话语体系，从“建设中国特色社会主

---

① 袁锋．官民互动推动网络反腐“蝴蝶效应”［J］．人民论坛，2009（8）．

义政治”的内在要求和发展趋势看，扩大公民的有序政治参与，是 21 世纪中叶我国实现社会主义现代化的必然要求，是党代表人民利益的重要体现。[①]本书发现，互联网使用是有序政治参与建设中不可缺少的关键元素。政治参与在信息时代获取了新的手段，尤其是互联网的发展突破了地域的制约。在这一环境中，政府通过互联网进行信息公开是促进公民政治参与的首选。政府上网一方面能极大地丰富网上信息，为公民从政府网站上获取信息和服务提供方便，降低信息收集和传播的成本，实现政治体系与社会各界的信息共享，真正使互联网成为政府与公众交流的桥梁；另一方面，政府准确、详细、及时地在网上发布其所掌握的信息，有利于广泛传播客观信息，抑制虚假信息的泛滥，确保公众所获信息的客观性和真实性。

第四，对现实政治参与进行制度建设。网络政治参与属于政治参与的一部分，对现实政治参与进行制度建设，才能配合网络政治参与的发展。目前中国的现实政治参与存在着政党利益表达制度的困境、信访制度的缺陷、人民代表大会的利益表达制度的局限、政治协商制度的局限、民间社团的生存空间狭窄等问题。[②] 如在当前中国的人民代表大会制度中，人大代表成为一种符号的象征，甚至有人利用人大代表的身份办私事、拉关系或者进行违法犯罪活动。之所以如此，主要是因为代表的履职行为不够公开，选民和原选举单位不了解代表执行职务的情况，选民很难对代表的履职实效性进行监督。要想保持基层代表工作的生机和活力，需要对人大代表进行考评，如此才能对人大代表行使有效的监督。比如，通过互联网建立人大代表的工作业绩查询平台，将代表的姓名、工作单位、联系电话、电子邮箱等向选民公布，便于选民与代表联系。在人大会议准备阶段，可以在网上公布会议程序，让人大代表通报自己的参会准备情况；在人大会议进行过程中，可以将开会的过程通过网络视频或网络文字的形式向选民公开；在人大会议后期，人大代表

---

① 秦得君．中国政治发展与扩大公民政治参与［J］．社会科学，2001（9）：25－27．

② 曾鹏，戴利朝，罗观翠．在集体抗议的背后——论中国转型期冲突性集体行动的社会情境［J］．当代中国研究，2006（2）．

应将自己的履职情况以及履职效果在网上向选民公布。① 当前，这可以说是一个很好的利用互联网促进选举政治参与的方法。

11.4 本书的局限与未来的研究方向

11.4.1 本书的局限

本书的局限有以下几个方面：

第一，研究方法中的定量方法是建立在传统数据的基础上的，如抽样获得数据。这样的数据往往是结构化的数据，或者是有关联的数据，是管理员按照事先设定的程序获得的。如被调查的读者、听众、观众可通过严格的随机抽样获得，通过样本来推断总体。但是随着大数据时代的到来，这样的方法难以处理非结构化的数据，如微博、微信或是论坛中的政治参与的帖子。

第二，本书并没有区分互联网使用对政治参与行为的直接影响与间接影响，也没有分析其他媒体使用等研究变量对政治参与的交叉影响，因而降低了研究结果的信度和效度。

第三，研究方法中的定量方法虽然分析得比较细致，但是尚未充分使用定性方法，例如在案例分析中的深描，由于缺乏一手数据，也难以实现。

第四，虽然对不同类型的政治参与进行了详细分析，但缺乏互联网对不同群体的政治参与的影响的详细分析。

第五，由于样本和材料的局限，本书并没有深入分析政治冷漠现象。政治冷漠与政治投票、政治选举、政治结社、政治表达以及政治接触一样是政治参与的基本途径。它是一种行为上的消极态度，通过不参加政治活动等方式，消极地表明自己的政治倾向。在定量数据中，本书仅把不参与政治称为

① 孙浩．浅谈对人大代表的监督［J］．南方论刊，2007（4）：60.

政治冷漠，但是却没有深入分析公民政治冷漠的影响因素是什么，互联网对政治冷漠有什么影响。

11.4.2 未来的研究方向

第一，在分析微博或论坛中的政治参与的帖子时可采用大数据分析方法。大数据通常为非结构化数据，并包含彼此可能无关联的数据集，例如来自各种独立数据流（如社交网站、传统 CRM、调查结果、人口数据、缺陷数据等）的数据，这不同于通常彼此相关的传统数据集。于是，大数据分析可以突破传统数据库以及分析流程和系统的界限。首先，数据集规模可能过大；其次，数据集彼此无关联；最后，大数据需要极为快速地分析。

第二，在定量数据分析中，进一步关注不同区域的差异，以及互联网意见的代表性差异，以更广泛的数据样本或案例分析来获取更深入的互联网对政治行为影响的机制性解释，特别是使用历时性的数据，实现互联网对政治影响的动态分析。未来的研究可对近几年的中国综合社会调查的数据进行系统、纵贯的研究，以寻找数据的可比性和变量之间的因果关系。

第三，未来的研究应更多地使用定性方法，如深度访谈、多案例分析以及文本分析等，通过一手的定性资料与定量资料的交叉比较，得出更多的、有力的结论。

第四，就互联网对不同群体的政治参与的影响进行详细分析。农民工、中产阶级、私营企业主或律师、记者等群体的互联网使用与政治参与的表现有很大的不同，将其置于同一理论框架下进行挖掘和对比分析，可进一步探索互联网使用对中国公民政治参与的具体影响。

第五，深入分析互联网使用对政治冷漠的影响。这种分析不应满足于定量数据的统计，而应该通过深度访谈等质化方法，深入挖掘导致政治冷漠出现的影响因素。

附录　广州市市民互联网使用与影响调查问卷

第一段问话：

您好，我们是某大学新闻与传播学院的大学生，我们正在进行关于居住在广州市的市民的互联网使用与影响的调查。请问您是住在广州市吗？（如果不是，停止调查，表示感谢，重新选择被访对象）

第二段问话：

您好，这份问卷中的问题的答案，没有对错之分，您只要根据实际的想法和做法回答就行。访问大约 10 分钟。

问卷正式开始：

一、甄别问题

1. 您在过去半年内有上网（包括手机上网）吗？（　　）

（1）有　（2）无

2. 您今年多少岁？________岁。（如果小于 18 岁，则停止访问，表示感谢，重新选择被访对象）

二、互联网使用情况

1. 您从开始上网（包括手机上网）到现在大约有多少年？________年。

2. 现在您每天的平均上网时间是多少小时？________小时。

3. 根据以下关于网络使用情况的描述，您的实际情况是如何的呢？请选择一项。

网络使用行为	极少使用	较少使用	有时使用	较多使用	经常使用
(1) 上网了解国内外新闻事件	1	2	3	4	5
(2) 上网进行网络购物或网上支付	1	2	3	4	5
(3) 上网与朋友、家人或其他人沟通交流	1	2	3	4	5
(4) 上网发表个人对各种公众事务的看法、意见	1	2	3	4	5
(5) 上网娱乐或满足个人爱好（如玩游戏、听音乐、看电影等）	1	2	3	4	5
(6) 上网获得有关工作、生活的信息	1	2	3	4	5

4. 根据以下关于使用网络进行交流的情况的描述，您的实际情况是如何的呢？请选择一项。

网络交流情况	一点也不对	大部分不对	对错各半	大部分对	非常对
(1) 我会根据信息的特点，选择不同的互联网工具（如电子邮件、QQ或其他即时通讯工具等）来交流	1	2	3	4	5
(2) 在日常生活里，我过于依赖互联网，几乎离不开它	1	2	3	4	5
(3) 我在上网与别人交流的过程中会感到心情很舒畅	1	2	3	4	5
(4) 在上网交流的过程中，我在内容表达上是很有条理的	1	2	3	4	5
(5) 我非常熟悉网络使用中所需硬件、软件的各种功能	1	2	3	4	5
(6) 一直以来，我利用网络来帮助处理工作、生活事务，并且是很有效率的	1	2	3	4	5

三、媒介使用与政治讨论情况

1. 根据以下关于媒介接触情况的描述，您的实际情况是如何的呢？请选择一项。

关于接触媒体新闻的程度	极少看	较少看	有时看	较多看	经常看
（1）每天看报纸新闻的频率	1	2	3	4	5
（2）每天看电视新闻的频率	1	2	3	4	5

2. 您平时与其他人讨论政治问题吗？

（1）极少讨论　（2）较少讨论　（3）有时讨论　（4）较多讨论

（5）经常讨论

3. 您对政治感兴趣吗？

（1）非常感兴趣　（2）比较感兴趣　（3）一般　（4）较不感兴趣

（5）极不感兴趣

四、现实生活中的政治参与情况

1. 以下关于现实生活中的投票选举，您的实际情况是如何的呢？请选择一项。

现实生活中的投票选举	有	没有
（1）在区人大代表或村主任选举中投票		
（2）在区人大代表选举中竞选或帮助候选人参加竞选		

2. 以下关于现实生活中的其他政治参与，您的实际情况是如何的呢？请选择一项。

现实生活中的其他政治参与	经常	较经常	一般	较少	很少	没有
（1）为自己或朋友的利益找单位领导反映	6	5	4	3	2	1
（2）为自己的合法权益找政府领导反映	6	5	4	3	2	1
（3）与媒体联系表达对社会问题的看法	6	5	4	3	2	1
（4）与人大、政协委员联系并向其提意见	6	5	4	3	2	1
（5）写信给政府部门或信访部门投诉	6	5	4	3	2	1
（6）到政府部门或信访部门上访	6	5	4	3	2	1

五、个人基本情况

1. 请问您的性别是（　　）

（1）男　（2）女

2. 您的教育程度是（　　）

（1）初中及以下　（2）高中或中专　（3）大专　（4）本科

（5）研究生及以上

3. 您目前的政治面貌是（　　）

（1）共产党员　（2）民主党派　（3）共青团员　（4）群众

4. 您住在广州哪个区呢？（　　）

（1）荔湾区（芳村区也属于此）　（2）越秀区　（3）海珠区

（4）天河区　（5）白云区　（6）黄埔区　（7）番禺区　（8）花都区

（9）南沙区　（10）萝岗区　（11）增城市　（12）从化市

5. 您现在的平均月收入为（　　）

（1）2500 元及以下　（2）2501～5000 元　（3）5001～7500 元

（4）7501～10000 元　（5）10001 元及以上

问卷调查结束，谢谢您的帮助！

六、访问员填写

1. 该次成功访问的受访者的 QQ 号码是：________________

2. 该问卷编号：________________

3. 采访日期：________________

4. 访问员（签名）：________________

参考文献

一、中文参考文献

奥尔森．集体行动的逻辑[M]．陈郁，郭宇峰，李崇新，译．上海：上海人民出版社，1994：96－97.

巴赫金．巴赫金全集：第六卷[M]．钱中文，译．石家庄：河北教育出版社，1998：176－178，295，321.

白志军．“突发事件”及“群众闹事事件”应称为“群体非法事件”[J]．公安研究，1990（1）．

柏拉图．理想国[M]．北京：商务印书馆，1986：214.

鲍德里亚．物体系[M]．上海：上海人民出版社，2001：152.

贝尔．后工业社会的来临[M]．北京：商务印书馆，1984：502.

边燕杰，李煜．中国城市家庭的社会网络资本[J]．清华社会学评论，2000（2）：1－18.

宾伯．信息与美国民主：技术在政治权力演化中的作用[M]．刘钢，等译．北京：科学出版社，2011：219.

卜玉梅．从在线到离线：基于互联网的集体行动的形成及其影响因素——以反建×餐厨垃圾站运动为例[J]．社会，2015（5）：168－195.

布尔迪厄．文化资本与社会炼金术[M]．上海：上海人民出版社，1997：202，203.

蔡定剑．中国选举状况的报告[M]．北京：法律出版社，2002：55.

蔡禾，李超海，冯建华．利益受损农民工的利益抗争行为研究——基于珠三角企业的调查[J]．社会学研究，2009（1）：139－161，245.

曹雅丽．网络时代的中国青年政治参与[J]．中国青年研究，2001（6）：4.

陈昌凤，虞鑫．微博空间的政治议题：呈现与建构——从自荐参选人大代表的新浪微博客说起[J]．人民论坛，2011（34）．

陈家刚．协商民主[M]．上海：上海三联书店，2004：1.

陈娟．论互联网对基层人大代表民主选举的作用[J]．法制博览（中旬刊），2013（2）：106－107.

陈力丹，董晨宇．从个人事件到公共事件——以“杭州飙车案”为例[J]．民主与科学，2009（4）：21－25.

陈力丹，精神交往论[M]．北京：开明出版社，1993：348－349.

陈力丹，闫伊默．论我国舆论监督的制度困境[J]．南通大学学报（社会科学版），2007，23（2）：130－134.

陈剩勇，杜洁．互联网公共论坛：政治参与和协商民主的兴起[J]．浙江大学学报（人文社会科学版），2005（3）：5－12.

陈伟球．传媒民粹化背景下的反智亚文化研究[J]．新闻与传播研究，2014（4）：104－128.

陈行之．严肃的谐谑——从“草泥马”说到“草泥马”[EB/OL]．（2012－12－23）．http://www.360doc.com/content/09/0308/12/42556_2746549.shtml.

陈月生．群体性突发事件与舆情[M]．天津：天津社会科学院出版社，2005：13－15.

陈云松．互联网使用是否扩大非制度化政治参与：基于CGSS2006的工具变量分析[J]．社会，2013（5）：118－143.

仇学英．传播学跨学科发展的探索性研究报告——西部乡村的大众媒介传播和农民政治参与[C]//全球信息化时代的华人传播研究：力量汇聚与学术创新——2003中国传播学论坛暨CAC/CCA中华传播学术研讨会论文集（上册），2004.

戴伊．自上而下的政策制定[M]．北京：中国人民大学出版社，2002.

道格，塔罗，蒂利．斗争的动力[M]．李义中，屈平，译．南京：译林出版社，2006.

邓兆安，张涛．中国式网络问政：“胶东在线”的标本意义[M]. 广州：南方日报出版社，2010：95－96.

中国互联网络信息中心．第 34 次中国互联网络发展状况统计报告（全文）[EB/OL].（2014－07－23）. http://cn. chinagate. cn/reports/2014－07/23/content _ 33031944. htm.

蒂利，塔罗．抗争政治[M]. 李义中，译．南京：凤凰出版传媒集团，2010：250.

董天策，胡丹．试论公共事件报道中的媒体角色——从番禺垃圾焚烧选址事件报道谈起[J]. 国际新闻界，2010（4）：53－57.

董小英．再登巴别塔——巴赫金与对话理论[M]. 北京：三联书店，1995：8.

方启雄．网络问政面临的问题及长效机制建设[J]. 中州学刊，2013（3）：15－18.

方兴东，张静，张笑容．即时网络时代的传播机制与网络治理[J]. 现代传播，2011（5）：64－69.

房宁．政治参与蓝皮书：中国政治参与报告（2014 版）[M]. 北京：社会科学文献出版社，2014.

房宁．政治参与蓝皮书：中国政治参与报告（2013 版）[M]. 北京：社会科学文献出版社，2013.

冯仕政．大力支持，积极参与：组织内部集体抗争中的高风险人群[J]. 学海，2007（5）：40－50.

郭小安．网络政治参与和政治稳定[J]. 理论探索，2008（3）：127－129.

郭于华．“弱者的武器”与“隐藏的文本”：研究农民反抗的底层视角[J]. 读书，2002（7）：12－19.

郭正林．当代中国农民政治参与的程度、动机及社会效应[J]. 社会学研究，2003（3）：77－86.

哈贝马斯．公共领域 [M] //载汪晖，陈燕谷．文化与公共性．北京：

三联书店，2005：125－126.

哈贝马斯．公共领域的结构转型[M]. 曹卫东，译．北京：学林出版社，1999：15，187－203.

哈贝马斯．作为“意识形态”的技术与科学[M]. 李黎，郭官仪，译．上海：学林出版社，1999：91.

哈耶克．自由秩序原理[M]. 北京：三联书店，1997：129－132.

郝永华，周芳．人肉搜索的第一个十年（2001—2012）——基于集体行为理论的实证研究[J]. 现代传播（中国传媒大学学报），2013（3）：129－134.

何俊志．制度等待利益——中国县级人大制度模式研究[M]. 重庆：重庆出版社，2005.

亨廷顿．变化社会中的政治秩序[M]. 王冠华，刘为，等译．上海：上海人民出版社，2008：10.

亨廷顿，纳尔逊．难以抉择——发展中国家的政治参与[M]. 汪晓寿，等译．北京：华夏出版社，1989：5－7，58.

胡冰．国外民愿表达机制与我国信访制度改革[J]. 特区理论与实践，2003（12）：60－61.

胡春阳．网络：自由及其想象——以巴赫金狂欢理论为视角[J]. 复旦学报（社会科学版），2006（1）：115－121.

胡锦涛．高举中国特色社会主义伟大旗帜　为夺取全面建设小康社会新胜利而奋斗——在中国共产党第十七次全国代表大会上的报告[M]. 北京：人民出版社，2007：29.

胡锦涛．坚定不移沿着中国特色社会主义道路前进　为全面建成小康社会而奋斗——在中国共产党第十八次全国代表大会上的报告[M]. 北京：人民出版社，2012：28－29.

胡荣．村民委员会选举中村民的自主式参与［M］//李连江．村委会选举观察．天津：天津人民出版社，2001：4，15.

胡荣，范丽娜．城乡居民和流动人口的社会资本与生活满意度[J]. 黑龙江社会科学，2016 (6)：78 - 84.

胡荣，胡康，温莹莹．社会资本、政府绩效与城市居民对政府的信任[J]. 社会学研究，2011 (1)：96 - 117，244.

胡荣．竞争性选举对村干部行为的影响[J]. 厦门大学学报，2002 (3)：101 - 107.

胡荣．理性选择与制度实施：中国农村村民委员会选举的个案研究[M]. 上海：远东出版社，2001.

胡荣．社会资本与城市居民的政治参与[J]. 社会学研究，2008 (5)：142 -159，245.

胡荣．社会资本与中国农村居民的地域性自主参与——影响村民在村级选举中参与的各因素分析[J]. 社会学研究，2006 (2)：61 - 85.

湖南株洲市纪委，市监察局．关于建立网络反腐倡廉工作机制的暂行办法 [EB/ OL]. http://www. zznews. gov. cn/.

黄冬娅．人们如何卷入公共参与事件——基于广州市恩宁路改造中公民行动的分析[J]. 社会，2013 (3)：131 - 158.

黄宏．韩寒博客的影响力评析[J]. 新闻界，2010 (5)：39 - 40.

黄荣贵，桂勇．互联网与业主集体抗争：一项基于定性比较分析方法的研究[J]. 社会学研究，2009 (5)：29 - 56.

黄荣贵．互联网与抗争行动：理论模型、中国经验及研究进展[J]. 社会，2010 (2)：2 - 10.

黄晓洪，张绍红．试论社会转型期我国政府公共政策的合法性[J]. 江西社会科学，2008 (12)：162 - 166.

贾西津．中国公民参与——案例与模式[M]. 北京：社会科学文献出版社，2008：1.

金熙德．日本联合国外交的定位与演变[J]. 世界经济与政治，2005 (5)：20 - 25.

金新．第二媒介时代网络传播方式对主体的重构——兼论马克·波斯特的思想[J]. 创作评谭，2005 (8)：61 - 64.

卡斯特．网络社会的崛起 [M]. 夏铸九，王志弘，译．北京：社会科学文献出版社，2006：435 - 438.

科恩．论民主[M]. 聂崇信，朱秀贤，译．北京：商务印书馆，1988：83.

赖海榕．中国农村政治体制改革——乡镇半竞争性选举研究[M]. 北京：中央编译出版社，2009：1.

赖晓飞．农村社区文化建设的实证分析——经由社会资本的理论向度[J]. 湖南农业大学学报（社会科学版），2008，9 (5)：32 - 35.

勒庞．乌合之众[M]. 北京：中央编译出版社，2005：21 - 41.

李彪．微博中热点话题的内容特质及传播机制研究：基于新浪微博 6025 条高转发微博的数据挖掘分析[J]. 中国人民大学学报，2013 (5)：10 - 17.

李斌．论网络政治参与的发展趋势[J]. 中共福建省委党校学报，2008 (2)：6 - 10.

李春玲．中国中产阶级的增长及其现状[J]. 江苏社会科学，2008 (5)：68 - 77.

李春玲．比较视野下的中产阶层形成[M]. 北京：社会科学文献出版社，2009.

李国祥，东鸟．2015 年网络舆论场观察[J]. 中国党政干部论坛，2016 (1)：109 - 112.

李骏．住房产权与政治参与：中国城市的基层社区民主[J]. 社会学研究，2009 (5)：57 - 82，243 - 244.

李良荣，郑雯，张盛．网络群体性事件爆发机理："传播属性"与"事件属性"双重建模研究——基于 195 个案例的定性比较分析（QCA）[J]. 现代传播（中国传媒大学学报），2013 (2)：25 - 34.

李培林，张翼，赵延东，等．社会冲突与阶级意识：当代中国社会矛盾问题研究[M]. 北京：社会科学文献出版社，2005.

李亚好．互联网使用、网络社会交往与网络政治参与——以沿海发达城市网民为例[J]. 新闻大学，2011（1）：69－81.

李友梅. 社会结构中的“白领”及其社会功能——以 20 世纪 90 年代以来的上海为例[J]. 社会学研究，2005（6）：90－111.

梁晨，李中清. 大数据、新史实与理论演进：以学籍卡材料的史料价值与研究方法为中心的讨论[J]. 清华大学学报（哲学社会科学版），2014（5）：104－113，117.

梁莹. 媒体信任对公民政治参与意识之影响研究——基于南京市的实证调查[J]. 江淮论坛，2008（2）：86－95.

林莉红. 香港申诉专员制度介评[J]. 比较法研究，1998（2）：72－78.

刘达，方捷新. 电影大数据关键技术与发展策略[J]. 当代电影，2015（3）：117－121.

刘红，肖红，申宁. “强国论坛”的创新之路[J]. 新闻战线，2010（4）：19－21.

刘建超. 外交部发言人刘建超在例行记者会上答记者问［EB/OL].（2005－03－24). http://www.fmprc.gov.cn/ce/ceun/chn/zgylhg/lhgzyygg/t188843.htm.

刘娟. 网络问政助领导干部提高执政能力[N]. 中国人事报，2009－11－20.

刘瑞生. 微传播格局中的强媒体——2013 年中国微博发展报告［M］// 唐绪军. 中国新媒体发展报告（2014). 北京：社会科学文献出版社，2014：53－66.

刘树雨. 互联网影响下的中国政治选举[J]. 新西部（下半月），2007（3）：80－94.

刘涛雄，徐晓飞. 大数据与宏观经济分析研究综述[J]. 国外理论动态，2015（1）：57－64.

刘文富. 网络政治：网络社会与国家治理[M]. 北京：商务印书馆，2002：386－389.

刘文. 论网络政治参与的特点及影响[J]. 信阳师范学院学报（哲学社会科学版)，2004（3）：46－49.

刘毅．网络舆情研究概述[M]. 天津：天津人民出版社，2007：223.

刘滢．突尼斯"变天"的缘由[N]. 工人日报，2011-01-18.

刘勇．"无直接利益冲突"的群体心理分析及应对策略[J]. 理论前沿，2009（19）：29-31.

刘瑜．民主的细节[M]. 上海：上海三联书店，2009：9.

刘召成．网络舆论监督的异化与人格权保护[J]. 信息网络安全，2008（7）：68-69.

卢坤建．公共政策释义[J]. 中山大学学报（社会科学版），2001，41（4）：81-86.

罗爱武．公民自愿主义、社会资本与村民投票参与——基于中国综合社会调查（CGSS）数据的 Logistic 回归模型研究[J]. 社会科学论坛，2011（7）：191-203.

罗迪．青年网络政治参与与政治稳定[J]. 中国青年研究，2007（3）：56-59.

罗钢，刘象愚．文化研究读本[M]. 北京：中国社会科学出版社，2000：23.

罗玮，罗教讲．新计算社会学：大数据时代的社会学研究[J]. 社会学研究，2015（3）.

马克思恩格斯全集：第 50 卷[M]. 北京：人民出版社，1985：509.

马克思恩格斯全集：第 7 卷[M]. 北京：人民出版社，1959：523.

马克思恩格斯全集：第 6 卷[M]. 北京：人民出版社，1961：275，280.

马克思恩格斯全集：第 15 卷[M]. 北京：人民出版社，1965：250.

马克思恩格斯全集：第 42 卷[M]. 北京：人民出版社，1979：415.

马克思恩格斯全集：第 40 卷[M]. 北京：人民出版社，1982：307.

马克思恩格斯全集：第 1 卷[M]. 北京：人民出版社，1956：74，393.

麦克卢汉．人的延伸——媒介通论[M]. 成都：四川人民出版社，1992：234.

毛小平，罗建文．影响居民幸福感的社会因素研究——基于 CGSS2005 数据的分析[J]. 湖南科技大学学报（社会科学版），2012（3）：42-45.

茂边．移动互联网用户总数达 8.38 亿户[N]. 人民日报，2014－03－14.

冰尘．美国大选：利用好社交媒体新工具［EB/OL].（2012－11－16). http://tech. qq. com/a/20121116/000169. htm.

闵大洪．2014 年的中国网络媒体与网络传播［EB/OL].（2014－12－23). http：//www. cssn. cn/xwcbx/xwcbx _ pdtt/201412/t20141223 _ 1453137. shtml.

明石康．日本争取成为联合国安理会常任理事国的努力［M］//余华川．联合国改革与发展：欧亚视角国际会议论文集．上海：华东师范大学出版社，2009：138－148.

默顿．社会理论与社会结构[M]. 唐少杰，等译．南京：译林出版社，2006：633.

穆赫．关于突发性治安事件的概念、特点及处置原则[J]. 武警学术，1987（2).

那格尔．政策研究百科全书[M]. 北京：科学技术文献出版社，1990：94－96.

尼葛洛庞帝．数字化生存[M]. 海口：海南出版社，1997：213.

帕特南．使民主运转起来[M]. 王列，赖海榕，译．南昌：江西人民出版社，2001：195－200，203.

潘聪聪．网络民主应该走得更远［EB/OL].（2012－11－06). http://media. people. com. cn/n/2012/1106/c150618－19514178. html.

潘忠党．互联网使用和公民参与：地域和群体之间的差异以及其中的普遍性[J]. 新闻大学，2012（6)：42－53.

庞清辉．16 岁高中生质疑广州地铁翻新 引发全民讨论［EB/OL].（2011－05－23）. http://news. workercn. cn/c/2011/05/23/110523150946641623890. html.

平客．进两步，退一步？2008 年中国互联网回顾[N]. 南方周末，2009－01－21.

钱先发．法国信访工作概览[J]. 楚天主人，2006（Z1)：49.

强舸．基层人大选举中的政治冷漠与利益缺失[J]. 人大研究，2012

(10)：9.

乔云霞，胡连利，王俊杰．中国新闻舆论监督现状调查分析[J]. 新闻与传播研究，2002 (4)：36－46，95.

秦得君．中国政治发展与扩大公民政治参与[J]. 社会科学，2001 (9)：25－27.

邱永文．当代中国政治参与研究[M]. 北京：中共中央党校出版社，2009：166.

江泽民．全面建设小康社会，开创中国特色社会主义事业新局面——在中国共产党第十六次全国代表大会上的报告 [EB/OL]. http：//www.fmprc.gov.cn/ce/cech/chn/xwss/t115277.htm.

人民论坛问卷调查中心．中国公众的政治参与观念调查报告 (2016) [EB/OL]. (2016－07－09). http：//www.rmlt.com.cn/2016/0704/431469.shtml.

人民时评：群体事件多发原因是政府与民争利 [EB/OL]. (2009－12－22). http://news.qq.com/a/20091222/000012.htm.

人民网．(访谈记录) 展江、单光鼐、于建嵘、胡泳谭石首事件：政府如何面对"麦克风时代" [EB/OL]. (2009－06－02). http：//yq.people.com.cn/Forum/postDetail.aspx? ID= 000012695.

新华日报．人肉搜索——网络舆论的双重性格 [EB/OL]. (2008－06－26). [2009－12－15]. http://news.xinhuanet.com/it/2008－06/26/content_8443532.htm.

任媛．论基层人大代表选举制度与公民政治参与[J]. 中共山西省委党校学报，2009，32 (6)：13.

汝信，等．社会蓝皮书：2013 年中国社会形势分析与预测[M]. 北京：社会科学文献出版社，2013：12－14.

萨拜因．政治学说史[M]. 盛葵阳，崔妙因，译．北京：商务印书馆，1986：1.

桑斯坦．网络共和国——网络社会中的民主问题[M]. 黄维明，译．上海：上海人民出版社，2003：47.

瑟罗．资本主义的未来[M]. 周晓钟，译．北京：中国社会科学出版社，1998：255.

施拉姆．大众传播媒介与社会发展[M]. 北京：华夏出版社，1990：121－155.

史为民，雷兢璇．直接选举：制度和过程[M]. 北京：中国社会科学出版社，1999：422.

史卫民，刘智．规范选举：2001—2002 年乡级人民代表大会代表选举研究[M]. 北京：中国社会科学出版社，2003.

宋争辉．论网络时代大学生的政治参与[J]. 河南社会科学，2007（11）：123－125.

苏永通．实施信息公开新法遭遇开头难[N]. 南方周末，2008－07－10.

孙关宏，胡雨春．政治学[M]. 上海：复旦大学出版社，2002：245－249.

孙浩．浅谈对人大代表的监督[J]. 南方论刊，2007（4）：60.

孙昕，徐志刚，陶然，等．政治信任、社会资本和村民选举参与——基于全国代表性样本调查的实证分析[J]. 社会学研究，2007（4）：165－187.

谭天．从美国大选看社会化传播[J]. 视听界，2016（11）：56－59.

汤志伟，陈萌．基于结构方程模型的网络群体性事件诱发因素的实证研究[J]. 中共四川省委省级机关党校学报，2012（2）：79－83.

唐．中国民意与公民社会[M]. 北京：中山大学出版社，2008：84，102－103.

陶东风．论文化批评的公共性[J]. 文艺理论研究，2012（2）.

陶喜年．“微博”问政[N]. 时代周报，2010－03－18.

佟新．延续的社会主义文化传统——一起国有企业工人集团行动的个案分析[J]. 社会学研究，2006（1）：59－76，244.

童志锋．历程与特点：社会转型期下的环境抗争研究[J]. 甘肃理论学刊，

2008 (6): 85 - 90.

托克维尔 . 论美国的民主[M]. 北京: 北京出版社, 2007: 71.

万静 . 民间公益机构向慈善捐助信息披露指引提修改意见[EB/OL]. http://finance.ifeng.com/roll/20110902/4521950.shtml.

王晨 . 推动互联网发展维护互联网安全 [EB/OL]. (2001 - 09 - 29). http://news.xinhuanet.com/politics/2011 - 09/29/c _ 122108125.htm.

王广正 . 论组织和国家中的公共物品[J]. 管理世界, 1997 (1): 209 - 212.

王丽萍, 方然 . 参与还是不参与: 中国公民政治参与的社会心理分析[J]. 政治学研究, 2010 (2): 95 - 108.

王猛 . 反对日本入常签名递交过程详情: 分三步完成 (图) [EB/OL]. (2005 - 07 - 02). http: //news.163.com/05/0702/03/1NKIFN3E0001124T.html.

王浦劬 . 政治学基础[M]. 北京: 北京大学出版社, 1995: 207.

王清秀 . 人大制度学[M]. 北京: 中国人民公安大学出版社, 2003: 105.

王绍光 . 大转型: 1980 年代以来中国的双向运动[J]. 中国社会科学, 2008 (1): 129 - 148, 207.

王绍光, 樊鹏 . 政策研究群体与政策制定——以新医改为例[J]. 政治学研究, 2010 (2): 36 - 51.

王绍光 . 政治文化与社会结构对政治参与的影响[J]. 清华大学学报 (哲学社会科学版), 2008, 23 (4): 95 - 112.

王绍光 . 中国公共政策议程设置的模式[J]. 中国社会科学, 2006 (5): 86 - 99, 207.

王仕勇 . 网络流行语概念及特征辨析[J]. 探索, 2014 (4): 186 - 192.

王思斌 . 体制改革中的城市社区建设的理论分析[J]. 北京大学学报, 2000 (5): 4 - 13.

王思琦 . 政治信任、人际信任与非传统政治参与[J]. 公共行政评论, 2013 (2): 15.

韦伯 . 经济与社会[M]. 北京: 商务印书馆, 2004: 238.

王伟亮．群体性突发公共事件与危机传播——以贵州瓮安“6·28”事件为例[J]. 新闻记者，2008（8）：15－19.

王小彬．试论我国人大代表选举制度的几个问题[J]. 人大研究，2001（6）：13－14.

王亚玲．近年来中国公民政治参与状况研究述评[J]. 四川行政学院学报，2006（3）：46－50.

王艳玲，孙卫华，唐淑倩．网络论坛：一种全民的民主政治参与新形式——以“强国论坛”和“天涯杂谈”为例[J]. 新闻与传播研究，2013,（6）：88－100.

王雁，王鸿，谢晨，等．大学生网络政治参与：认知与行为的现状分析与探讨——以浙江10所高校为例的实证研究[J]. 浙江社会科学，2013（5）：132－139，105，160.

魏娜，袁博．城市公共政策制定中的公民网络参与[J]. 中国行政管理，2009（3）：82－85.

魏然．中国网络政治参与的社会文化解析[J]. 湖北社会科学，2015（10）：20－26.

魏新文，高峰．处置群体性事件的困境与出路[J]. 中共中央党校学报，2007（1）：90－94.

魏星河．我国公民有序政治参与的涵义、特点及价值[J]. 政治学研究，2007（2）：31－35.

文晓明，王立新．社会主义民主政治运行机制研究[M]. 北京：人民出版社，2004：168.

冯琦，袁小青．我们为何群体焦虑［EB/OL］.（2012－08－20）. http：//news. sina. com.

我为伊狂．深圳，你被谁抛弃［EB/OL］. http://www. douban. com/note/158482846/.

吴锦旗．从政治参与到公民参与的范式转换[J]. 中国石油大学学报（社会科学版)，2010 (2)：36 - 40.

吴庆．中国青年网络公共参与的历史发展、本质及启示[J]. 中国青年研究，2011 (3)：5 - 10.

吴晓明．群体性事件中的自媒体作用考察[J]. 江海学刊，2009 (6)：205 -211.

吴毅．新规则是如何演绎的——一个村庄村委会换届选举的解读 [EB/OL]. (2004 - 07 - 04). http://www. aisixiang. com/data/3385. html.

伍俊斌．政治参与和有序政治参与的基本内涵分析[J]. 上海大学学报(社会科学版)，2013，30 (4)：9 - 18.

夏杰，吴锦芳，徐廉，等．政府门户网站“市长信箱”探析——对全国 31 个省会、直辖市“市长信箱”的调查报告[J]. 电子政务，2006 (8)：42 - 51.

夏亮．网络群体事件中民粹主义兴起的成因分析[J]. 湖南大众传媒职业技术学院学报，2012 (7)：35 - 38.

夏铸九．建构改革空间——理论的反省[J]. 台湾社会研究季刊，1994 (16)：21 - 54.

肖唐镖，邱新有，唐晓腾，等．中国乡村社会中的村民直选——对江西省 40 个村委会选举观察的一项综合研究[J]. 战略与管理，2001 (5).

谢海军．改革开放以来我国利益群体的演变轨迹、前景和特征[J]. 郑州大学学报，2009 (1)：18 - 22.

熊友华．我国“无直接利益冲突”研究的批判性分析[J]. 科学社会主义，2010 (6)：117 - 120.

徐乃龙．群体性事件中网络媒体的负面影响及其对策[J]. 江苏警官学院学报，2003，18 (6)：11 - 14.

徐盛楠．专业代骂公司在各地现身　收费 30 元就可代骂一天[N]. 南京周末，2005 - 09 - 08.

徐炜．试论当前中国农民的政治参与[J]. 江西社会科学，2001 (7)：109 -112.

徐秀勇，杨嘉．网络监督：成因、局限及政府应对[J]. 天津行政学院学报，2010，12（1）：21－25.

徐勇．论城市社区建设中的社区居民自治[J]. 华中师范大学学报（人文社会科学版），2001（3）：5－13.

许英，马广海．关于公共领域与信息时代的若干思考[J]. 青岛海洋大学学报（社会科学版），2002（1）：89－96.

亚里士多德．政治学[M]. 吴寿彭，译．北京：商务印书馆，1996：435，206，235.

严冬．网络民主视角下的政治参与研究——以“网上两会”（2009年～2013年）为例[J]. 天津行政学院学报，2014（1）：25－31.

阎云翔．礼物的流动[M]. 上海：上海人民出版社，2000.

杨国斌．悲情与戏谑：网络事件中的情感动员[J]. 传播与社会研究，2009（9）：39－66.

杨龙，等．中国新闻周刊：为什么抵制家乐福［EB/OL］.（2008－04－23）. http://news.sina.com.cn/c/2008-04-23/090815412532.shtml.

杨雪冬．公共参与手册：参与改变命运[M]. 北京：社会科学文献出版社，2009.

殷．案例研究：设计与方法（第三版）［M]. 周海涛，等译．重庆：重庆大学出版社，2004：36－37.

游传耀．互联网是公民政治参与的重要途径［J］. 发展研究，2008（9）：96－98.

于建嵘，单光鼐，祝华新．群体性事件应对与社会和谐［EB/OL］. http://www.sociology.cass.cn/shxw/shwt/t20090107_19965.htm.

于建嵘．当前我国群体性事件的主要类型及其基本特征[J]. 中国政法大学学报，2009（6）：114－120.

于建嵘．农民有组织抗争及其政治风险——湖南省H县调查[J]. 战略与管理，2003（3）：1－16.

俞可平. 公民参与民主政治的意义［M］//贾西津. 中国公民参与案例与模式. 北京：社会科学文献出版社，2008：1-2.

俞可平. 现代化进程中的民粹主义［EB/OL］.（2007-01-11）. http://www.sina.com.cn.

喻国明. 大数据分析下的中国社会舆情：总体态势与结构性特征——基于百度热搜词（2009—2012）的舆情模型构建[J]. 中国人民大学学报，2013(5)：2-9.

喻国明，李彪，杨雅，等. 新闻传播的大数据时代[M]. 北京：中国人民大学出版社，2014.

喻国明. 中国社会舆情年度报告 2013［M］. 北京：人民日报出版社，2013：20-21，73-75.

袁达毅. 推进我国选举制度建设的几点思考[J]. 北京行政学院学报，2016（3）：32-44.

袁峰，顾铮铮，孙珏. 网络社会的政府与政治[M]. 北京：北京大学出版社，2006：146.

袁锋. 官民互动推动网络反腐"蝴蝶效应"［J］. 人民论坛，2009（8）.

袁光锋. 互联网使用与业主抗争：以番禺反垃圾焚烧维权事件为案例[J]. 中国地质大学学报（社会科学版），2012，12（3）：59-65.

臧雷振，劳昕，孟天. 互联网使用与政治行为——研究观点、分析路径及中国实证[J]. 政治学研究，2013（2）：60-75.

曾繁旭，黄广生，刘黎明. 运动企业家的虚拟组织：互联网与当代中国社会抗争的新模式[J]. 开放时代，2013（3）：169-187.

曾鹏，戴利朝，罗观翠. 在集体抗议的背后——论中国转型期冲突性集体行动的社会情境[J]. 当代中国研究，2006（2）.

曾庆香，李蔚. 群体性事件：信息传播与政府应对[M]. 北京：中国书籍出版社，2010：52-54.

曾一果，李立. 超文本奇观与符号游戏——对新媒体青年恶搞文化的媒介文本研究[J]. 浙江传媒学院学报，2013，20（2）：12 - 18.

张佰明 . 嵌套性：网络微博发展的根本逻辑[J]. 国际新闻界，2010（6）：81 - 85.

张华，仝志辉，刘俊卿 . 选择性回应：网络条件下的政策参与基于留言板型网络问政的个案研究[J]. 公共行政评论，2013（3）：101 - 126.

张雷，娄成武 . “政治博客”的发展现状及其未来趋势[J]. 中山大学学报（社会科学版），2006（4）：99 - 102，107.

张雷 . 我国网络草根 NGO 发展现状与管理论析[J]. 政治学研究，2009（4）：82 - 88.

张磊 . 业主维权运动：产生原因及动员机制——对北京市几个小区个案的考查[J]. 社会学研究，2005（6）：1 - 39.

张尚仁 . 网络问政——公共管理的创新形式[J]. 云南社会科学，2010（3）：28 - 32.

张晓娟 . 厦门 PX 危机中的新媒体力量[J]. 国际公关，2007（5）：46 - 47.

张燕南，赵中建 . 大数据时代思维方式对教育的启示[J]. 教育发展研究，2013（21）：1 - 5.

张翼 . 当前中国中产阶层的政治态度[J]. 中国社会科学，2008（2）：117 -131，207.

张垠洁 . 草根阶层对主流媒体叙事的边缘解读——对“胡戈恶搞央视新闻联播”节目的符号学分析[J]. 东南传播，2009（6）：109 - 111.

张志安，沈菲 . 中国受众媒介使用的地区差异比较[J]. 新闻大学，2012（6）：25 - 32.

章平，刘婧婷 . 大众传媒镜像中的公共议题——以新医改政策制定过程为例[J]. 新闻大学，2012（3）：75 - 82.

章晓可 . 中日信访法规比较研究[J]. 中国行政管理，2006（12）：70 - 74.

赵成根 . 民主与公共决策研究[M]. 哈尔滨：黑龙江人民出版社，2000：183.

赵春丽 . 网络民主发展研究[M]. 北京：经济科学出版社，2011：277 - 316.

赵春丽．网络政治参与：协商民主的新形式[J]. 中共天津市委党校学报，2007（4）：88－92.

赵鹏．“典型群体性事件”的警号[J]. 瞭望，2008（36）：30.

赵延东．测量西部城乡居民的社会资本[J]. 华中师范大学学报，2006，45（6）：48－52.

中共中央文献研究室．十六大以来重要文献选编（上）[M]. 北京：中央文献出版社，2005：25，1395.

中国互联网络信息中心．2007年中国博客市场调查报告[EB/OL].（2007－12－31）. http://tech. 163. com/special/000915RB/blog2007cnnic. html.

中国社会科学院新闻与传播研究所．新媒体蓝皮书：中国新媒体发展报告[M]. 北京：社会科学文献出版社，2014.

周葆华．突发公共事件中的媒体接触、公众参与与政治效能——以“厦门PX事件”为例的经验研究[J]. 开放时代，2011（5）：123－140.

周海燕．重读刘涌案：公共领域视野中的司法与传媒之争[J]. 新闻大学，2006（4）：73－79.

周可达．网络舆论监督及其规范[J]. 学术论坛，2009（7）：45－48.

周巍，申永丰．论互联网对公民非制度化参与的影响及对策[J]. 湖北社会科学，2006（1）：36－38.

周晓虹．中国中产阶级：现实抑或幻象[J]. 天津社会科学，2006（3）：60－66.

周忠伟．瓮安事件对处置群体性事件的启示[J]. 江西公安专科学校学报，2008（11）：22－25.

朱廷劭，汪静莹，赵楠，等．论大数据时代的心理学研究变革[J]. 新疆师范大学学报（哲学社会科学版），2015（4）：100－107.

二、英文参考文献

ABRAMSON P R, ALDRICH J H. The decline of electoral participation in

America [J]. American Political Science Review, 1982, 76 (3): 502 - 521.

ALBERT M, HAHNEL R. The political economy of participatory economics [M]. Princeton: Princeton University Press, 1991.

ARNSTEIN S R. A ladder of citizen participation [J]. Journal of the American Institute of planners, 1969, 35 (4): 216 - 224.

ARQUILLA J, RONFELDT D. The advent of netwar [EB/OL]. (2001 - 01 - 25). http://www. rand. org/publications/MR/MR1382/.

ARSENAULT M. An army of young, motivated voters, cell phone in hand, lines up behind Obama Providence [EB/OL]. (2008 - 08 - 23). http://www. lexisnexis. com. offcampus. lib. washington. edu/hottopics/lnacademic/.

AYRES, JEFFREY M. From the streets to the Internet: the cyber - diffusion of contention [J]. The Annals of The American Academy of Political and Social Science, 1999, 566 (1): 132 - 143.

BACHRACH P, BARATZ M. Two faces of power [J]. American Political Science Review, 1962, 56 (4): 947 - 952.

BANDURSKI D. Chinese-language coverage of Wukan [EB/OL]. (2011 - 12 - 22). http://cmp. hku. hk/2011/12/19/17650/.

BARNES, SAMUEL H, KAASE, et al. Political action: mass participation in five western democracies [M]. Beverly Hills: Sage Publications, 1979.

BARRETO M A. Plugged in or tuned out? youth, race, and Internet usage in the 2008 election [J]. Journal of Political Marketing, 2011 (10): 115 - 138.

BARRYE E. Protests in Moldova Explode, with help of twitter [N]. The New York Times, 2009 - 04 - 08.

BECCKERS R. Participation in voluntary associations: relations with resources, personality, and political values [J]. Political Psychology, 2005,

26 (3): 439-454.

BENNETT S E, RHINE S L, FLICKINGER R S. Video malaise revisited: public trust in the media and government [J]. Harvard International Journal of Press Politics, 1999, 4 (4): 8-23.

BESLEY J C. The role of entertainment television and its interactions with individual values in explaining political participation [J]. The Harvard International Journal of Press/Politics, 2006, 11 (2): 41-63.

BEST S J, KRUEGER B S. Analyzing the representativeness of Internet political participation [J]. Political Behavior, 2005, 27 (2): 183-216.

BIMBER B. Information and American democracy: technology in the evolution of political power [M]. Cambridge, UK: Cambridge University Press, 2003.

BIMBER B. Information and political engagement in America: the search for effects of information technology at the individual level [J]. Political Research Quarterly, 2001, 54 (1): 53-67.

BIMBER B. The Internet and political mobilization-research note on the 1996 election season [J]. Social Science Computer Review, 1998, 16 (4): 391-401.

BIMBER B. The study of information technology and civic engagement [J]. Political Communication, 2000, 17 (4): 329-333.

BLUMLER J G, KATZ E. The uses of mass communications: current perspectives on gratifications research [M]. Beverly Hills: Sage publications, 1974.

BOAS T C. Weaving the authoritarian web: the control of Internet use in nondemocratic regimes [M] //Zysman J, Newman A. How revolutionary was the digital revolution? national responses, market transitions, and global technology. Stanford, CA: Stanford Business Books, 2006: 361-378.

BONFADELLI H. The Internet and knowledge gaps: a theoretical and empirical investigation [J]. European Journal of Communication, 2002, 17 (1): 65-84.

BOULIANNE S. Does Internet use affect engagement? A metaanalysis of research [J] . Political Communication, 2009, 26 (2): 193-211.

BOURDIEU P. Language and symbolic power [M]. Cambridge: Polity, 1991.

CABESTAN J P. Is China moving towards "enlightened" but plutocratic authoritarianism? [J]. China Perspectives, 2004 (55): 21-28.

CAPPELLA J N, JAMIESON K H. Spiral of cynicism: the press and the public good [M]. Oxford: Oxford University Press, 1997.

CARPINI M X D. Mediating democratic engagement: the impact of communications on citizens' involvement in political and civic life [M] //Kaid L L. Handbook of political communication research. NY: Routledge, 2004: 395-434.

CASTELLS M. Communication, power and counter-power in the network society [J]. International Journal of Communication, 2007 (1): 238-266.

CASTELLS M. The power of identity [M]. Cambridge: Blackwell Publishers, 1997.

CHADEFAUX T. Early warning signals for war in the news [J]. Journal of Peace Research, 2014, 51 (1).

CHARNEY T, GREENBERG B Uses and gratifications of the Internet [M]//Lin C, Atkin D. Communication, technology and society: new media adoption and uses. Cresskill, NJ: Hampton Press, 2002: 383-406.

CHEN X, SHI T. Media effects on political confidence and trust in the People's Republic of China in the post-Tiananmen period [J]. East Asia, 2001, 19 (3): 84-118.

CHO J，ROJAS H，SHAH D V. Social capital and media [M] //Christensen K，Levinson D. Encyclopedia of community：from the village to the virtual world. Thousand Oaks，CA：Sage，2003：1291－1295.

CONWAY M M. Political participation in the United States [M]. Washington，DC：CQ Press，1999.

DAVIS A. New media and fat democracy：the paradox of online participation [J]. New Media and Society，2009，12 (5)：745－761.

DIAMOND L. Liberation technology [J]. Journal of Democracy，2010，21 (3)：69－83.

DRUCKMAN J N，KIFER M J，PARKIN M. Timeless strategy meets new medium：going negative on congressional campaign web sites (2002—2006) [J]. Political Communication，2010，27 (1)：88－103.

DRUCKMAN J N，NELSON K R. Framing and deliberation：how citizens' conversations limit elite influence [J]. American Journal of Political Science，2003，47 (4)：729－745.

DUTTABERGMAN M J. Complementarity in consumption of news types across traditional and new media [J]. Journal of Broadcasting & Electronic Media，2004，48 (1)：41－60.

DUTTABERGMAN M J. Developing a profile of consumer intention to seek out additional information beyond a doctor：the role of communicative and motivation variables [J]. Health Communication，2005，17 (1)：1－16.

DUTTA-BERGMAN M J. Interpersonal communication after 9/11 via telephone and Internet：a theory of channel complementarity [J]. New Media & Society，2004，6 (5)：659－673.

ELIN，LARRY. The radicalization of zeke spier：how the Internet contributes to civic engagement and new forms of social capital [M] //Cyberactivism：online activism in theory and practice. New York：Routledge，2003：

97 - 114.

FEENBERG A. Democratic rationalization [M] //Kaplan D M. Readings in the philosophy of technology. Oxford: Rowman & Littlefield, 2004: 209 - 225.

FINKEL S E. Reciprocal effects of participation and political efficacy: a panel analysis [J]. American Journal of Political Science, 1985, 29 (4): 891 - 913.

FINN S. Origins of media exposure: linking personality traits to TV, radio, print, and film use [J]. Communication Research, 1997 (24): 507 - 529.

GARRETT R K. Protest in an information society: a review of literature on social movements and new ICTs [J]. Information (Communication & Society), 2006, 9 (2): 202 - 224.

GENNARO C D, DUTTON W. The Internet and the public: online and offline political participation in the United Kingdom [J]. Parliamentary Affairs, 2006 (2): 299 - 313.

GILISON J M. Soviet elections as a measure of dissent: the missing one present [J]. American Political Review, 1968, 62: 61 - 76.

GOEL, LAL M. Political participation in developing nation: India [M]. New York: Asia Publishing House, 1975.

GRANOVETTER M. Getting a job: a study of contacts and careers [M]. Cambridge, MA: Harvard University Press, 1974.

GURAK L J. Persuasion and privacy in cyberspace: the online protests over lotus marketplace and the clipper chip [M]. New Haven: Yale University Press, 1997.

HAMPTON, KEITH N. Grieving for a lost network: collective action in a wired suburb [J]. Information Society, 2003, 19 (5): 417 - 428.

HECKSCHER C. The failure of participatory management [J]. The Journal of Product Innovation Management，1996，13（3）：262－263.

HERRNSON P S，HIDMAN M. Campaign politicsand the digital divide：constituency characteristics，strategic considerations，and candidate Internet use in state legislative elections [J]. Political Research Quarterly，2007，60（1）：31－42.

HINDMAN M. The real lessons of Howard Dean：reflections on the first digital campaign [J]. Perspectives on Politics，2005，3（1）：121－128.

HOWE J. The rise of crowd sourcing [EB/OL]. http://www. wired. com/wired/archive/14. 06/crowds. html.

INGLEHART R. Modernization and postmodernization：cultural，economic，and political change in 43 societies [M]. Princeton，NJ：Princeton University Press，1997.

INTERNET USAGE STATISTICS. The Internet big picture [EB/OL].（2017－03－07）. http：//www. internetworldstats. com/stats. htm.

ISSENBERG S. How president Obama's campaign used big data to rally individual voters [EB/OL]. http://www. technologyreview. com/featured-story/508836/how-obama-used-big-data-to-rally-voters-part-1/.

JACOBS E M. Soviet local elections：what they are and what they are not [J]. Soviet Union Studies，1970，22（7）：61－76.

JACOBS L R，COOK F L，CARPINI M D. Talking together：public deliberation and political participation in America [M]. Chicago，IL：University of Chicago Press，2009.

JIANG M. Authoritarian deliberation on Chinese Internet [J]. Electronic Journal of Communication，2010（20）：3－4.

JOHN D，CARTHY M C，MAYER N Z. The trend of social movements in America：professionalization and resource mobilization [M]. Morristown，NJ：General Learning Corporation，1973：1－30.

KATZ E, BLUMLER J G, GUREVITCH M. Utilization of mass communication by the individual [M]//Blumler J, Katz E. The uses of mass communications: current perspectives on gratifications research. Beverly Hills, CA: Sage, 1974: 19 - 32.

KIMMO G. Knowing and not knowing: the Internet and political information [J]. Scandinavian Political Studies, 2007 (3): 397 - 418.

KOHUT A, DOHERTY C, KEETER S, et al. "Online news audience larger, more diverse", pew research center for the people and the press [EB/OL]. (2004 - 06 - 08). http://people-press. org/reports/pdf/215. pdf.

KRUEGER B S. Assessing the potential of Internet political participation in the United States: a resource approach [J]. American Politics Research, 2002 (5): 476 - 498.

LAGERKVIST J. After the Internet, before democracy: competing norms in Chinese media and society [M]. Bern: Peter Lang, 2010.

LEI Y W. The political consequences of the rise of the Internet: political beliefs and practices of Chinese netizens [J]. Political Communication, 2011, 28 (3): 291 - 322.

LEIZEROV S. Privacy advocacy groups versus Intel: a case study of how social movements are tactically using the Internet to fight corporations [J]. Social Science, 2000.

LIEBERTHAL K G. Introduction: the "fragmented authoritarianism" model and its limitations [M] //Kenneth G L, David M L. Bureaucracy, politics, and decision making in post-Mao China. Berkley: University of California Press, 1992: 1 - 32.

LI L. Political trust and petitioning in the Chinese countryside [C] // 2006 Annual meeting of the American political science association, 2006.

LI L. Rights consciousness and rules consciousness in contemporary

China[J]. The China Journal，2010（64）.

LORI M，WEBER L M，LOUMAKIS A，et al. Who participates and why? an analysis of citizens on the Internet and the mass public [J]. Social Science Computer Review，2003（1）：26－42.

LOVELAND M T，POPESCU D. Democracy on the web，information [J]. Communication & Society，2011（5）：684－703.

LUHMANN N. Trust and power [M]. Chichester：John Wiley&Sons，1979.

MANION M. Chinese democratization in perspective：electorates and selectorates at the township level [J]. The China Quarterly，2000，163：764－782.

MANION M. The electoral connection in the Chinese countryside [J]. American Political Science Review，1996，90（4）：736－748.

MARICHAL J. Facebook democracy：the architecture of disclosure and the threat to public life [M] . Surrey：Ashgate Pub，2012.

MARTIN K D，Schmeisser H E. The effects of social networking websites and youth voter participation [J]. Political Science，2008（8）.

MCCARTHY J D，ZALD M N，Resource mobilization and social movements：a partial theory [J]. American Journal of Sociology，1977：82.

MCLEOD J M，DAILY K，GUO Z，et al. Community integration，local media use，and democratic processes [J]. Communication Research，1996，23（3）：463－487.

MCLEOD J M，SCHEUFELE D A，MOY P. Community，communication and participation：the role of mass media and interpersonal discussion in local political participation [J]. Political Communication，1999，16（3）：315－36，130.

MICHEL J B，SHEN Y K，AIDEN A P. Quantitative analysis of culture using millions of digitized books [J/OL] .（2015－03－09）. http://

www. sciencemag. org/content/331/6014/176. abstract.

MILBRATH L W. Political participation：how and why do people get involved in politics [M] . Chicago：Rand McNally，1977.

MOSSBERGER K，TOLBERT C J，MCNEAL R S. Digital citizenship [M]. MA：MIT Press，2008：85.

MULLER E N，Economic determinants of democracy [J]. American Sociological Review，1995，60：805 - 821.

NARAYAN D，CASSIDY M F. A dimensional approach to measuring social capital：development and validation of a social capital inventory [J]. CurrentSociology，2001，49 (2)：59 - 102.

NIE N H，ERBRING L. Internet and society：a preliminary report [J]. IT&Society，2002，1 (1)：275 - 283.

NIE N H，VERBA S，KIM J. Political participation and life cycle [J]. Comparative Politics，1974，6 (3).

NORRIS P. Virtual democracy [J]. Press/Polities，1999.

PASEK J，KENSKI K，ROMER D，et al. America's youth and community engagement：how use of mass media is related to civic activity and political awareness in 14 to 22-year-olds [J]. Communication Research，2006 (3)：115.

PASSY，FLORENCE，MARCO G. Social neworks and individual perceptions：explaining differential participation in social movements [J]. Sociological Forum，2001，16 (1).

PATTERSON，THOMAS E. Out of order [M]. New York：Vintage Books，1994.

POLAT R K. The Internet and political participation：exploring the explanatory links [J]. European Journal of Communication，2005，20 (4)：435 - 459.

PUTNAM R D. Bowling alone：America's declining social capital [J].

Journal of Democracy，1995，6（1）：65－78.

PUTNAM R D. Bowling alone：The collapse and revival of American community [M]. New York：Simon & Schuster，2000.

PUTNAM R D. Making democracy work：civic traditions in modern Italy [M]. Princeton，NJ：Princeton University Press，1993.

PUTNAM R D. Tuning in，tuning out：the strange disappearance of social capital in America [J]. PS：Political Science and Politics，1995，27（4）：664－683.

QUAN-HAASE A，et al. Capitalizing of the net：social contact，civic engagement and sense of community [M] //Wellman B，Haythornthwaite C. The Internet in everyday Life. Oxford，UK：Blackwell，2002：312.

QUAN-HAASE A，WELLMAN B. How does the Internet affect social capital [M] //Huysman M，Wulf V. IT and social capital. Cambridge，MA：MIT Press，2002：113－132.

QUINTELIER E，VISSERS S. The effect of Internet use on political participation an analysis of survey results for 16-year-olds in Belgium [J]. Social Science Computer Review，2008，26（4）：411－427.

RHEINGOLD，HOWARD. Smart mobs：the next social revolution [M]. MA：Perseus Publishing，2002：157－182.

RIEDINGER J. Set China's farmers free [N]. Journal of Wall Street，2006－05－23.

ROBINSON，MICHAEL J. Public affairs television and the growth of political malaise：the case of the selling of the Pentagon [J]. American Political Science Review，1976（2）：409－432.

ROSCIGNO V J，DANAHER W F. Media and mobilization：the case of radio and southern textile worker insurgency，1929 to 1934 [J]. American Sociological Review，2001（66）：21－48.

ROSENKRANDS，JACOB. Politicizing homo economicus：analysis of anti-corporate websites [M] //LOADER B D，et al. Cyberprotest：new media，citizens and social movements. NY：Routledge，2004.

ROSS C. The leaderless revolution：how ordinary people can take power and change politics in the 21st century [M]. London：Simon & Schuster，2011.

RUBIN A. Media uses and effects：a uses-and-gratifications perspective [M] //Zillman D，Bryant J. Selective exposure to communication. Hillsdale：Lawrence Erlbaum Associates，1994.

RYAN C. Prime time activism [M]. Boston：South End Press，1999.

SARITA Y，DANAH B. Dynamic debates：an analysis of group polarization over time on twitter [J]. Bulletin of Science，2010，30 (5)：316 - 327.

SCHESSER S D. A new domain for public speech：opening public spaces online [J]. California Law Review，2006，94 (6)：1791 - 1826.

SCHEUFELE D A. Examining differential gains from mass media and their implications for participatory behavior [J]. Communication Research，2002，29 (1)：46 - 65.

SCHEUFELE D A，SHAH D V. Personality strength and social capital：the role of dispositional and informational variables in the production of civic participation [J]. Communication Research，2000，27 (2)：107 - 131，136.

SCHUMAKER，PAUL D. The scope of political conflict and the effectiveness of constraints in contemporary urban protest [J]. The Sociological Quarterly，1978，19 (2)：168 - 184.

SCOTT A，STREET J. From media politics to e-protest [J]. Information，Communication & Society，2000，3 (2)：215 - 240.

SCOTT，JAMES. Weapons of the weak：everyday forms of peasant resistance [M]. London：Yale University Press，1985.

SHAH D V，KWAK N，HOLBERT R L. "Connecting" and "disconnecting" with civic life：patterns of Internet use and the production of social capital [J]. Political Communication，2001（18）：141－162.

SHAH D V，KWAK N，JR. Information and expression in a digital age：modeling Internet effect on civic participation [J]. Communication Research，2005，32：531－565.

SHAH D V，MCLEOD J M，YOON S H. Communication，context and community：an exploration of print，broadcast and Internet influences [J]. Communication Research，2001（28）：464－506.

SHEN F，WANG N，GUO Z，et al. Online network size，efficacy and opinion expression：assessing the impacts of Internet use in China [J]. International Journal of Public Opinion Research，2009，21（4）：451－476.

SHINGLES R. Black consciousness and political participation：the missing link [J]. American Political Science Review，1981：75.

SHI T. Political participation in Beijing [M]. Cambridge：Harvard University Press，1997：145－146，168.

SHI T. Voting and nonvoting in China：voting behavior in plebiscitary and limited-choice elections [J]. Journal of Politics，1999，61（4）：1115－1139.

SIA C L，TAN B Y，WEI K K. Group polarization and computer mediated communication：effects of communication cues，social presence and anonymity [J]. Information Systems Research，2002（13）：70－90.

SMESLER N J. Theory of collective behavior [M]. New York：The Free Press of Glencoe，1962：8.

SMITH A. The Internet's role in campaign 2008 [EB/OL].（2009－04－15）. http://www.pewInternet.org/.

SNOW D A，ROCHFORD E B，JR，et al. Frame alignment processes，micro mobilization，and movement participation [J]. American Sociological Review，1986，51 (4)：464 - 481.

SOLOP F. Digital democracy comes of age：Internet voting and the 2000 arizona democratic primary election，electronic voting and democracy [M]. London：Palgrave Macmillan，2001：242 - 254.

SOTIROVIC M，MCLEOD J M. Values，communication behavior，and political participation [J]. Political Communication，2001，18：273 - 300.

SOTIROVIC S，JACK M M. Information technology，political participation，and the evolution of chinese policymaking [J]. Journal of Contemporary China，2012，21 (76)：655 - 673.

STONER J. Risky and cautious shifts in group decisions：the influence of widely held values [J]. Journal of Experimental Social Psychology，1968，4 (4)：442 - 459.

SUNDÉN J. Material virtualities [M]. New York：Peter Lang，2003：3.

TARIS T W. A primer in longitudinal data analysis [M]. London：Sage，2004.

THOMPSON J B. The media and modernity：a social theory of the media [M]. Cambridge：Polity，1995：16.

TOLBERT C J，MCNEAL R S. Unraveling the effect s of the Internet on political participation? [J]. Political Research Quarterly，2003，56 (2)：175 - 185.

TURNER R H. New theoretical frameworks [J]. Sociological Quarterly，1964，5 (2)：122 - 132.

VERBA S，NIE N H，KIM J. Participation and political equality：a seven-nation comparison [M]. Cambridge：Cambridge University Press，1978.

VERBA S，NORMAN H N. Participation in America：political democracy and social equality [M]. New York: Harper and Row, 1972: 47, 141.

VERBA S, SCHLOZMAN K L, BRADY H E. Voiceand equality: civic voluntarism in American politics [M]. Cambridge, MA: Harvard University Press, 1995.

WANG X. Mutual empowerment of state and peasantry: grassroots democracy in rural China [J]. World Development, 1997: 25.

WATTS D. A twenty-first century [J]. Nature, 2007 (1): 445 - 489.

WEBER I, JIA L. Internet and self-regulation in China: the cultural logic of controlled commodification [J]. Media Culture Society, 2007 (29): 772 - 789.

WEBER L M, BERGMAN J. Who participates and how? a comparison of Citizens "online" and the mass public [C] //Annual meeting of the western political science association, 2001: 15 - 17.

WEBER L M, LOUMAKIS A, BERGMAN J. Who participates and why? an analysis of citizens on the Internet and the mass public [J]. Social Science Computer Review, 2003 (1): 26 - 42.

WEGER H, AAHKHUS M. Arguing in Internet chat rooms: argumentative adaptations to chat room design and some consequences for public deliberation at a distance [J]. Argumentation & Advocacy, 2003 (40): 23 - 38.

WELLMAN B, GIULIA M. Net surfers don't ride alone: virtual community as community [EB/OL]. (1997 - 08 - 01). http://groups.chass.utoronto.ca/netlab/wp-content/uploads/2012/05/Net-Surfers-Dont-Ride-Alone-Virtual-Community-as-Community.pdf.

WELLMAN B, QUAN-HAASE A, BOASE J, et al. The social affordances of the Internet for networked individualism [J]. Journal of Computer-Mediated Communication, 2003, 8 (3).

WELLMAN B, QUAN-HAASE A, WITTE J, et al. Does the Internet

increase, decrease, or supplement social capital? social networks, participation, and community commitment [J]. American Behavioral Scientist, 2001, 45: 436 - 455.

WEST D M. E-government and the transfonnation of service delivery and citizen attitudes [J]. Public Administration Review, 2004 (4): 15 - 27.

XENOS M, MOY P. Direct and differential effect's of the Internet on political and civic engagement [J]. Journal of Communication, 2007, 57 (4): 704 - 718.

YANG G. The coevolution of the Internet and civil society in China [J]. Asian Survey, 2003 (43): 405 - 422.

YANG G. The Internet and civil society in China: a preliminary assessment [J]. Journal of Contemporary China, 2003, 12 (36): 453 - 475.

YANG G. The power of the Internet in China: citizen activism online [M]. Columbia: Columbia University Press, 2009: 210.

YANG Z, CHEN J. To vote or not to vote: an analysis of peasants' participation in Chinese village elections [J]. Comparative Political Studies, 2002: 35.

YU H. From active audience to media citizenship: the case of post - Mao China [J]. Social Semiotics, 2006, 16 (2): 303 - 326.

ZHANG X B, FAN S G, ZHANG L X, et al. Local governance and public goods provision in rural China [J]. Journal of Public Economics, 2004: 88.

ZHENG Y N. Technological empowerment: the Internet, state, and society in China [M]. Stanford, Calif: Stanford Universtity Press, 2008.

ZHOU X, CHAN Y, PENG Z. Deliberativeness of online political discussion: a content analysis of the Guangzhou daily website [J]. Journalism Studies, 2008 (9): 759 - 770.

ZHOU Y. Historicizing online politics: telegraphy, the Internet and political participation in China [M]. Stanford: Stanford University Press, 2006.

ZHU J. Big data for social science research: hypes, myths, and realities [EB/OL]. (2013-10-24). http://wenku.it168.com/d_001287978.shtml.

ZHU J H, HE Z. Perceived characteristics, perceived needs, and perceived popularity adoption and use of the Internet in China [J]. Communication Research, 2002, 29 (4): 466-495.

后　记

本书是我主持的四个科研项目的综合结晶，课题均已结项：教育部人文社会科学研究青年基金项目“互联网使用时间、使用方式对现实政治参与的影响”（12YJC8600552）、广东省共建项目“互联网使用对中国政治参与的影响”、广东省哲学社会科学“十二五”规划2014年度后期资助项目“互联网使用政治参与研究”、广州市哲学社会科学发展“十二五”规划课题一般项目“互联网使用时间、使用方式对现实政治参与的影响——基于对广州市网民的实证分析”（2012YB31）。

此外，本书还得到以下项目资助：2017年国家社科基金后期资助项目，项目名称“社会心态与舆论的现状及关系的理论和实证研究”（17FXW009）；2016年度教育部人文社会科学研究规划基金一般项目，项目名称“基于大数据的社会心态与舆论研究”（16YJA860001）；2017年度广州市哲学社会科学发展“十三五”规划马哲专项一般课题，项目名称“习近平网络安全观与广州社会舆情引导研究”（2016GZMZYB19）；广东省扶持哲学社会科学优势重点学科建设项目资助，项目名称“大数据下网络舆论的情绪分析与社会治理研究”（GDXK201709）；本书的成果还得到国家留学基金资助。

本书“第2章　社会资本、媒介使用与城市政治参与”的大部分内容经双向匿名评审，被香港的《传播与社会》期刊刊登。“第4章　互联网使用时间、使用方式与公民现实政治参与”的大部分内容发表在2013年第8期《暨南学报》（哲学社会科学版）上，题目为“互联网使用时间、方式对现实政治参与的影响”。

本书主要研究互联网使用与政治参与。1999年9月，我只身一人从广州到北京，成为人民网“强国论坛”的版主，当上了北漂，后来又读了研究生，当了大学老师。互联网的使用对我的政治知识、政治态度和政治行为都产生了重要的影响。

本书的出版得益于我的博士生导师彭兰教授的推荐，以及中国人民大学出版社翟江虹老师的帮助和审核。

我还要感谢我的硕士生导师闵大洪老师。闵老师是第一个带我进入学术之门的老师，也引领我一直关注和研究互联网的发展。

感谢我的爱人张荣！她承担了养育宝宝的大部分责任，使我全身心地专注于写作。

感谢我那可爱调皮的小儿子！

谨以此文献给我深爱着的父母！

曾凡斌

2017 年 3 月 31 日

图书在版编目（CIP）数据

互联网使用与政治参与/曾凡斌著．—北京：中国人民大学出版社，2018.1
（新闻传播学文库）
ISBN 978-7-300-25425-8

Ⅰ.①互… Ⅱ.①曾… Ⅲ.①互联网络-影响-公民-参与管理-研究-中国 Ⅳ.①D621.5

中国版本图书馆 CIP 数据核字（2018）第 003268 号

新闻传播学文库
互联网使用与政治参与
曾凡斌　著
Hulianwang Shiyong yu Zhengzhi Canyu

出版发行	中国人民大学出版社		
社　　址	北京中关村大街 31 号	**邮政编码**	100080
电　　话	010－62511242（总编室）		010－62511770（质管部）
	010－82501766（邮购部）		010－62514148（门市部）
	010－62515195（发行公司）		010－62515275（盗版举报）
网　　址	http://www.crup.com.cn		
	http://www.ttrnet.com(人大教研网)		
经　　销	新华书店		
印　　刷	北京中印联印务有限公司		
规　　格	170 mm×240 mm　16 开本	**版　　次**	2018 年 2 月第 1 版
印　　张	20.5 插页 2	**印　　次**	2018 年 2 月第 1 次印刷
字　　数	286 000	**定　　价**	68.00 元